Warlam Schalamow

Linkes Ufer
Erzählungen aus Kolyma 2

Werke in Einzelbänden
Band 2

Warlam Schalamow

Linkes Ufer
Erzählungen aus Kolyma 2

Aus dem Russischen von Gabriele Leupold
Herausgegeben von Franziska Thun-Hohenstein

 Matthes & Seitz Berlin

Inhalt

I. P. Sirotinskaja * gewidmet

Für Ira – meine unendliche Erinnerung,
angehalten im Buch »Linkes Ufer«

Der Statthalter von Judäa

Am fünften Dezember des Jahres neunzehnhundertsiebenundvierzig lief das Dampfschiff »KIM«* mit menschlicher
Fracht in die Bucht von Nagajewo ein. Die Fahrt war die
letzte, die Schiffahrtssaison war zu Ende. Magadan empfing
die Gäste mit Frösten von vierzig Grad. Übrigens brachte
das Dampfschiff nicht Gäste, sondern die wahren Herren
dieses Landes – Häftlinge.

Die gesamte Obrigkeit der Stadt, Militärs und Zivili-
sten, war im Hafen. Alle in der Stadt vorhandenen Lastwagen empfingen das Dampfschiff »KIM« im Hafen von
Nagajewo. Soldaten, Kadertruppen standen an den Molen,
und das Löschen begann.

Im Umkreis von fünfhundert Kilometern um die Bucht
herum fuhren alle freien Grubenfahrzeuge leer nach Magadan, dem Ruf des Selekteurs folgend.

Die Toten ließ man am Ufer und brachte sie von dort
zum Friedhof, ohne Holzplättchen am Fuß legte man sie in
Massengräber und erstellte nur ein Protokoll über die Not-
wendigkeit einer künftigen Exhumierung.

Die Elendesten, aber noch Lebenden wurden in Häftlings-
krankenhäuser in Magadan, Armani und Duktscha gefahren.

Kranke in mittelschwerem Zustand brachte man ins Zentrale Häftlingskrankenhaus, ans linke Ufer der Kolyma. Das

Krankenhaus war erst kürzlich von Kilometer dreiundzwanzig dorthin umgezogen. Wäre der Dampfer »KIM« ein Jahr früher gekommen – man hätte nicht fünfhundert Kilometer weit fahren müssen.

Der Leiter der chirurgischen Abteilung Kubanzew, frisch von der Armee, von der Front, war erschüttert vom Anblick dieser Leute, dieser schrecklichen Wunden, die Kubanzew nie im Leben gekannt und nicht einmal im Traum gesehen hatte. In jedem Fahrzeug aus Magadan lagen Leichen von unterwegs Gestorbenen. Dem Chirurgen war klar, daß dies die leichten, transportablen Fälle waren, die weniger schlimmen – die schwersten läßt man am Ort.

Der Chirurg wiederholte die Worte General Ridgeways*, die er gleich nach dem Krieg irgendwo hatte lesen können: »Die Fronterfahrung des Soldaten bereitet nicht auf den Anblick des Lagertodes vor.«

Kubanzew verlor die Kaltblütigkeit. Er wußte nicht, was befehlen, wo anfangen. Die Kolyma hatte eine zu schwere Bürde auf den Frontchirurgen gewälzt. Doch er mußte etwas tun. Die Sanitäter trugen die Kranken aus den Fahrzeugen und brachten sie auf Tragen in die chirurgische Abteilung. In der chirurgischen Abteilung standen die Tragen auf allen Korridoren dicht gedrängt. An Gerüche erinnern wir uns wie an Gedichte, wie an menschliche Gesichter. Der Geruch dieses ersten Lager-Eiters blieb für immer in Kubanzews Geschmacksgedächtnis. Sein Leben lang erinnerte er sich später an diesen Geruch. Es könnte scheinen, als rieche der Eiter überall gleich und sei der Tod überall gleich. So ist es nicht. Sein Leben lang schien es Kubanzew, als rieche er die Wunden dieser seiner ersten Kranken an der Kolyma.

Kubanzew rauchte, er rauchte und spürte, daß er die Fassung verliert, nicht weiß, was er den Sanitätern, Feldschern und Ärzten befehlen soll.

»Aleksej Aleksejewitsch«, hörte Kubanzew eine Stimme neben sich. Das war Braude, Chirurg und selbst Häftling, der ehemalige Chef dieser Abteilung, der seinen Posten auf Befehl der obersten Leitung nur deshalb verloren hatte, weil Braude ehemaliger Häftling war, noch dazu mit einem deutschen Namen. »Erlauben Sie mir, das Kommando zu übernehmen. Ich kenne das alles. Ich bin seit zehn Jahren hier.«

Der erschütterte Kubanzew trat das Kommando ab, und die Arbeit ging los. Drei Chirurgen begannen gleichzeitig zu operieren – die Feldscher wuschen sich die Hände, um zu assistieren. Andere Feldscher verabreichten Spritzen, flößten Herzmittel ein.

»Amputationen, alles Amputationen«, murmelte Braude. Er liebte die Chirurgie, und er litt, nach seinen eigenen Worten, wenn es in seinem Leben auch nur einen Tag ohne Operation gab, ohne Schnitt. »Jetzt brauche ich nicht Trübsal zu blasen«, freute sich Braude. »Kubanzew ist zwar kein übler Bursche, aber er wird konfus. Frontchirurg! Dort haben sie ihre Instruktionen, Pläne, Befehle, aber hier habt ihr das lebendige Leben, die Kolyma!«

Doch Braude war kein böser Mensch. Ohne jeden Anlaß seines Postens enthoben, war er seinem Nachfolger nicht gram, tat ihm nichts Niederträchtiges an. Im Gegenteil, Braude sah Kubanzews Konfusion und spürte seine tiefe Dankbarkeit. Immerhin hatte der Mann Familie, eine Frau, einen Sohn, der zur Schule ging. Die Offiziers-Polarration, ein hoher Lohnsatz, der schnelle Rubel. Und was hatte Braude? Zehn Jahre Haft auf dem Buckel und eine sehr zweifelhafte Zukunft. Braude kam aus Saratow, war Schüler des berühmten Krause* und selbst sehr vielversprechend gewesen. Doch das Jahr siebenunddreißig hatte Braudes gesamtes Schicksal in Trümmer gelegt. Soll er sich also an Kubanzew rächen für sein Unglück ...

Und Braude kommandierte, operierte, fluchte. Braude lebte und vergaß sich selbst, und obwohl er sich in nachdenklichen Momenten oft verwünschte für diese verachtungswürdige Selbstvergessenheit – er konnte sich nicht ändern.

Heute beschoß er: »Ich verlasse das Krankenhaus. Ich fahre aufs Festland.«

… Am fünften Dezember des Jahres neunzehnhundertsiebenundvierzig lief das Dampfschiff »KIM« mit menschlicher Fracht – dreitausend Häftlingen – in die Bucht von Nagajewo ein. Unterwegs hatten die Häftlinge revoltiert, und die Leitung beschloß, alle Schiffsräume unter Wasser zu setzen. All das geschah bei vierzig Grad Frost. Was Erfrierungen dritten, vierten Grades sind, wie Braude sagte – oder Abfrierungen, wie Kubanzew sich ausdrückte –, konnte Kubanzew am allerersten Tag seines einträglichen Dienstes an der Kolyma erfahren.

Das alles mußte man vergessen, und Kubanzew, ein disziplinierter und willensstarker Mann, tat das auch. Er zwang sich zu vergessen.

Nach siebzehn Jahren erinnerte sich Kubanzew an den Namen und Vatersnamen jedes gefangenen Feldschers, an jede Krankenschwester, er erinnerte sich, wer von ihnen mit welchem Häftling »lebte«, gemeint sind damit Lager-Verhältnisse. Er erinnerte sich an den genauen Rang jedes der niederträchtigeren Chefs. Nur an eins erinnerte sich Kubanzew nicht – an den Dampfer »KIM« mit dreitausend Häftlingen und ihre Erfrierungen.

Bei Anatole France gibt es eine Erzählung »Der Statthalter von Judäa«. Dort kann sich Pontius Pilatus nach siebzehn Jahren nicht an Christus erinnern.

1965

Die Aussätzigen

Gleich nach dem Krieg wurde vor meinen Augen im Krankenhaus ein weiteres Drama gespielt – genauer gesagt, das Ende eines Dramas.

Der Krieg hatte Schichten, hatte Stücke des Lebens von seinem Grund nach oben und ans Licht gehoben, die sich immer und überall vor dem hellen Sonnenlicht versteckt hatten. Das sind nicht die Kriminellen, keine Untergrundzirkel. Das ist etwas vollkommen anderes.

Während der Kriegshandlungen waren die Leprastationen zerschlagen worden, und die Aussätzigen hatten sich unter die Bevölkerung gemischt. War das ein heimlicher oder ein offener Krieg? Ein chemischer oder bakteriologischer?

Die vom Aussatz Befallenen konnten sich leicht als Verwundete ausgeben, als Kriegskrüppel. Die Aussätzigen mischten sich unter die gen Osten Fliehenden und kehrten zurück ins wirkliche, wenn auch schreckliche Leben, wo man sie für Kriegsopfer hielt, vielleicht für Helden.

Die Aussätzigen lebten und arbeiteten. Der Krieg mußte zu Ende gehen, damit sich die Ärzte an die Aussätzigen erinnerten und die schrecklichen Karteikästen der Leprastationen sich wieder zu füllen begannen.

Die Aussätzigen hatten unter den Menschen gelebt und den Rückmarsch, den Vormarsch, die Freude oder Bitternis des Siegs geteilt. Die Aussätzigen hatten in Fabriken und auf dem Feld gearbeitet. Sie waren Chefs und Untergebene geworden. Nur Soldaten waren sie niemals geworden, daran hinderten sie die Fingerstümpfe, die den Kriegsverwundungen ähnlich, zum Verwechseln ähnlich waren. Die Aussätzigen gaben sich auch als Kriegskrüppel aus – Einzelne unter Millionen.

Sergej Fedorenko war Leiter des Lagerhauses. Als Kriegsinvalide kam er mit seinen widerspenstigen Fingerstümpfen geschickt zurecht und machte seine Sache gut. Ihn erwarteten Karriere und Parteibuch, doch kaum hatte Fedorenko Geld, begann er zu trinken, zu bummeln, er wurde verhaftet, vor Gericht gestellt und kam mit einem der Kolymaschiffe nach Magadan, zu zehn Jahren verurteilt nach einem Sozialparagraphen.

Hier änderte Fedorenko seine Diagnose. Obwohl es auch hier genug Krüppel, zum Beispiel Gliederabhacker, gab. Aber es war vorteilhafter, moderner, weniger auffällig, in der Flut der Erfrierungen unterzugehen.

Und so traf ich ihn auch im Krankenhaus an – Folgeerscheinungen von Erfrierungen dritten, vierten Grades, eine nicht verheilende Wunde, Fußstumpf, Fingerstümpfe an beiden Händen.

Fedorenko wurde behandelt. Die Behandlung brachte keine Ergebnisse. Aber jeder Kranke widersetzte sich ja der Behandlung, so gut er konnte und vermochte. Nach vielen Monaten mit trophischen Geschwüren wurde Fedorenko entlassen, und weil er im Krankenhaus bleiben wollte, wurde Fedorenko Sanitäter, er kam als Obersanitäter in die chirurgische Abteilung mit rund dreihundert Plätzen. Das Krankenhaus war ein Zentralkrankenhaus, mit tausend Betten allein für die Häftlinge. Im Anbau war auf einer der Etagen ein Krankenhaus für Freie.

Irgendwann wurde der Arzt krank, der Fedorenkos Krankengeschichte betreute, und an seiner Stelle begann Doktor Krasinskij »einzutragen«, ein alter Militärarzt und Verehrer Jules Vernes (warum?), ein Mann, dem das Leben an der Kolyma das Verlangen zu plaudern, sich zu unterhalten und Meinungen auszutauschen, nicht genommen hatte.

Als er Fedorenko untersuchte, war Krasinskij verblüfft – er wußte selbst nicht, wovon. Seit seiner Studienzeit befiel ihn diese Unruhe. Nein, das war kein trophisches Geschwür, kein Stumpf nach einer Explosion oder dem Beil. Das war langsam zerfallendes Gewebe. Krasinskijs Herz begann zu schlagen. Er rief Fedorenko noch einmal zu sich, zog ihn ans Fenster, ans Licht, und betrachtete gierig sein Gesicht, ungläubig. Das war Lepra! Das war die Löwenmaske! Ein menschliches Gesicht, das aussah wie das eines Löwen. Fieberhaft blätterte Krasinskij in den Lehrbüchern. Er nahm eine große Nadel und stach mehrmals in ein helles Fleckchen, von denen es auf Fedorenkos Haut viele gab. Keinerlei Schmerz! Schweißüberströmt schrieb Krasinskij einen Rapport an die Leitung. Der Kranke Fedorenko wurde in einem Einzelzimmer isoliert, Hautstückchen wurden zur Biopsie ins Zentrum, nach Magadan, und von dort – nach Moskau eingeschickt. Die Antwort kam nach etwa zwei Wochen. Lepra! Krasinskij war der Held des Tages. Natschalniks korrespondierten mit Natschalniks über das Ausstellen eines Marschbefehls ins Leprosorium der Kolyma. Dieses Leprosorium ist auf einer Insel gelegen, und an beiden Ufern stehen auf die Übersetzstelle gerichtete Maschinengewehre. Einen Marschbefehl, man brauchte einen Marschbefehl.

Fedorenko stritt nicht ab, daß er im Leprosorium war und daß die Aussätzigen, sich selbst überlassen, in die Freiheit geflohen waren. Die einen – um den Zurückweichenden nachzueilen, die anderen – um Hitlers Leute zu empfangen. So wie im normalen Leben. Fedorenko erwartete seinen Abtransport ruhig, aber das Krankenhaus tobte. Das gesamte Krankenhaus. Auch die, die bei Verhören geschlagen und deren Seelen in Tausenden Verhören zertrümmert worden waren, deren Körper von der die Kräfte übersteigenden Arbeit verkrüppelt, zerquält waren, bei Haftzeiten von fünfundzwanzig plus fünf – Haftzeiten, die man nicht erleben, überleben, am Leben bleiben konnte ... Alle zitterten, schrien, verfluchten Fedorenko und fürchteten sich vor dem Aussatz.

Das ist dasselbe psychische Phänomen, das den Flüchtling nötigt, die wohlvorbereitete Flucht aufzuschieben, weil es an diesem Tag im Lager Tabak gibt – oder das »Lädchen«*. So zahlreich die Lager sind, so zahlreich auch solche sonderbaren, aller Logik fernen Beispiele.

So etwa die menschliche Scham. Wo sind ihre Grenzen und ihr Maß? Menschen, deren Leben zerstört ist, deren Vergangenheit und Zukunft zertreten sind, unterwerfen sich plötzlich der Macht eines albernen Vorurteils, eines Unsinns, über den sie sich aus irgendeinem Grund nicht hinwegsetzen, den sie aus irgendeinem Grund nicht zurückweisen können. Und dieses plötzliche Bekunden von Scham tritt auf als das feinste menschliche Gefühl und wird später ein Leben lang als etwas Echtes, etwas unendlich Teures erinnert. Im Krankenhaus gab es einen Fall, wo ein Feldscher, der noch gar kein Feldscher war, sondern einfach half, den Auftrag bekam, Frauen zu rasieren, einen Frauentransport zu rasieren. Die Leitung amüsierte sich, indem sie Frauen befahl, die Männer zu rasieren, und Männern – die Frauen. Jeder amüsiert sich wie er kann. Aber der Friseur beschwor seine Bekannte, dieses Ritual der sanitären Versorgung selbst zu vollziehen und wollte nicht daran denken, daß das Leben ja zerstört war; daß all diese Amüsements der Lagerleitung nur der schmutzige Schaum auf diesem schrecklichen Kessel waren, in dem sein eigenes Leben zu Tode kochte.

Dieses Menschliche, Drollige, Zarte tritt in den Menschen unerwartet zutage.

Im Krankenhaus herrschte Panik. Fedorenko hatte ja einige Monate dort gearbeitet. Leider dauert die Inkubationszeit der Erkrankung, bis zum Auftreten äußerer Krankheitszeichen, bei Aussatz einige Jahre. Die Ängstlichen waren dazu verurteilt, die Angst auf ewig in der Seele zu bewahren, ob Freier oder Häftling – ganz gleich.

Es herrschte Panik im Krankenhaus. Die Ärzte suchten fieberhaft bei den Kranken und beim Personal nach den weißen, gefühllosen Fleckchen. Die Nadel wurde, zusammen mit Phon-Endoskop und Hämmerchen, zum unentbehrlichen Hilfsmittel des Arztes bei der Erstuntersuchung.

Der Kranke Fedorenko wurde gebracht und vor den Feldschern und Ärzten ausgezogen. Ein Aufseher mit Pistole stand in einiger Entfernung vom Kranken. Doktor Krasinskij, mit einem riesigen Zcigcstock bewaffnet, sprach über die Lepra und wies mit dem Stock mal auf das Löwengesicht des ehemaligen Sanitäters, mal auf seine abfallenden Finger, mal auf die glänzenden weißen Flecken auf seinem Rücken.

Überprüft wurde buchstäblich die gesamte Population des Krankenhauses, Freie und Häftlinge, und plötzlich zeigte sich ein weißes Fleckchen, ein gefühlloses weißes Fleckchen, auf dem Rücken von Schura Leschtschinskaja, einer Frontschwester – jetzt Diensthabende in der Frauenabteilung. Leschtschinskaja war erst seit kurzem im Krankenhaus, ein paar Monate. Keinerlei Löwenmaske. In ihrem Auftreten war Leschtschinskaja nicht strikter und nicht nachsichtiger, nicht lauter und nicht ungenierter als jede andere gefangene Krankenschwester.

Leschtschinskaja wurde in eines der Zimmer der Frauenabteilung eingeschlossen und ein Stückchen ihrer Haut nach Magadan, nach Moskau zur Analyse geschickt. Und die Antwort kam: Lepra!

Desinfektion bei Aussatz ist eine schwierige Angelegenheit. Man soll die Hütte abbrennen, in der der Aussätzige gewohnt hat. So schreiben es die Lehrbücher vor. Aber einen Krankensaal in einem riesigen zweistöckigen Haus, in einem Hausgiganten abzubrennen, niederzubrennen! Dazu konnte sich niemand entschließen. Ebenso wie man bei der Desinfektion teurer Pelzsachen riskiert, daß die Infektion bestehen, dafür der Pelzreichtum bewahrt bleibt – indem man die wertvollen Pelze nur symbolisch einsprüht –, denn in der »Hitzekammer«, bei der hohen Temperatur, gehen nicht nur die Mikroben kaputt, sondern auch die Sachen selbst. Die Leitung hätte sogar bei Pest oder Cholera geschwiegen.

Jemand übernahm die Verantwortung dafür, auf das Abbrennen zu verzichten. Auch das Zimmer, in dem Fedorenko eingeschlossen war, als er auf den Abtransport in die Leprastation wartete, wurde nicht abgebrannt. Es wurde einfach alles mit Phenol, mit Karbolsäure übergossen und vielfach abgespritzt.

Und sofort kam eine neue schwerwiegende Unruhe auf. Fedorenko wie Leschtschinskaja belegten jeder einen großen Krankensaal mit mehreren Betten.

Antwort und Marschbefehl – der Marschbefehl für zwei Personen und die Begleitposten für zwei Personen waren noch immer nicht angekommen, angereist, wie sehr die Leitung in ihren tagtäglichen, vielmehr allnächtlichen Telegrammen nach Magadan auch mahnte.

Unten, im Keller, wurde ein Raum abgetrennt und zwei kleine Zellen für die aussätzigen Häftlinge eingerichtet. Dorthin wurden Fedorenko und Leschtschinskaja verlegt. Eingesperrt hinter einem schweren Schloß, mit Begleitposten, wurden die Aussätzigen dort gelassen, um auf den Befehl, den Marschbefehl ins Leprosorium und den Begleitposten zu warten.

Vierundzwanzig Stunden hatten Fedorenko und Leschtschinskaja in ihren Zellen verbracht, und nach vierundzwanzig Stunden fand die Wachablösung die Zellen leer.

Im Krankenhaus brach Panik aus. In den Zellen war alles, die Fenster und Türen, an seinem Platz.

Krasinskij kam als erster darauf. Sie waren durch den Fußboden entkommen.

Der athletische Fedorenko hatte die Deckenbalken auseinandergenommen, war in den Korridor gelangt, hatte den Brotschneideraum und den Operationssaal der chirurgischen Abteilung geplündert und, nachdem er den gesamten Alkohol, alle Tinkturen aus dem Schränkchen, alle »Kodeinchen« eingesammelt hatte, seine Beute in die unterirdische Höhle verschleppt.

Die Aussätzigen wählten einen Platz, trennten ein Lager ab, warfen Decken und Matratzen darauf, verbarrikadierten sich mit den Balken gegen die Welt, den Begleitposten, das Krankenhaus und das Leprosorium und lebten ein paar Tage, drei Tage wohl, als Mann und Frau zusammen.

Am dritten Tag fanden menschliche Suchtrupps und die Suchhunde der Wache die Aussätzigen. Auch ich lief in dieser Gruppe, ein wenig [gebeugt], durch den hohen Keller des Krankenhauses. Das Fundament war dort sehr hoch. Wir nahmen die Balken auseinander. Ganz hinten lagen – und rührten sich nicht – die beiden nackten Aussätzigen. Fedorenkos verstümmelte dunkle Hände hielten Leschtschinskajas weißen glänzenden Körper umfaßt. Beide waren betrunken.

Man deckte sie mit Decken zu und trug sie in eine Zelle, ohne sie wieder zu trennen.

Aber wer hat sie mit der Decke bedeckt, wer hat diese schrecklichen Körper berührt? Ein besonderer Sanitäter, den man im Krankenhaus für das Versorgungspersonal gefunden hatte und dem man (nach einer Erklärung der obersten Leitung) sieben Tage Anrechnung für einen Arbeitstag gab. Mehr also als beim Wolfram, beim Zinn, beim Uran. Sieben Tage für einen. Der Artikel hatte diesmal keine Bedeutung. Ein Frontkämpfer war gefunden, der für Vaterlandsverrat saß, der fünfundzwanzig plus fünf hatte und naiv annahm, mit seinem Heroismus könne er die Haftdauer verkürzen, den Tag der Rückkehr in die Freiheit näherbringen.

Der Häftling Korolkow, ein Leutnant aus dem Krieg, wachte rund um die Uhr vor der Zelle. Er schlief auch vor der Zellentür. Und als der Begleitposten von der Insel kam, wurde der Häftling Korolkow zur Versorgung der Aussätzigen mitgenommen. Danach habe ich weder von Korolkow noch von Fedorenko oder Leschtschinskaja jemals wieder etwas gehört.

1963

In der Aufnahme

»Eine Etappe aus dem Bergwerk Solotistyj!«

»Was für ein Bergwerk?«

»Ein *suka*-Bergwerk.«

»Bestell Soldaten zur Durchsuchung.«

»Die Soldaten lassen es durchgehen. Kadertruppen.«

»Lassen sie nicht. Ich werde in der Tür stehen.«

»Gut, dann vielleicht so.«

Die Etappe, schmutzig und staubig, stieg aus. Das war eine »bedeutsame« Etappe – zu viele Breitschultrige, zu viele Verbände, der Anteil der Chirurgiepatienten allzu groß für eine Etappe aus dem Bergwerk.

Die diensthabende Ärztin trat ein, Klawdija Iwanowna, eine Freie.

»Fangen wir an?«

»Warten wir, bis die Soldaten für die Durchsuchung da sind.«

»Ein neues Verfahren?«

»Ja. Ein neues Verfahren. Sie werden gleich sehen, was los ist, Klawdija Iwanowna.«

»Tritt in die Mitte – hier, mit den Krücken. Die Papiere!«

Der Arbeitsanweiser reichte die Papiere herüber – eine Einweisung ins Krankenhaus. Die Lagerakten behielt der Arbeitsanweiser bei sich, legte sie beiseite.

»Nimm den Verband ab. Gib die Binden, Grischa. Unsere Binden. Klawdija Iwanowna, bitte schauen Sie sich den Bruch an.«

Die weiße Schlangenlinie der Binde glitt zu Boden. Mit dem Fuß schleuderte der Feldscher die Binde zur Seite. An der Transportschiene befestigt war nicht ein Messer, sondern ein Spieß, ein großer Stift – die portabelste Waffe des »*suka*«-Kriegs. Beim Aufprall auf den Boden klirrte der Spieß, und Klawdija Iwanowna wurde blaß.

Die Soldaten schnappten sich den Spieß.

»Nehmen Sie alle Verbände ab.«

»Und der Gips?«

»Schneiden Sie alle Gipse auf. Morgen werden neue angelegt.«

Der Feldscher lauschte, ohne hinzuschauen, auf die gewohnten Klänge der Eisen, die auf den Steinboden schlagen. Unter jedem Gipsverband war eine Waffe. Hineingeschoben und eingegipst.

»Verstehen Sie, was das bedeutet, Klawdija Iwanowna?«

»Ich verstehe.«

»Ich auch. Einen Rapport an die Leitung werden wir nicht schreiben, aber mündlich sagen wir es dem Chef der Sanitätsabteilung des Bergwerks, nicht wahr, Klawdija Iwanowna?«

»Zwanzig Messer – melden Sie das dem Arzt, Aufseher, auf fünfzehn Mann von der Etappe.«

»Das nennen Sie Messer? Das sind eher Spieße.«

»Und jetzt, Klawdija Iwanowna, alle Gesunden – zurück. Und gehen Sie und schauen den Film zu Ende. Verstehen Sie, Klawdija Iwanowna, in diesem Bergwerk hat einmal ein Stümper von Arzt eine Diagnose geschrieben, als ein Kranker aus einem Fahrzeug gefallen war und sich verletzt hatte, ›prolapsus aus Auto‹ – wie ›prolapsus recti‹, Dickdarmvorfall. Aber Waffen einzugipsen hat er gelernt.«

Ein böses Auge ohne Hoffnung sah den Feldscher an.
»So, wer krank ist, wird ins Krankenhaus aufgenommen«, sagte Klawdija Iwanowna. »Treten Sie einzeln vor.«
Die Chirurgiepatienten, die den Rücktransport erwarteten, fluchten unflätig und ungeniert. Die verlorenen Hoffnungen lösten ihnen die Zunge. Die Ganoven beschimpften die diensthabende Ärztin, den Feldscher, die Wache, die Sanitäter.
»Dir stechen wir noch die Augen aus«, tönte ein Patient.
»Was kannst du mir tun, Dreckstück. Bloß im Schlaf abstechen. Siebenunddreißig habt ihr im Bergwerk auch nicht wenige Artikel Achtundfünfziger mit dem Stock totgeschlagen. Habt ihr die Alten und alle möglichen Iwan Iwanowitschs vergessen?«
Doch nicht nur auf die »chirurgischen« Ganoven mußte man ein Auge haben. Viel schmerzlicher war es, Versuche zu entlarven, in die Tuberkuloseabteilung zu kommen, wozu der Kranke in einem Stoffetzen Bazillen»rotz« mitbrachte – sichtlich hatte man den Tuberkulosekranken auf die ärztliche Untersuchung vorbereitet. Der Arzt sagte: »Spuck ins Schälchen«, es wurde eine Eilanalyse auf das Vorkommen des Kochbazillus gemacht. Vor der ärztlichen Untersuchung nahm der Kranke den bazillenverseuchten »Rotz« in den Mund und steckte sich natürlich mit Tuberkulose an. Dafür kam er ins Krankenhaus und entging dem Schlimmsten – der Arbeit im Goldbergwerk. Wenn auch nur für eine Stunde, nur für einen Tag, nur für einen Monat.
Schmerzlicher war es, jene zu entlarven, die in einem Fläschchen Blut mitbrachten oder sich den Finger ritzten und Blutstropfen in den eigenen Urin gaben, um mit Hämaturie ins Krankenhaus zu kommen, um auch nur bis morgen, auch nur eine Woche liegenzubleiben. Und dann – wie Gott will.

Diese Leute waren nicht wenige. Sie waren raffinierter. Den Tuberkulose»rotz« hätten sie für die Hospitalisierung nicht in den Mund genommen. Diese Leute hatten auch davon gehört, was Eiweiß ist und wozu man eine Urinanalyse macht. Welchen Nutzen der Kranke davon hat. Die Monate, die sie in Krankenhausbetten verbrachten, hatten sie vieles gelehrt. Es gab Kranke mit Kontrakturen, vorgetäuschten – unter Narkose, im Rausch bog man ihnen die Knie- und Ellbogengelenke gerade. Zweimal vielleicht war die Kontraktur, die Verwachsung echt gewesen, und der entlarvende Arzt, ein Athlet, zerriß beim Geradebiegen des Knies das lebendige Gewebe. Er hatte des Guten zuviel getan, die eigene Kraft falsch eingeschätzt.

Die meisten kamen mit »Selbstverletzungen«, trophischen Geschwüren – mittels einer kräftig mit Petroleum eingeschmierten Nadel wurde eine subkutane Entzündung herbeigeführt. Diese Kranken kann man aufnehmen oder auch nicht. Vitale Indikationen gibt es hier keine.

Besonders viele »Selbstverletzer« waren Frauen aus der Sowchose »Elgen«*, und später, als das neue Frauen-Goldbergwerk Debna – mit Schubkarre, Schaufel und Hacke für die Frauen – eröffnet wurde, stieg die Zahl der Selbstverletzerinnen aus diesem Bergwerk heftig an. Das war auch das Bergwerk, wo eine Ärztin von Sanitäterinnen mit der Axt erschlagen wurde, die wunderbare weißhaarige Ärztin Schizel von der Krim. Früher hatte Schizel im Krankenhaus gearbeitet, doch ihre Personaldaten hatten sie ins Goldbergwerk und in den Tod geführt.

Klawdija Iwanowna geht und schaut sich die Aufführung der Kulturbrigade des Lagers zu Ende an, und der Feldscher legt sich schlafen. Doch nach einer Stunde wird er geweckt: »Eine Etappe. Eine Frauenetappe aus Elgen.«

In dieser Etappe wird es so einiges geben. Das ist Sache

der Aufseher. Die Etappe ist klein, und Klawdija Iwanowna erbietet sich, die gesamte Etappe allein zu empfangen. Der Feldscher bedankt sich, schläft ein und wird sofort wieder aufgeweckt von einem Stoß und von Tränen, den bitteren Tränen Klawdija Iwanownas. Was ist denn dort geschehen?

»Ich kann hier nicht mehr leben. Ich kann nicht mehr. Ich schmeiße den Dienst hin.«

Der Feldscher wirft sich eine Handvoll kaltes Wasser aus dem Hahn ins Gesicht, trocknet sich mit dem Ärmel ab und geht in die Aufnahme.

Alle lachen laut! Die Kranken, die angereiste Wache, die Aufseher. Für sich allein wälzt sich auf der Liege eine schöne, eine sehr schöne junge Frau von einer Seite auf die andere. Die junge Frau ist nicht zum ersten Mal im Krankenhaus.

»Guten Tag, Walja Gromowa.«

»Na, jetzt bekomme ich wenigstens einen Menschen zu sehen.«

»Was ist hier für ein Lärm?«

»Sie nehmen mich nicht ins Krankenhaus auf.«

»Und warum nimmt man sie denn nicht auf? Es geht schlecht mit ihrer Tuberkulose.«

»Das ist doch ein Kerl«, mischt sich grob der Arbeitsanweiser ein. »Es hat eine Anordnung gegeben zu ihr. Aufnahme verboten. Sie hat doch ohne mich geschlafen. Oder ohne ihren Mann ...«

»Die lügen alle«, schreit Walja Gromowa frech. »Sehen Sie, was ich für Finger habe. Was für Nägel ...«

Der Feldscher spuckt auf den Boden und geht ins andere Zimmer. Klawdija Iwanowna hat einen hysterischen Anfall.

1965

Geologen

In der Nacht wurde Krist geweckt, und der diensthabende Aufseher führte ihn durch die endlosen Korridore ins Kabinett des Krankenhaus-Chefs. Der Oberstleutnant des medizinischen Dienstes schlief noch nicht. Lwow, der Bevollmächtigte des Ministeriums für Innere Angelegenheiten, saß am Tisch des Chefs und zeichnete auf ein Blättchen Papier irgendwelche gleichgültigen Vögelchen.

»Feldscher Krist aus der Aufnahme ist da, auf Ihre Aufforderung, Bürger Natschalnik.«

Der Oberstleutnant machte ein Handzeichen, und der diensthabende Aufseher, der mit Krist gekommen war, verschwand.

»Hör zu, Krist«, sagte der Chef, »man bringt dir Gäste.«

»Es kommt eine Etappe«, sagte der Bevollmächtigte.

Krist schwieg erwartungsvoll.

»Du machst das Bad. Desinfektion und das übrige.«

»Zu Befehl.«

»Kein Mensch darf von diesen Leuten wissen. Keinerlei Kontakt.«

»Wir vertrauen dir«, erläuterte der Bevollmächtigte und bekam einen Hustenanfall.

»Mit dem Desinfektionsraum komme ich allein nicht zurecht, Bürger Natschalnik«, sagte Krist. »Die Steuerung und

26

die Mischkammer mit dem heißen und kalten Wasser liegen weit auseinander. Dampf und Wasser sind getrennt.«

»Das heißt ...«

»Man braucht einen weiteren Sanitäter, Bürger Natschalnik.«

Die Chefs sahen einander an.

»Dann gibt es den Sanitäter«, sagte der Bevollmächtigte.

»Du hast also verstanden? Zu niemandem ein Wort.«

»Verstanden, Bürger Natschalnik.«

Krist und der Bevollmächtigte gingen. Der Chef stand auf, löschte das Oberlicht und zog seinen Mantel an.

»Woher so eine Etappe?«, fragte Krist den Bevollmächtigten leise, auf dem Weg durch den langen Vorraum des Kabinetts – eine Moskauer Mode, die man überall nachahmte, wo es Chefkabinette gab, zivile oder militärische, ganz gleich.

»Woher?«

Der Bevollmächtigte lachte laut.

»Ach, Krist, Krist, ich hätte gar nicht gedacht, daß du mir so eine Frage stellen könntest ...« Und er sagte kühl: »Mit dem Flugzeug aus Moskau.«

»Das heißt, sie kennen das Lager nicht. Gefängnis, Untersuchung und alles übrige. Der erste Spaltbreit freie Luft, wie es ihnen scheint – allen, die das Lager nicht kennen. Mit dem Flugzeug aus Moskau ...«

In der nächsten Nacht füllte sich das hallende, weiträumige, große Vestibül mit fremdem Volk – Offizieren, Offizieren, Offizieren. Majore, Oberstleutnants, Oberste. Selbst ein General war da, kleingewachsen, jung, schwarzäugig. Unter den Begleitposten – kein einziger Soldat.

Ein knochiger und hochgewachsener Greis, der Krankenhaus-Chef, beugte sich mühsam herab und meldete dem kleinen General:

»Alles bereit zum Empfang.«

»Hervorragend, hervorragend.«

»Das Badehaus!«

Der Chef machte Krist ein Handzeichen, und die Türen der Aufnahme öffneten sich.

Die Menge der Offiziersmäntel trat auseinander. Das goldene Sternenlicht der Schulterstücke verblaßte – alle Aufmerksamkeit der Ankömmlinge und der Empfangenden galt einer kleinen Gruppe schmutziger Leute in irgendwelchen abgetragenen Lumpen – aber keiner Staatskleidung, nein – der eigenen, zivilen, aus der Untersuchungshaft, von der Streu auf den Böden der Gefängniszelle verschlissenen.

Zwölf Männer und eine Frau.

»Anna Petrowna, bitte«, sagte ein Häftling und ließ der Frau den Vortritt.

»Aber nein, gehen Sie und waschen Sie sich. Ich bleibe erst einmal sitzen und ruhe mich aus.«

Die Tür der Aufnahme schloß sich.

Alle standen um mich herum und blickten mir gierig in die Augen, versuchten, etwas zu erraten, noch ehe sie fragten.

»Sind Sie schon lange an der Kolyma?«, fragte der mutigste, nachdem er in mir einen »Iwan Iwanowitsch« erkannt hatte.

»Seit siebenunddreißig.«

»Siebenunddreißig waren wir alle noch …«

»Still«, mischte sich ein anderer, älterer ein.

Unser Aufseher erschien, der Sekretär der Krankenhaus-Parteiorganisation Chabibulin, ein besonderer Vertrauter des Chefs. Chabibulin überwachte sowohl die Ankömmlinge als auch mich.

»Und das Rasieren?«

»Der Friseur ist bestellt«, sagte Chabibulin. »Der Perser Jurka, ein Ganove.«

Der Perser Jurka, der Ganove, erschien bald mit seinem Instrument. Er war an der Wache instruiert worden und grunzte nur.

Die Aufmerksamkeit der Ankömmlinge wandte sich wieder Krist zu.

»Machen wir Ihnen keine Scherereien?«

»Wie könnten Sie mir Scherereien machen, meine Herren Ingenieure – das sind Sie, nicht wahr?«

»Geologen.«

»Meine Herren Geologen.«

»Und wo sind wir?«

»An der Kolyma. Fünfhundert Kilometer von Magadan.«

»Nun, leben Sie wohl. Eine gute Sache – das Badehaus.«

Die Geologen kamen – alle! – von auswärtigen Arbeitseinsätzen, aus dem Ausland. Sie hatten Haftstrafen bekommen – von 15 bis 25. Und über ihr Schicksal verfügte eine besondere Verwaltung, in der es so wenige Soldaten gab und so viele Offiziere und Generäle.

Mit der Kolyma und dem Dalstroj hatten diese Generäle nichts zu tun. Von der Kolyma kam nur die Bergluft durch die vergitterten Fenster, eine große Ration, das Badehaus dreimal im Monat, ein Bett und Wäsche ohne Läuse und ein Dach. Von Spaziergängen und Kino war noch keine Rede. Moskau hatte für die Geologen ihre Polardatscha ausgesucht.

Eine große Arbeit auf ihrem Fachgebiet hatten die Geologen der Leitung vorgeschlagen – eine weitere Version des Ramsinschen Durchlaufkessels.

Einen Funken schöpferischen Feuers kann man mit einem gewöhnlichen Stock schlagen – das weiß man nach der »Umschmiedung*« und den zahlreichen Weißmeerkanälen*. Der flexible Einsatz von Nahrungsanreizen und -strafen, die Anrechnung von Arbeitstagen und eine Hoffnung – schon wird Sklavenarbeit zu segensreicher Arbeit.

Nach einem Monat kam der kleine General angereist. Die Geologen wünschten ins Kino zu gehen, ins Kino für Häftlinge und Freie. Der kleine General stimmte die Frage mit Moskau ab und erlaubte den Geologen das Kino. Der Balkon – die Loge, in der früher die Leitung gesessen hatte, wurde abgeteilt, mit Gefängnisgittern gesichert. Neben der Leitung saßen nun in den Kinovorführungen die Geologen.

Bücher aus der Lagerbibliothek gab man den Geologen nicht. Nur technische Literatur.

Der Sekretär der Parteiorganisation, der kranke Dalstroj-Veteran Chabibulin, schleppte zum ersten Mal in seinem Aufseherleben eigenhändig die Bündel mit der Wäsche der Geologen in die Wäscherei. Das bedrückte den Aufseher mehr als alles auf der Welt.

Nach einem weiteren Monat kam der kleine General angereist, und die Geologen baten um Vorhänge an den Fenstern.

»Vorhänge«, sagte Chabibulin traurig, »Vorhänge brauchen sie.«

Der kleine General war zufrieden. Die Arbeit der Geologen schritt voran. Einmal in zehn Tagen wurde nachts die Aufnahme aufgeschlossen, und die Geologen wuschen sich im Badehaus.

Krist unterhielt sich wenig mit ihnen. Und was konnten ihm auch Geologen im Untersuchungsverfahren sagen, was Krist nicht aus dem eigenen Lagerleben wußte?

Da wandte sich die Aufmerksamkeit der Geologen dem persischen Friseur zu.

»Du solltest mit ihnen nicht viel reden, Jurka«, sagte Krist irgendwann.

»Jeder *frajer* wird mich noch belehren.« Und der Perser fluchte unflätig.

Ein weiteres Bad hatte stattgefunden; der Perser kam

sichtlich betrunken, vielleicht hatte er auch »*tschifir* getankt« oder »ein Kodeinchen«. Aber er benahm sich zu forsch, wollte schnell nach Hause, sprang aus der Wache auf die Straße, ohne auf einen Begleiter zu warten, und durchs offene Fenster hörte Krist den trockenen Knall eines Revolverschusses. Der Perser war vom Aufseher erschossen worden, von dem, den er gerade rasiert hatte. Der zusammengekrümmte Körper lag an der Vortreppe. Der diensthabende Arzt fühlte den Puls und unterschrieb das Protokoll. Es kam ein anderer Friseur, Aschot, ein armenischer Terrorist aus derselben Kampfgruppe armenischer Sozialrevolutionäre, die 1926 drei türkische Minister umgebracht hatte, – mit ihrem Führer Talaat Pascha*, dem Urheber des Armenischen Blutbads von 1915, bei dem eine Million Armenier vernichtet wurden ... Die Ermittlungsabteilung prüfte Aschots Lagerakte, und die Geologen hat er nicht mehr rasiert. Man fand einen Ganoven, und man änderte auch das ganze Prinzip – jedes Mal rasierte ein neuer Friseur. Das galt als sicherer – es werden keine Verbindungen hergestellt. Im Butyrka-Gefängnis löst man so die Posten ab, im gleitenden Postensystem.

Die Geologen erfuhren nichts vom Perser und nichts von Aschot. Ihre Arbeit schritt erfolgreich voran, und der angereiste kleine General erlaubte den Geologen einen halbstündigen Spaziergang. Das war ebenfalls eine echte Erniedrigung für den alten Aufseher Chabibulin. In einem Lager voller ergebener, feiger, rechtloser Menschen ist der Aufseher ein großer Chef. Und der hiesige Aufseherdienst in seiner reinen Form gefiel Chabibulin nicht.

Immer trauriger wurden seine Augen, immer röter die Nase – Chabibulin fing schwer zu trinken an. Und einmal fiel er von der Brücke mit dem Kopf voraus in die Kolyma, doch er wurde gerettet und gab seinen wichtigen Aufseherdienst nicht ab. Ergeben schleppte er Wäschebündel in die Wäscherei, ergeben fegte er das Zimmer und wechselte die Vorhänge an den Fenstern.

»Na, wie ist das Leben?«, fragte Krist Chabibulin – immerhin taten sie hier seit mehr als einem Jahr gemeinsam Dienst.

»Schlecht ist das Leben«, seufzte Chabibulin.

Der kleine General reiste an. Die Arbeit der Geologen lief vorzüglich. Froh und lächelnd machte der General seine Runde durch das Gefängnis der Geologen. Der General erhielt für ihre Arbeit eine Auszeichnung.

Chabibulin stand an der Schwelle stramm und verabschiedete den General.

»Nun, gut, gut. Ich sehe, sie haben keine Scherereien gemacht«, sagte fröhlich der kleine General. »Und ihr«, der General wandte den Blick den an der Schwelle stehenden Aufsehern zu, »ihr geht höflicher mit ihnen um. Sonst hau ich euch kurz und klein, Kanaillen!«

Und der General entfernte sich.

Chabibulin erreichte schwankend die Aufnahme, nahm bei Krist eine doppelte Portion Baldrian und schrieb einen Rapport über seine sofortige Versetzung auf eine beliebige andere Arbeit. Er zeigte Krist den Rapport und suchte Mitgefühl. Krist versuchte dem Aufseher zu erklären, daß diese Geologen dem General wichtiger sind als Hunderte Chabibulins, doch der in seinen Gefühlen verletzte Oberaufseher wollte diese einfache Wahrheit nicht verstehen.

Die Geologen waren eines Nachts verschwunden.

1965

Bären

Das Katzenjunge kam unter dem Liegebett hervor und konnte gerade noch rechtzeitig zurückspringen – der Geologe Filatow hatte einen Stiefel nach ihm geworfen.

»Was wütest du so?«, sagte ich und legte einen speckigen Band »Monte Christo« zur Seite.

»Ich mag keine Katzen. Das hier ist etwas anderes.« Filatow zog einen grauen, wuscheligen Welpen an sich und klopfte seinen Hals. »Ein reiner Schäferhund. Beiß es, Kasbek, beiß«, der Geologe stachelte den Welpen gegen das Katzenjunge auf. Doch auf der Welpennase waren zwei frische Kratzer von Katzenkrallen, und Kasbek knurrte nur dumpf, aber rührte sich nicht.

Das Kätzchen hatte bei uns kein Leben. Fünf unbeschäftigte Männer ließen an ihm ihre Langeweile aus – das Flußhochwasser verzögerte unsere Abreise. Jushikow und Kotschubej, die Zimmerleute, spielten schon die zweite Woche Sechsundsechzig um ihren künftigen Lohn. Das Glück war wechselhaft. Der Koch machte die Tür auf und brüllte:

»Bären!« Alle stürzten Hals über Kopf zur Tür.

Also, wir waren fünf, und ein Gewehr hatte nur einer – der Geologe. Beile gab es nicht für alle, und der Koch steckte ein Küchenmesser ein, scharf wie ein Rasiermesser.

Die Bären liefen den Bergbach entlang – Männchen und

Weibchen. Sie rüttelten und knickten junge Lärchen, rissen sie mitsamt den Wurzeln aus und schleuderten sie in den Bach. Sie waren allein auf der Welt in diesem Tajga-Mai, und die Menschen kamen von der Windschattenseite sehr dicht an sie heran – auf zweihundert Schritt. Der Bär war braun mit rötlichem Schimmer und doppelt so groß wie die Bärin, schon ein Alter, die großen gelben Eckzähne waren gut zu sehen.

Filatow, unser bester Schütze, hockte sich hin und stützte das Gewehr auf den Stamm einer umgestürzten Lärche, um aufgelegt und sicher zu schießen. Er bewegte den Lauf hin und her und suchte einen Weg für die Kugel zwischen den Blättern der gelb werdenden Büsche.

»Schieß«, knurrte der Koch mit vor Eifer bleichem Gesicht, »schieß!«

Die Bären hörten ein Geräusch. Sie reagierten sofort, wie ein Fußballer im Spiel. Die Bärin hetzte den Berghang hinauf, auf die andere Seite des Passes. Der alte Bär floh nicht. Die Schnauze der Gefahr zugewandt und die Eckzähne fletschend, lief er langsam über den Berg, zum Gestrüpp der Krummholzbüsche. Er nahm sichtlich die Gefahr auf sich, er, das Männchen, opferte sein Leben, um die Freundin zu retten, er lenkte den Tod von ihr ab, er deckte ihre Flucht.

Filatow schoß. Er war, wie ich schon sagte, ein guter Schütze – der Bär stürzte und rollte den Abhang hinab in die Schlucht, bis eine Lärche, die er vor einer halben Stunde im Spiel geknickt hatte, seinen schweren Körper aufhielt. Die Bärin war längst verschwunden.

Alles war so riesig – der Himmel, die Felsen –, daß der Bär wie ein Spielzeug aussah. Er war auf der Stelle tot. Wir banden ihm die Tatzen zusammen, schoben eine Stange zwischen ihnen durch und stiegen, unter dem Gewicht des schweren Tierkörpers schwankend, auf den Grund der

Schlucht, auf das glatte zwei Meter dicke Eis, das noch nicht getaut war. Wir schleiften den Bären bis an die Schwelle unserer Hütte.

Der zwei Monate alte Welpe, der in seinem kurzen Leben noch keine Bären gesehen hatte, verzog sich unters Bett, wahnsinnig vor Angst. Das Katzenjunge verhielt sich anders. Wie toll stürzte es sich auf den Bärenkörper, dem wir zu fünft das Fell abzogen. Das Kätzchen riß Stücke des warmen Fleischs heraus, langte nach Tropfen geronnenen Bluts, tanzte auf den knotigen roten Muskeln des Tiers ...

Das Fell maß vier Quadratmeter.

»Das sind bestimmt zwölf Pud Fleisch«, sagte der Koch zu jedem.

Die Beute war reich, doch weil wir sie nicht abtransportieren und verkaufen konnten, wurde sie sofort zu gleichen Teilen geteilt. Kessel und Pfannen des Geologen Filatow brodelten Tag und Nacht, bis er sich den Magen verdarb. Jushikow und Kotschubej, die sich überzeugt hatten, daß Bärenfleisch zum Einsatz im Kartenspiel nicht taugt, salzten jeder sein Teil in mit Stein ausgelegten Gruben ein und gingen täglich hin und prüften seine Unversehrtheit. Der Koch versteckte das Fleisch an einem unbekannten Ort — er kannte ein Geheimnis des Einsalzens, aber weihte niemanden darin ein. Und ich fütterte das Kätzchen und den Welpen, und wir drei wurden mit dem Bärenfleisch am besten fertig. Die Erinnerungen an die erfolgreiche Jagd hielten für zwei Tage vor. Zu streiten begannen sie erst am dritten Tag, gegen Abend.

‹1956›

Das Kollier der Fürstin Gagarina

Die Zeit im Untersuchungsgefängnis rutscht durchs Gedächtnis und hinterläßt keine merklichen und markanten Spuren. Für alle sind das Untersuchungsgefängnis, die Begegnungen, die Menschen dort nicht das Wichtigste. Das Wichtigste, das, wofür man im Gefängnis alle seelischen, alle Geistes- und Nervenkräfte verausgabt, ist der Kampf mit dem Untersuchungsführer. Was in den Kabinetten des Verhörblocks stattfindet, prägt sich stärker ein als das Gefängnisleben. Kein einziges Buch, das du im Gefängnis liest, bleibt dir im Gedächtnis – nur die »Dauer«-Gefängnisse waren eine Universität, aus der Sterndeuter, Romanciers und Memoirenschreiber hervorgingen. Die Bücher, die du im Untersuchungsgefängnis liest, bleiben dir nicht im Gedächtnis. Für Krist spielte nicht das Duell mit dem Untersuchungsführer die wichtigste Rolle. Krist verstand, daß er verloren war, daß die Verhaftung Verurteilung, Geopfertwerden bedeutet. Und Krist war ruhig. Er hatte sich die Fähigkeit zu beobachten bewahrt, die Fähigkeit bewahrt, gegen den einschläfernden Rhythmus des Gefängnisregimes zu handeln. Krist war oftmals einer unheilvollen menschlichen Gewohnheit begegnet: das Wichtigste von sich zu erzählen, dem Nachbarn – dem Zellennachbarn, dem Bettnachbarn, dem Mitreisenden in der Eisenbahn – sein ganzes Ich zu erzählen.

Diese Geheimnisse, auf dem Grund der menschlichen Seele bewahrt, waren manchmal erschütternd und unglaublich.

Krists Nachbar zur Rechten, ein Mechaniker aus einer Fabrik in Wolokolamsk, erklärte auf die Bitte, sich an das herausragendste Ereignis in seinem Leben zu erinnern, an das Beste, was in seinem Leben passiert war – und dabei strahlte er von der durchlebten Erinnerung – er habe 1933 auf Lebensmittelkarten zwanzig Dosen Gemüsekonserven erhalten, und als er sie zu Hause aufmachte, war in allen Dosen Fleisch und in keiner einzigen Gemüse. Im Gefängnis lacht man nicht über solche Erinnerungen. Krists Nachbar zur Linken, der Generalsekretär der Vereinigung der politischen *katorga*-Häftlinge, Aleksandr Georgijewitsch Andrejew, zog die silbernen Brauen über der Nasenwurzel zusammen. Seine schwarzen Augen blitzten.

»Ja, so einen Tag gibt es in meinem Leben – der 12. März 1917. Ich bin ein Lebenslänglicher der zaristischen *katorga*. Und das Schicksal wollte es, daß ich den zwanzigsten Jahrestag dieses Ereignisses hier im Gefängnis begangen habe, mit Ihnen.«

Von der Pritsche gegenüber stieg ein wohlgestalteter und rundgesichtiger Mann.

»Erlauben Sie mir, mich an Ihrem Spiel zu beteiligen. Ich bin Doktor Miroljubow, Walerij Andrejewitsch.« Der Doktor lächelte schwach und kläglich.

»Setzen Sie sich«, sagte Krist und machte Platz. Das war sehr einfach – man mußte nur die Beine unterschlagen. Anders konnte man keinen Platz machen. Miroljubow kletterte sofort auf die Pritsche. Die Füße des Doktors steckten in Hausschuhen. Krist hob erstaunt die Brauen.

»Nein, nicht von zu Hause, aber in der Taganka*, wo ich zwei Monate gesessen habe, geht es einfacher zu.«

»Die Taganka ist doch ein Strafgefängnis?«

»Ja, natürlich, ein Strafgefängnis«, bestätigte Doktor Miroljubow zerstreut. »Als Sie in die Zelle gekommen sind«, sagte Miroljubow und sah zu Krist auf, »hat sich das Leben verändert. Die Spiele bekamen mehr Sinn. Nicht wie dieses schreckliche ›Käferchen‹, für das sich alle begeisterten. Sie warteten sogar auf die Latrine, um auf dem Abort nach Herzenslust ›Käferchen‹ zu spielen. Wahrscheinlich haben Sie Erfahrung ...«

»Ja«, sagte Krist traurig und fest.

Miroljubow sah Krist an mit seinen gewölbten, guten, kurzsichtigen Augen.

»Die Brille haben mir die Ganoven abgenommen. In der Taganka.«

Krist schossen rasch und gewohnheitsmäßig Fragen, Annahmen, Ahnungen durchs Hirn ... Er sucht einen Rat. Er weiß nicht, wofür er verhaftet wurde. Übrigens ...

»Und warum wurden Sie von der Taganka hierher verlegt?«

»Ich weiß es nicht. Kein einziges Verhör in zwei Monaten. Und in der Taganka ... Ich war ja als Zeuge in einem Verfahren über Wohnungsdiebstahl vorgeladen. In unserer Wohnung wurde einem Nachbarn ein Mantel gestohlen. Ich wurde verhört und erhielt einen Haftbefehl ... Abrakadabra. Kein Wort – jetzt schon den dritten Monat. Und man hat mich in die Butyrka verlegt.«

»Tja«, sagte Krist. »Fassen Sie sich in Geduld. Bereiten Sie sich auf Überraschungen vor. Das ist gar kein solches Abrakadabra. Planmäßige Verwirrung, wie das der Kritiker Ijuda Grossman-Roschtschin nannte! Erinnern Sie sich an ihn? Den Kampfgefährten Machnos*?«

»Nein, ich erinnere mich nicht«, sagte der Doktor. Miroljubows Hoffnung auf Krists Allwissenheit war versiegt, und der Glanz in seinen Augen erlosch.

Die kunstvollen Webmuster des Drehbuchs der Untersuchung waren sehr, sehr vielfältig. Das war Krist bekannt. Die Hinzuziehung in einem Verfahren um einen Wohnungsdiebstahl – selbst als Zeuge – erinnerte an die berühmten »Amalgame«. Jedenfalls waren Doktor Miroljubows Taganka-Abenteuer eine Ermittler-Tarnung, die die Poeten vom NKWD* weiß Gott wozu brauchten.

»Reden wir, Walerij Andrejewitsch, von etwas anderem. Vom schönsten Tag im Leben. Vom aller-, allerherausragendsten Ereignis in Ihrem Leben.«

»Ja, ich habe es gehört, habe Ihr Gespräch gehört. Bei mir gab es so ein Ereignis, das mein gesamtes Leben verändert hat. Aber alles, was mir geschehen ist, gleicht weder der Geschichte Aleksandr Georgijewitschs«, Miroljubow neigte sich nach links zum Generalsekretär der Vereinigung der politischen *katorga*-Häftlinge, »noch der Geschichte dieses Genossen«, Miroljubow neigte sich nach rechts, zum Mechaniker aus Wolokolamsk ... »1901 war ich Medizinstudent im ersten Jahr, an der Moskauer Universität. Ich war jung. Voller erhabener Gedanken. Dumm. Einfältig.«

»Ein ›loch‹, wie die Ganoven sagen«, soufflierte ihm Krist.

»Nein, kein ›loch‹. Seit der Taganka verstehe ich ein bißchen Gaunersprache. Und woher haben Sie sie?«

»Im Selbstunterricht gelernt«, sagte Krist.

»Nein, kein ›loch‹, sondern so ein ... ›gaudeamus‹. Verstehen Sie? Das war ich.«

»Zur Sache, kommen Sie zu Sache, Walerij Andrejewitsch«, sagte der Mechaniker aus Wolokolamsk.

»Ich komme sofort zur Sache. Wir haben hier so wenig freie Zeit ... Ich lese die Zeitung. Eine große Anzeige. Die Fürstin Gagarina hat ihr Brillantkollier verloren. Aus dem Familienschatz. Der Finder bekommt fünftausend Rubel. Ich lese die Zeitung, knülle sie zusammen, werfe sie in den Mülleimer. Im Gehen denke ich: wenn ich jetzt dieses Kollier finden könnte. Die Hälfte würde ich meiner Mutter schicken. Für die andere Hälfte würde ich ins Ausland fahren. Mir einen guten Mantel kaufen. Ein Abonnement fürs Kleine Theater. Das Künstlertheater gab es damals noch nicht. Ich laufe den Nikitskij Boulevard entlang. Nicht einmal den Boulevard, sondern auf den Bohlen des Holztrottoirs – da war ein Nagel, der immer herausstach, wenn man darüberlief. Ich mache einen Schritt auf die Erde, um den Nagel zu umgehen, und schaue – im Straßengraben ... Kurz, ich hatte das Kollier gefunden. Saß auf dem Boulevard und träumte. Dachte an mein künftiges Glück. Ich ging nicht in die Universität, ich ging an den Mülleimer, zog die Zeitung heraus, schlug sie auf und las die Adresse.

Ich klingle ... Klingle. Der Lakai. ›Wegen des Kolliers‹. Der Fürst selbst kommt heraus. Und dann seine Frau. Zwanzig Jahre alt war ich damals. Zwanzig Jahre. Die Versuchung war groß. Eine Probe auf alles, womit ich groß geworden war, was ich gelernt hatte ... Ich mußte in diesem Augenblick entscheiden – bin ich ein Mensch, oder bin ich kein Mensch. ›Ich gebe Ihnen sofort das Geld‹, das war der Fürst. ›Oder möchten Sie vielleicht einen Scheck? Setzen Sie sich.‹ Und die Fürstin steht dabei, zwei Schritt von mir. Ich setzte mich nicht. Ich sagte, ›ich bin Student. Ich bringe das Kollier nicht wegen der Belohnung‹. ›Ach so ist das‹, sagte der Fürst. ›Verzeihen Sie. Ich bitte zu Tisch, frühstücken Sie mit uns.‹ Und seine Frau, Irina Sergejewna, küßte mich.«

»Fünftausend«, sagte der Mechaniker aus Wolokolamsk bezaubert.

»Eine harte Probe«, sagte der Generalsekretär der Vereinigung der politischen *katorga*-Häftlinge. »So habe ich auf der Krim meine erste Bombe geworfen.«

»Dann verkehrte ich ständig beim Fürsten, beinahe jeden Tag. Ich verliebte mich in seine Frau. Drei Sommer nacheinander bin ich mit ihnen ins Ausland gefahren. Schon als Arzt. Und so habe ich nicht geheiratet. Habe mein Leben als Junggeselle verbracht wegen dieses Kolliers ... Und dann – die Revolution. Der Bürgerkrieg. Im Bürgerkrieg lernte ich Putna gut kennen, Vytautas Putna*. Ich war sein Hausarzt. Putna war ein guter Kerl, aber natürlich nicht Fürst Gagarin. Ihm fehlte ... das gewisse Etwas. Und so eine Frau hatte er auch nicht.«

»Sie sind einfach zwanzig Jahre älter geworden, zwanzig Jahre älter als der ›gaudeamus‹.«

»Vielleicht ...«

»Und wo ist Putna jetzt?«

»Militärattaché in England.«

Aleksandr Georgijewitsch, der Nachbar zur Linken, lächelte.

»Ich denke, der Schlüssel zu Ihren Kalamitäten, wie Musset sich auszudrücken beliebte, ist eben in Putna zu suchen, in diesem ganzen Komplex. Hm?«

»Aber wie?«

»Das müssen Sie die Untersuchungsführer fragen. Bereiten Sie sich vor auf eine Schlacht im Zeichen Putnas – das ist der Rat eines alten Mannes.«

»Sie sind doch jünger als ich.«

»Jünger oder nicht, in mir war einfach weniger ›gaudeamus‹ und mehr Bombe«, lächelte Andrejew. »Wir wollen uns nicht streiten.«

»Und Ihre Meinung?«

»Ich stimme Aleksandr Georgijewitsch zu«, sagte Krist.

Miroljubow wurde rot, aber beherrschte sich. Im Gefängnis entflammt ein Streit wie Feuer im trockenen Wald.

Und Krist wie Andrejew wußten das. Miroljubow mußte das erst noch erfahren.

Es kamen ein Tag und ein Verhör, wonach Miroljubow zwei Tage auf dem Gesicht lag und nicht zum Spaziergang ging.

Am dritten Tag stand Walerij Andrejewitsch auf und kam zu Krist, er faßte sich an die geröteten Lider seiner blauen schlaflosen Augen. Er kam und sagte:

»Sie hatten Recht.«

Recht hatte Andrejew gehabt, und nicht Krist, aber hier gab es eine Feinheit im Eingestehen eigener Fehler, eine Feinheit, für die Krist wie Andrejew ein genaues Gespür hatten.

»Putna?«

»Ja. Es ist alles entsetzlich, zu entsetzlich.« Und Walerij Andrejewitsch begann zu weinen. Zwei Tage hatte er sich zusammengenommen und es doch nicht ausgehalten. Weder Andrejew noch Krist mochten weinende Männer.

»Beruhigen Sie sich.«

In der Nacht wurde Krist von Miroljubows heißem Geflüster geweckt:

»Ich sage Ihnen alles. Ich werde ganz sicher sterben. Ich weiß nicht, was ich machen soll. Ich bin der Hausarzt von Putna. Und jetzt verhören sie mich nicht zum Wohnungsdiebstahl, sondern – schrecklicher Gedanke – zur Vorbereitung eines Anschlags auf die Regierung.«

»Walerij Andrejewitsch«, sagte Krist und gähnte, um wach zu werden. »In unserer Zelle werden ja nicht nur Sie dergleichen beschuldigt. Da liegt Ljonka, der nicht lesen und schreiben kann, aus dem Kreis Tuma im Moskauer Gebiet. Ljonka hat Schraubenmuttern im Eisenbahngleisbett losgedreht. Für Angelblei, wie der Tschechowsche Übeltäter. Sie sind doch stark in der Literatur, in all diesen ›*gaudea-*

mussen‹. Ljonka wirft man Sabotage und Terror vor. Und keinerlei Hysterie. Und neben Ljonka liegt ein Dicker – Woronkow, Chefkoch im Café Moskau, dem ehemaligen Puschkin auf der Strastnaja, waren Sie dort? Anfangs war dieses Café in Brauntönen gehalten. Woronkow sollte abgeworben werden ins Praga am Arbatplatz – dort war Filippow Direktor. In Woronkows Akte steht von der Hand des Untersuchungsführers – und jedes Blatt von Woronkow abgezeichnet! –, daß Filippow Woronkow eine Dreizimmerwohnung und Auslandsreisen zur Weiterbildung angeboten hat. Die Kochkunst ist ja im Niedergang ... ›Der Direktor des Restaurants Praga, Filippow, bot mir all das für den Fall meines Wechsels dorthin, und als ich ablehnte –, schlug er mir vor, die Regierung zu vergiften. Und ich erklärte mich bereit.‹ Ihr Verfahren, Walerij Andrejewitsch, gehört auch in das Ressort ›Technik an der Grenze des Phantastischen‹.«

»Was versuchen Sie mich zu beruhigen? Was wissen Sie? Ich bin mit Putna beinahe seit der Revolution zusammen. Seit dem Bürgerkrieg. Ich bin bei ihm wie zu Hause. Ich habe ihn nach Primorje und in den Süden begleitet. Nur nach England haben sie mich nicht gelassen. Haben mir kein Visum gegeben.«

»Und Putna ist in England?«

»Ich sagte Ihnen schon – er war in England. Er war in England. Aber jetzt ist er nicht in England, sondern hier, bei uns.«

»Aha.«

»Vorgestern«, flüsterte Miroljubow, »gab es zwei Verhöre. Beim ersten Verhör forderte man mich auf, alles aufzuschreiben, was ich über Putnas terroristische Arbeit weiß und über seine Ansichten in diesen Dingen. Wer ihn besucht hat. Was für Gespräche geführt wurden. Ich habe alles aufgeschrieben. Ausführlich. Keinerlei terroristische Gespräche habe ich gehört, niemand von den Gästen ... Dann gab es eine Pause. Mittagessen. Ich bekam auch ein Mittagessen. Mit zwei Gängen. Erbsen als zweiter. Bei uns in der Butyrka gibt es immer Linseneintopf, und dort Erbsen. Und nach dem Essen – sie haben mir Machorka gegeben, eigentlich rauche ich nicht, aber im Gefängnis habe ich es mir ein wenig angewöhnt – setzten wir uns wieder ans Aufschreiben. Der Ermittler sagt: ›Sie, Doktor Miroljubow, nehmen Ihren langjährigen Dienstherrn und Freund Putna so ergeben in Schutz und verteidigen ihn. Das macht Ihnen Ehre, Doktor Miroljubow. Putnas Verhältnis zu Ihnen ist nicht so wie Ihrs zu ihm ...‹ – ›Was heißt das?‹ – ›Hier. Das schreibt Putna selbst. Lesen Sie.‹ Der Ermittler gab mir seitenlange Aussagen in Putnas Schrift.«

»Aha ...«

»Ja. Ich spürte, wie ich grau wurde. In dieser Erklärung schreibt Putna: ›Ja, in meiner Wohnung wurde ein terroristisches Attentat vorbereitet, wurde eine Verschwörung gegen Mitglieder der Regierung, gegen Stalin und Molotow, angezettelt. An all diesen Gesprächen beteiligte sich sehr aktiv und sehr lebhaft Kliment Jefremowitsch Woroschilow*.‹ Und der letzte Satz, der sich meinem Hirn eingebrannt hat: ›All das kann mein Hausarzt Doktor Miroljubow bestätigen.‹«

Krist stieß einen Pfiff aus. Der Tod war allzu nah an Miroljubow herangerückt.

»Was tun? Was tun? Was sagen? Putnas Handschrift war nicht gefälscht. Ich kenne seine Schrift zu gut. Und seine Hände zitterten nicht, wie bei Zarewitsch Aleksej* nach der Knute – erinnern Sie sich an diese historischen Fahndungsakten, dieses Verhörprotokoll aus der Petrinischen Zeit?«

44

»Ich beneide Sie ehrlich«, sagte Krist, »daß Ihre Liebe zur Literatur alles überwindet. Übrigens ist das eine Liebe zur Geschichte. Aber wenn Ihre seelischen Kräfte schon groß genug sind für Analogien, für Vergleiche, dann werden sie auch groß genug sein, sich in Ihrem Verfahren vernünftig zu orientieren. Eins ist klar: Putna ist verhaftet.«

»Ja, er ist hier.«

»Oder in der Lubjanka. Oder in Lefortowo. Aber nicht in England. Sagen Sie mir, Walerij Andrejewitsch, Hand aufs Herz – gab es irgendwelche mißbilligenden Urteile«, Krist zwirbelte seinen imaginären Schnurrbart*, »und sei es in aller allgemeinster Form?«

»Niemals.«

»Oder: ›In meinem Beisein niemals‹. Diese Feinheiten der Untersuchung müssen Sie kennen.«

»Nein, niemals. Putna ist ein durchaus rechtgläubiger Genosse. Ein Militär. Etwas grob.«

»Jetzt eine weitere Frage. Die – psychologisch – wichtigste. Aber Hand aufs Herz.«

»Ich antworte überall gleich.«

»Na, seien Sie nicht böse, Marquis von Posa.«

»Ich glaube, Sie machen sich lustig über mich ...«

»Nein, ich mache mich nicht lustig. Sagen Sie mir offen, wie war Putnas Verhältnis zu Woroschilow?«

»Putna haßte ihn«, seufzte Miroljubow heiß.

»Da haben wir die Lösung, Walerij Andrejewitsch. Hier ist keine Hypnose im Spiel, nicht die Arbeit des Herrn Ornaldo, keine Spritzen und Medikamente. Nicht einmal Drohungen, keine Fließband-Verhöre. Das ist die kalte Berechnung eines Verdammten. Putnas letzte Schlacht. Sie sind eine Schachfigur in diesem Spiel, Walerij Andrejewitsch. Erinnern Sie sich, in ›Poltawa‹* ... ›Das Leben und die Ehr’ verlieren. Die Feinde aufs Schafott mitnehmen‹.«

»Die Freunde aufs Schafott mitnehmen«, verbesserte mich Miroljubow.

»Nein. ›Die Freunde‹ – das wurde für Sie und ihresgleichen rezitiert, Walerij Andrejewitsch, mein lieber ›*gaudeamus*‹. Hier bezieht sich die Berechnung eher auf die Feinde als die Freunde. Möglichst viele Feinde mitzunehmen. Die Freunde erwischt es auch so.«

»Aber was soll ich denn, was soll ich machen?«

»Wollen Sie einen guten Rat, Walerij Andrejewitsch?«

»Gut oder schlecht, ganz egal. Ich will nicht sterben.«

»Nein, nur einen guten. Sagen Sie nur die Wahrheit aus. Wenn Putna lügen wollte vor dem Tod – ist das seine Sache. Ihre Rettung liegt nur in der Wahrheit, allein in der Wahrheit, in nichts als der Wahrheit.«

»Ich habe immer nur die Wahrheit gesagt.«

»Und die Wahrheit ausgesagt? Hier gibt es viele Nuancen. Die Notlüge zum Beispiel. Oder: die Interessen der Gesellschaft und des Staates. Die Klasseninteressen des Einzelnen und die persönliche Moral. Die formale Logik und die nichtformale Logik.«

»Nur die Wahrheit!«

»Um so besser. Das heißt, Sie haben Erfahrung im Aussagen der Wahrheit. Darauf sollten Sie sich verlassen.«

»Wenig haben Sie mir geraten«, sagte Miroljubow enttäuscht.

»Kein leichter Fall«, sagte Krist. »Lassen Sie uns glauben, daß sie ›dort‹ ihre Sache sehr gut verstehen. Wenn sie Ihren Tod brauchen, werden Sie sterben. Wenn nicht – könnten Sie davonkommen.«

»Traurige Ratschläge.«

»Andere habe ich nicht.«

———

Krist traf Miroljubow auf dem Dampfer »Kulu« – der fünften Fahrt der Schiffahrtssaison von 1937. Der Überfahrt »Wladiwostok – Magadan«.

Der Leibarzt des Fürsten Gagarin und Vitautas Putnas grüßte Krist kühl – Krist war ja Zeuge seiner inneren Schwäche, einer gefahrvollen Stunde in seinem Leben gewesen und hatte ihm, so empfand es Miroljubow, in einem schweren, todgefährlichen Moment nicht geholfen.

Krist und Miroljubow drückten einander die Hand.

»Ich bin froh, Sie lebend zu sehen«, sagte Krist. »Wieviel?«

»Fünf Jahre. Aber Sie verhöhnen mich. Ich bin ja vollkommen unschuldig. Und dann fünf Jahre Lager. Die Kolyma.«

»Ihre Situation war sehr gefährlich. Lebensgefährlich. Das Glück hat Sie nicht verlassen«, sagte Krist.

»Gehen Sie zum Teufel mit solchem Glück.«

Und Krist dachte: Miroljubow hat recht. Das ist ein allzu russisches Glück – froh zu sein, wenn ein Unschuldiger fünf Jahre bekommt. Denn er hätte ja zehn bekommen können, sogar den Tod.

An der Kolyma begegneten sich Krist und Miroljubow nicht. Die Kolyma ist groß. Doch aus Erzählungen, durch Nachfragen erfuhr Krist, daß Doktor Miroljubows Glück für die ganzen fünf Jahre seiner Lagerhaft reichte. Miroljubow kam im Krieg frei, arbeitete beim Bergwerk als Arzt, wurde alt und starb 1965.

1965

Iwan Fjodorowitsch*

Iwan Fjodorowitsch empfing Wallace* in Zivil. Die Wachtürme im angrenzenden Lager waren abgesägt, und die Häftlinge erhielten einen gesegneten freien Tag. Auf den Regalen des Siedlungsladens lagen alle hervorgeholten »heimlichen Reserven«, und es wurde Handel getrieben, als gäbe es
keinen Krieg.

Wallace beteiligte sich an einem Sonntagseinsatz zur Kar-
toffelernte. Im Gemüsegarten gab man Wallace eine amerikanische gebogene Schaufel, erst kürzlich durch Lend-Lease
gekommen, und das war Wallace angenehm. Iwan Fjodorowitsch selbst war mit einer ebensolchen Schaufel bewaffnet,
nur der Stiel war russisch – lang. Wallace fragte etwas, zeigte
auf die Schaufel, der neben Iwan Fjodorowitsch stehende
Mann in Zivil sagte etwas, dann sagte Iwan Fjodorowitsch
etwas, und der Übersetzer übersetzte seine Worte liebens-
würdig für Wallace. Daß man in Amerika – einem tech-
nisch führenden Land – selbst über die Form einer Schaufel
nachgedacht habe, und er berührte die Schaufel, die Wallace
in der Hand hielt. Alles an der Schaufel sei gut, nur der Stiel
sei nichts für Russen – sehr kurz, nicht ausgezogen. Der
Übersetzer hatte Mühe mit der Übersetzung des Wortes
»ausgezogen«. Aber daß die Russen, die einen Floh beschlagen* haben (davon hatte auch Wallace etwas gelesen, als er

sich auf die Reise nach Rußland vorbereitete), eine Verbesserung in das amerikanische Werkzeug eingebracht hätten: sie haben die Schaufel auf einen anderen, langen Stiel gesetzt. Die bequemste Länge von Stiel und Schaufel sei vom Boden bis zur Nasenwurzel. Der neben Iwan Fjodorowitsch stehende Mann in Zivil zeigte, wie man das macht. Es war Zeit, zur »Stoßarbeit« anzutreten – zum Ernten der Kartoffeln, die im Hohen Norden gar nicht schlecht wuchsen.

Wallace interessierte alles. Wie zieht man hier Kohl, und Kartoffeln? Wie setzt man sie? Mit Setzlingen? So wie den Kohl? Erstaunlich. Wie ist die Ernte pro Hektar?

Wallace sah sich ab und zu nach seinen Nachbarn um. Um die Chefs herum gruben junge Leute – rotwangig, zufrieden. Sie gruben fröhlich und munter. Wallace paßte einen Augenblick ab und betrachtete ihre Hände, die weißen, mit der Schaufel unvertrauten Finger und lachte, weil er begriff, das waren verkleidete Wachposten. Wallace sah alles: die abgesägten Wachtürme ebenso wie die nicht abgesägten Wachtürme und die Traube von Häftlingsbaracken hinter Stacheldraht. Er wußte über dieses Land nicht weniger als Iwan Fjodorowitsch.

Sie gruben fröhlich. Iwan Fjodorowitsch war bald ermüdet – er war ein aufgeschwemmter, schwerer Mann, aber er wollte dem amerikanischen Vizepräsidenten nicht nachstehen. Wallace war leicht wie ein Jüngling, beweglich, auch wenn er an Jahren älter war als Iwan Fjodorowitsch.

»Ich bin von meiner Farm an solche Arbeit gewöhnt«, sagte Wallace fröhlich.

Iwan Fjodorowitsch lächelte, er machte immer öfter Verschnaufpausen.

»Wenn ich jetzt ins Lager zurückkomme«, dachte Iwan Fjodorowitsch, »lasse ich mir unbedingt Glukose spritzen.« Iwan Fjodorowitsch hatte die Glukose sehr gern. Für das

Herz war die Glukose hervorragend. Er wird es riskieren müssen – seinen Hausarzt hatte Iwan Fjodorowitsch auf diese Reise nicht mitgenommen.

Die »Stoßarbeit« war zu Ende, und Iwan Fjodorowitsch befahl, den Chef der Sanitätsabteilung zu rufen. Der erschien blaß und erwartete das Schlimmste. Denunziationen wegen diesem verdammten Angeln, als die Kranken für den Chef der Sanitätsabteilung ein paar Fische gefangen hatten? Aber das war ja eine von der Zeit geheiligte Tradition.

Als Iwan Fjodorowitsch den Arzt sah, bemühte er sich, so wohlwollend wie möglich zu lächeln.

»Ich brauche eine Glukose-Injektion. Glukose-Ampullen habe ich dabei. Meine eigenen.«

»Sie? Glukose?«

»Wieso wundert dich das so?«, sagte Iwan Fjodorowitsch mit einem mißtrauischen Blick auf den erheiterten Chef der Sanitätsabteilung. »Hier, gib mir die Spritze!«

»Ich? Ihnen?«

»Du. Mir.«

»Glukose?«

»Ja, Glukose.«

»Ich lasse es Pjotr Petrowitsch tun, unseren Chirurgen. Er macht das besser als ich.«

»Und was ist mit dir, du kannst das nicht?«, sagt Iwan Fjodorowitsch.

»Doch, Genosse Natschalnik. Aber Pjotr Petrowitsch kann es besser. Und die Spritze bekommen Sie von mir, meine eigene.«

»Ich habe auch meine eigene Spritze.«

Man schickte nach dem Chirurgen.

»Zu Befehl, Genosse Natschalnik. Chirurg am Krankenhaus Krasnizkij.«

»Bist du Chirurg?«

»Ja, Genosse Natschalnik.«

»Ehemaliger Häftling?«

»Ja, Genosse Natschalnik.«

»Kannst du mir eine Spritze geben?«

»Nein, Genosse Natschalnik. Ich verstehe nichts davon.«

»Du kannst keine Spritzen geben?«

»Bürger Natschalnik«, mischte sich der Chef der Sanitätsabteilung ein, »wir schicken Ihnen sofort einen Feldscher. Einen Häftling. Der macht es so – Sie spüren gar nichts. Geben Sie doch Ihre Spritze hierher. Ich koche sie in Ihrem Beisein aus. Pjotr Petrowitsch und ich passen auf, daß er keine Sabotage betreibt, keinen Terrorismus. Wir halten den Schlauch. Krempeln Ihnen den Ärmel hoch.«

Der gefangene Feldscher kam, wusch sich die Hände, rieb sie mit Spiritus ein und gab die Spritze.

»Kann ich gehen, Bürger Natschalnik?«

»Geh«, sagte Iwan Fjodorowitsch. »Gebt ihm ein Päckchen Papirossy aus der Aktentasche.«

»Keine Ursache, Bürger Natschalnik.«

Als so schwierig erwies es sich also unterwegs mit der Glukose. Iwan Fjodorowitsch hatte lange das Gefühl, als habe er Fieber und Schwindel, als sei er vergiftet worden von diesem gefangenen Feldscher, aber schließlich beruhigte sich Iwan Fjodorowitsch.

Am folgenden Tag begleitete Iwan Fjodorowitsch Wallace nach Irkutsk, er bekreuzigte sich vor Freude und befahl, die Wachtürme wieder aufzustellen und die Ware aus dem Laden – zu entfernen.

Seit kurzem fühlte sich Iwan Fjodorowitsch als besonderer Freund Amerikas, selbstverständlich in den diplomatischen Grenzen der Freundschaft. Erst vor ein paar Monaten war in einem Versuchsbetrieb siebenundvierzig Kilometer von Magadan die Herstellung elektrischer Glühbirnen in Gang gebracht worden. Nur ein Kolymabewohner weiß so etwas zu schätzen. Für das Verschwinden von Glühbirnen kam man vor Gericht; in den Minen führte der Verlust einer Glühbirne zu Tausenden verlorener Arbeitsstunden. Glühbirnen von auswärts konnte man nicht besorgen. Und nun plötzlich ein solches Glück. Man hat etwas Eigenes geschaffen! Sich von »ausländischer Abhängigkeit« befreit!

Moskau würdigte Iwan Fjodorowitschs Leistungen – er wurde mit einem Orden ausgezeichnet. Mit kleineren Orden wurden der Fabrikdirektor, der Leiter der Abteilung, in der diese Glühbirnen hergestellt wurden, und die Laboranten ausgezeichnet. Alle außer dem Mann, der diese Produktion aufgebaut hatte. Das war der Charkower Atomphysiker Georgij Georgijewitsch Demidow*, ein Kürzelträger mit fünf Jahren Haft – entweder »asa« (antisowjetische Agitation) oder etwas in der Art. Demidow dachte, man würde ihn wenigstens zur Vorfristigen vorschlagen, und auch der Fabrikdirektor hatte eine Andeutung gemacht, aber Iwan Fjodorowitsch hielt einen solchen Antrag für einen politischen Fehler. Ein Faschist, und dann – vorfristige Entlassung! Was wird Moskau sagen. Nein, soll er froh sein, daß er nicht bei den »allgemeinen Arbeiten«, daß er im Warmen arbeitet – das ist besser als alle Vorfristigkeit. Und einen Orden kann er, Demidow, natürlich nicht erhalten. Mit Orden zeichnet man treue Staatsdiener aus und nicht Faschisten.

»Eine Prämie von fünfundzwanzig Rubeln, die kann man ihm zuschieben. Ein bißchen Machorka oder Zucker ...«

»Demidow raucht nicht«, sagte der Fabrikdirektor ehrerbietig.

»Raucht nicht, raucht nicht ... dann tauscht er sie gegen Brot oder sonst etwas ... und wenn er keine Machorka braucht, dann braucht er neue Kleidung – keine Lagerkleidung, sondern, du verstehst ... Die amerikanischen Garnituren in Schachteln, die wir euch seit kurzem als Prämie geben. Habs ganz vergessen. Ein Anzug, ein Hemd, eine Krawatte. In so einer weißen Schachtel. So könnt ihr ihn auszeichnen.«

Auf der Festsitzung wurde jedem der Helden im Beisein Iwan Fjodorowitschs eine Schachtel mit dem amerikanischen Geschenk überreicht. Alle verbeugten und bedankten sich. Doch als Demidow an der Reihe war, trat er an den Präsidiumstisch, legte die Schachtel auf den Tisch und sagte:

»Ich werde die amerikanischen Altkleider nicht tragen«, drehte sich um und ging.

Iwan Fjodorowitsch bewertete das vor allem vom politischen Standpunkt, als den Ausfall eines Faschisten gegen den sowjetisch-amerikanischen Block der freiheitsliebenden Länder, und rief am selben Abend in der Bezirksabteilung an. Demidow kam vor Gericht, er erhielt eine »Zugabe« von acht Jahren, verlor seine Arbeitsstelle und wurde in eine Strafmine geschickt, zu den »Allgemeinen«.

Heute, nach Wallace' Visite, dachte Iwan Fjodorowitsch mit sichtlicher Zufriedenheit an den Vorfall mit Demidow. Politischer Weitblick war immer ein Vorzug Iwan Fjodorowitschs gewesen.

Seit seiner kürzlichen Heirat mit der zwanzigjährigen Komsomolzin Rydassowa* kümmerte sich Iwan Fjodorowitsch besonders um sein Herz. Iwan Fjodorowitsch hatte sie zu seiner Frau gemacht und zur Chefin einer großen Lagerabteilung – zur Herrin über Leben und Tod vieler Tausend Menschen. Die romantische Komsomolzin hatte sich schnell zur Bestie entwickelt. Sie ließ verbannen, verteilte Verfahren, Haftstrafen und »Zugaben« und war Zentrum verschiedenster schäbiger Lagerintrigen.

Das Theater bereitete Madame Rydassowa sehr viel Sorgen.

»Hier ist eine Anzeige von Kosin* eingegangen, daß der Regisseur Warpachowskij* Pläne für die Erste-Mai-Demonstration in Magadan ausgearbeitet hat – die Festmarschblöcke als Kreuzgang zu gestalten, mit Kirchenfahnen und Ikonen. Und daß hier natürlich eine geheime konterrevolutionäre Arbeit vorliegt.«

Madame Rydassowa waren diese Pläne auf der Sitzung nicht irgendwie kriminell vorgekommen. Demonstration ist Demonstration. Nichts Besonderes. Und plötzlich – Kirchenfahnen! Man mußte etwas tun; sie beriet sich mit ihrem Mann. Ihr Mann, Iwan Fjodorowitsch – er hatte Erfahrung –, nahm Kosins Meldung sofort in höchstem Maße ernst.

»Er hat sicher recht«, sagte Iwan Fjodorowitsch. »Er schreibt auch nicht nur von den Kirchenfahnen. Wie sich zeigt, hat Warpachowskij mit einer Jüdin angebändelt, einer Schauspielerin – er gibt ihr die Hauptrollen, sie ist Sängerin ... Und was ist das für ein Warpachowskij?«

»Ein Faschist, er kommt aus der Spezialzone. Er ist Regisseur, hat bei Meyerhold* inszeniert, jetzt fällt es mir wieder ein, hier habe ich es aufgeschrieben.« Rydassowa blätterte in ihrer Kartothek. Diese »Kartothek« hatte ihr Iwan Fjodorowitsch beigebracht. »Irgendeine ›Kameliendame‹. Und im Theater der Satire die ›Geschichte der Stadt Dummhausen‹*. Seit 1937 an der Kolyma. Na, siehst du. Und Kosin ist ein verläßlicher Mensch. Päderast und kein Faschist.«

»Und was hat Warpachowskij im Theater inszeniert?«

»Den ›Raub der Helena‹. Wir haben es gesehen. Erinnerst du dich, du hast noch gelacht. Wir haben für den Bühnenbildner noch für die vorzeitige Entlassung unterschrieben.«

»Ja ja, ich entsinne mich. Und der ›Raub der Helena‹ ist von einem ausländischen Autor.«

»Irgendein Franzose. Hier habe ich es aufgeschrieben.«

»Schon gut, schon gut, alles klar. Schick diesen Warpachowskij mit der Reisebrigade los, und seine Frau – wie heißt sie?«

»Süskind.«

»Die Jüdin – laß zu Hause. Bei ihnen ist ja die Liebe kurz, anders als bei uns«, scherzte Iwan Fjodorowitsch leutselig.

Iwan Fjodorowitsch bereitete für seine junge Frau eine große Überraschung vor. Rydassowa war eine Freundin von Nippsachen, allen möglichen seltenen Souvenirs. Schon etwa zwei Jahre arbeitete in der Nähe von Magadan ein Häftling – ein berühmter Beinschnitzer –, aus dem Stoßzahn eines Mammuts drechselte er eine komplizierte Schatulle für Iwan Fjodorowitschs junge Frau. Anfangs wurde dieser Beinschnitzer als Kranker geführt, und später übernahm man ihn in eine Werkstatt, damit sich der Meister eine Anrechnung erarbeiten konnte. Und er erhielt die Anrechnung, drei Tage für einen – für Übererfüllung des Plans in den Uranminen der Kolyma, wo die Anrechnung wegen der Schädlichkeit höher ist als beim Gold, höher als beim »ersten Metall«.

Die Fertigung der Schatulle näherte sich dem Ende. Morgen ist diese Plackerei mit Wallace vorbei, und es geht zurück nach Magadan.

Rydassowa verfügte die Aufnahme Warpachowskijs in die Reisebrigade, leitete die Anzeige des Sängers weiter in die Bezirksabteilung des Ministeriums für Innere Angelegenheiten und machte sich Gedanken. Stoff zum Nachdenken gab es genug – Iwan Fjodorowitsch wurde alt und hatte zu trinken angefangen. Viele neue, junge Chefs waren angekommen. Iwan Fjodorowitsch haßte und fürchtete sie.

Sein neuer Stellvertreter Luzenko hatte bei einer Rundreise durch die Kolyma in allen Krankenhäusern notiert – wer hat Verletzungen nach Schlägen. Es waren nicht wenige. Seine Denunzianten hatten Iwan Fjodorowitsch natürlich von Luzenkos Aufzeichnungen berichtet.

Luzenko hielt einen Vortrag vor dem Wirtschaftsaktiv.

»Wenn der Chef der Verwaltung unflätig flucht, was soll dann der Minenchef machen? Der Einsatzleiter? Der Aufseher? Was soll sich in den Bergwerken abspielen? Ich verlese Ihnen die – offensichtlich zu niedrig angesetzten – Zahlen, die ich in Krankenhäusern bei Befragungen über Brüche, über Schläge erhalten habe.«

Nach Luzenkos Vortrag hielt Iwan Fjodorowitsch eine große Rede.

»Viele Neulinge«, sagte Iwan Fjodorowitsch, »sind schon zu uns gekommen, aber alle haben sich mit der Zeit davon überzeugt, daß hier besondere, Kolyma-Bedingungen herrschen und man das wissen muß.« Iwan Fjodorowitsch hoffe, daß die jungen Genossen das verstehen und gemeinsam mit uns arbeiten werden.

Der letzte Satz in Luzenkos Schlußrede war:

»Wir sind zum Arbeiten hergekommen, und wir werden arbeiten, doch wir werden nicht so arbeiten, wie es Iwan Fjodorowitsch sagt, sondern so, wie die Partei es sagt.«

Alle, das gesamte Wirtschaftsaktiv, die gesamte Kolyma begriff, daß die Tage Iwan Fjodorowitschs gezählt waren. So dachte auch Rydassowa. Aber der Alte kannte das Leben besser als irgendein Luzenko, ein Kommissar hatte ihm, Iwan Fjodorowitsch, noch gefehlt. Iwan Fjodorowitsch schrieb einen Brief. Und Luzenko, sein Stellvertreter, Chef der Politabteilung des Dalstroj, Held des Vaterländischen Krieges – verschwand wie »von der Kuh mit der Zunge aufgeleckt«. Er wurde eilig irgendwohin versetzt. Iwan Fjodorowitsch betrank sich zu Ehren seines Sieges und randalierte betrunken im Theater von Magadan.

»Schmeißt diesen Sänger achtkantig raus, ich will das Scheusal nicht hören«, tobte Iwan Fjodorowitsch in seiner persönlichen Loge.

Und der Sänger verschwand für immer aus Magadan.

Doch das war der letzte Sieg. Luzenko bereitete irgendwo etwas vor, das war Iwan Fjodorowitsch klar –, doch sich zu wehren fehlte ihm schon die Kraft.

»Zeit für die Pension«, dachte Iwan Fjodorowitsch, »wenn jetzt noch die Schatulle ...«

»Du wirst eine hohe Pension bekommen«, tröstete ihn seine Frau. »Und dann fahren wir. Vergessen alles. Alle Luzenkos, alle Warpachowskijs. Wir kaufen uns bei Moskau ein Häuschen mit Garten. Du wirst Vorsitzender der Osoaviachim* und Aktivmitglied beim Bezirkssowjet, hm? Es ist schon Zeit, Zeit.«

»So eine Abscheulichkeit«, sagte Iwan Fjodorowitsch, »Vorsitzender der Osoaviachim? Br-r. Und du?«, fragte er plötzlich.

»Ich komme mit.«

Iwan Fjodorowitsch war klar, seine Frau würde zwei, drei Jahre warten, bis er stirbt.

»Luzenko! Säße wohl gern auf meinen Platz?«, dachte Iwan Fjodorowitsch. »So siehst du aus! Und wir arbeiten nicht richtig – ausbeuterische Förderung sozusagen, die Gold›ausbeute‹. Die Goldausbeute, lieber Genosse Luzenko, seit Kriegsbeginn, auf Befehl der Regierung, um unser Gold zu mehren, und Brüche, Schläge, Tode – das war so und wird so sein. Wir sind im Hohen Norden, nicht in Moskau. Das Gesetz ist die Tajga, wie die Ganoven sagen. An der Küste hat es Lebensmittel ins Meer gespült, dreitausend Mann sind gestorben. Nikischow hat den Lagervize Wyschnewezkij vor Gericht gestellt. Er bekam eine Haftstrafe. Wie sonst soll man handeln? Luzenko wird es uns lehren, ja?«

»Den Wagen!«

Iwan Fjodorowitschs schwarzer SIM* schoß davon aus Magadan, wo Intrigen, Fangnetze gesponnen wurden – Iwan Fjodorowitsch fehlte die Kraft zu kämpfen.

Über Nacht blieb Iwan Fjodorowitsch im Direktionshaus. Das Haus war ein Werk Iwan Fjodorowitschs. Weder unter Bersin* noch unter Pawlow hatte es an der Kolyma Direktionshäuser gegeben. Aber, räsonierte Iwan Fjodorowitsch, wenn es mir zusteht, dann soll es sein. Alle fünfhundert Kilometer wurde auf der riesigen Trasse ein Gebäude errichtet mit Bildern, Teppichen, Spiegeln, Bronze, mit einem hervorragenden Buffet, mit Koch, Wirtschaftsleiter und Wache, wo Iwan Fjodorowitsch, Direktor des Dalstroj, würdig würde übernachten können. Einmal im Jahr übernachtete er tatsächlich in seinen Häusern.

Jetzt eilte der schwarze SIM mit Iwan Fjodorowitsch nach Debin, zum Zentralkrankenhaus, wo das nächste Direktionshaus lag. Man hatte dort schon angerufen, den Krankenhaus-Chef geweckt und das gesamte Krankenhaus in »Gefechtsbereitschaft« versetzt. Überall wurde geputzt, gewaschen, gekratzt.

Womöglich wird Iwan Fjodorowitsch das Zentrale Häftlingskrankenhaus besichtigen, und wenn er Schmutz und Staub findet, dann wird es nicht gut enden mit dem Chef. Und der Chef beschuldigte die nachlässigen Feldscher und Ärzte der geheimen Sabotage – sie achteten angeblich schlecht auf Sauberkeit, damit Iwan Fjodorowitsch das sieht und den Chef entläßt. Diesen heimlichen Gedanken hegten angeblich die gefangenen Ärzte oder Feldscher, die ein Stäubchen auf dem Schreibtisch übersehen.

58

Alles im Krankenhaus zitterte, während der schwarze SIM Iwan Fjodorowitschs über die Kolyma-Trasse schoß.

Das Direktionshaus hatte nichts mit dem Krankenhaus zu tun, es lag einfach nebenan, fünfhundert Meter entfernt, aber diese Nachbarschaft reichte aus für allerlei Sorgen.

Iwan Fjodorowitsch hatte in den neun Jahren seines Lebens an der Kolyma kein einziges Mal das Zentrale Häftlingskrankenhaus besucht, ein Krankenhaus mit tausend Betten – kein einziges Mal. Aber alle waren auf der Hut, solange er im Direktionshaus frühstückte, zu Mittag oder zu Abend aß. Erst wenn der schwarze SIM auf die Trasse einbog, wurde »Entwarnung« gegeben.

Dieses Mal kam einfach keine »Entwarnung«. Er wohnt! Trinkt! Es sind Gäste angereist – so die Kunde aus dem Direktionshaus. Am dritten Tag näherte sich Iwan Fjodorowitschs SIM der Siedlung der Freien, wo die freien Ärzte und Feldscher, das Versorgungspersonal des Krankenhauses wohnten.

Alles erstarb. Und der Krankenhaus-Chef kletterte keuchend durch den Bach, der die Siedlung vom Krankenhaus trennte.

Iwan Fjodorowitsch stieg aus dem SIM. Sein Gesicht war aufgedunsen, abgespannt. Gierig steckte er sich eine Zigarette an.

»Hej, wie war noch ...«, Iwan Fjodorowitschs Finger bohrte sich in den Kittel des Krankenhaus-Chefs.

»Zu Befehl, Genosse Natschalnik.«

»Hast du Kinder hier?«

»Eigene Kinder? Die gehen in Moskau zur Schule, Genosse Natschalnik.«

»Doch nicht deine. Kinder, na, kleine Kinder. Gibt's hier einen Kindergarten? Einen Kindergarten?«, schnauzte Iwan Fjodorowitsch.

»Da in diesem Haus, Genosse Natschalnik.«

Der SIM folgte Iwan Fjodorowitsch zum Gebäude des Kindergartens. Keiner sagte etwas.

»Ruft die Kinder«, verfügte Iwan Fjodorowitsch.

Die Kinderfrau vom Dienst sprang auf.

»Sie schlafen ...«

»Tsss«, der Krankenhaus-Chef schob die Kinderfrau beiseite. »Alle rufen, alle wecken. Sieh zu, daß die Händchen gewaschen sind.«

Die Kinderfrau lief in den Kindergarten.

»Ich will die Kinder im SIM spazierenfahren«, sagte Iwan Fjodorowitsch und steckte sich eine Papirossa an.

»Ach, spazierenfahren, Genosse Natschalnik. Wie wunderbar!«

Die Kinder kamen schon die Treppe heruntergerannt und umringten Iwan Fjodorowitsch.

»Steigt ins Auto«, rief der Krankenhaus-Chef. »Iwan Fjodorowitsch fährt euch spazieren. Der Reihe nach.«

Die Kinder stiegen in den SIM, Iwan Fjodorowitsch setzte sich neben den Chauffeur. So fuhr der SIM alle Kleinen in drei Etappen spazieren.

»Und morgen, und morgen? Kommen Sie wieder?«

»Ich komme, ich komme«, versicherte Iwan Fjodorowitsch.

»Das ist gar nicht übel«, dachte er und legte sich auf das schneeweiße Laken des »Hauses«, »Kinder, der gute Onkel. Wie Iossif Wissarionowitsch mit dem Kind auf dem Arm.«*

Am folgenden Tag rief man ihn nach Magadan. Iwan Fjodorowitsch wurde befördert – zum Minister der Buntmetall-Industrie, aber natürlich ging es um etwas anderes.

Die Magadaner Reisende Kulturbrigade zog über die Trasse und durch die Bergwerke der Kolyma. Und mit ihr auch Leonid Warpachowskij. Dusja Süskind, seine Lagerehefrau, war in Magadan geblieben auf Befehl der Chefin Rydassowa. Seine Lagerehefrau. Das war echte Liebe, echtes Gefühl. Er mußte das wissen, als Schauspieler, als professioneller Meister der gespielten Gefühle. Was weiter tun, wen bitten? Warpachowskij verspürte eine schreckliche Müdigkeit.

In Jagodnoje umringten ihn die örtlichen Ärzte – Freie und Häftlinge.

In Jagodnoje. Vor zwei Jahren war er von Jagodnoje bei der Spezialzone vorbeigefahren, es war ihm gelungen, sich in Jagodnoje »festzusetzen«, das schreckliche Dshelgala zu vermeiden. Was für Mühe das gekostet hatte! Er mußte eine Unmenge Phantasie und Können beweisen und die Fähigkeit, das Wenige zu nutzen, das er im Norden in der Hand hatte. Und er mobilisierte sich – er wird ein Musikschauspiel inszenieren. Nein, nicht Verdis »Maskenball«, den er fünfzehn Jahre später fürs Kreml-Theater inszenierte, nicht »Die Moral der Frau Dulski*«, nicht Lermontow* am Kleinen Theater, nicht die Chefregie am Jermolowa-Theater. Er wird die Operette »Die schwarze Tulpe« inszenieren. Kein Klavier vorhanden? Dann begleitet ein Ziehharmonikaspieler. Warpachowskij wird die Opernmusik selbst für Ziehharmonika arrangieren, selbst auf dem Bandoneon spielen. Und wird inszenieren. Und siegen. Und Dshelgala entgehen.

Er wird seine Versetzung ans Magadaner Theater erreichen, wo er die Protektion von Rydassowa genießt. Er ist bei der Leitung bestens angeschrieben. Warpachowskij bereitet Laienkunstschauen vor, bereitet Schauspiel um Schauspiel vor im Theater von Magadan – eines interessanter als das andere. Und – die Begegnung mit Dusja Süskind, der Sängerin, die Liebe, Kosins Anzeige, das Herumtingeln.

Viele von denen, die jetzt um den Lastwagen standen, auf dem die Kulturbrigade reiste, kannte Warpachowskij.

Hier war Andrejew, mit dem gemeinsam er vor Zeiten von Neksikan in die Spezialzone an der Kolyma gefahren ist. Sie hatten sich im Badehaus getroffen, im winterlichen Badehaus – Dunkelheit, Schmutz, schwitzende, glitschige Körper, Tätowierungen, unflätiges Fluchen, Geschubse, die Anschnauzer der Begleitposten, die Enge. Eine Funzel an der Wand, an der Funzel der Friseur auf einem Hocker mit dem Haarschneider in der Hand – alle der Reihe nach, feuchte Wäsche, Eisdampf um die Füße, eine Schöpfkelle für das gesamte Waschen. Kleiderbündel fliegen im Dunkeln in die Luft. »Wem gehörts? Wem gehörts?«

Und dann hört dieses Gedröhn, dieser Lärm plötzlich auf. Und der Nachbar Andrejews, der in der Schlange steht, um sich den üppigen Haarschopf schneiden zu lassen, spricht mit klingender, ruhiger, sehr schauspielerhafter Stimme:

Besser ist ein Rum zum Schmause
Nächtens Schlaf und morgens Tee;
Besser, Brüder, ist's zu Hause! ...*

Sie hatten sich einander vorgestellt, kamen ins Gespräch – beides Moskauer. In Jagodnoje, in der Nördlichen Verwaltung, hatte sich nur Warpachowskij vom Transport abseilen können. Andrejew war weder Regisseur noch Schauspieler. In Dshelgala bekam er eine Haftstrafe, dann lag er lange im Krankenhaus, und auch jetzt war er am Kreiskrankenhaus in Belitschja, etwa sechs Kilometer von Jagodnoje – in der Versorgung. Bei der Aufführung der Kulturbrigade war er nicht gewesen, aber er war froh, Warpachowskij zu sehen.

Warpachowskij hatte die Brigade ziehen lassen – man hatte ihn eilig ins Krankenhaus gelegt. Bis die Brigade in die Frauen-Sowchose nach »Elgen« fährt und zurückkommt, wird er, Warpachowskij, nachdenken und überlegen können.

Andrejew und Warpachowskij unterhielten sich viel und kamen zu dem Schluß: Warpachowskij wird einen Brief an Rydassowa schreiben, in dem er den ganzen Ernst seines Gefühls schildert und an die besten Gefühle Rydassowas appelliert. An dem Brief schrieben sie mehrere Tage, sie feilten an jedem Satz. Ein Bote, ein zuverlässiger Arzt, brachte den Brief nach Magadan, und es blieb nur zu warten. Die Antwort kam, als Andrejew und Warpachowskij schon getrennt waren, als die Kulturbrigade schon zurück war in Magadan: Warpachowskij wird aus der Kulturbrigade entlassen und zu allgemeinen Arbeiten in die Strafmine geschickt. Süskind, seine Frau – wird zu allgemeinen Arbeiten nach »Elgen« geschickt, ins landwirtschaftliche Frauenlager.

»So war des Himmels Antwort«, wie es in einem Gedicht von Jasieński* heißt.

Andrejew und Warpachowskij trafen sich in Moskau auf der Straße. Warpachowskij war Künstlerischer Leiter des Jermolowa-Theaters. Andrejew arbeitete bei einer Moskauer Zeitschrift.

————

Warpachowskijs Brief zog Rydassowa direkt aus dem Briefkasten ihrer Wohnung in Magadan.

Das gefiel ihr nicht und gefiel Iwan Fjodorowitsch ganz und gar nicht.

»Extrem dreist sind sie geworden. Jeder Terrorist …«

Der Wachhabende im Korridor wurde sofort entlassen und in die Arrestanstalt gesetzt. An den Ermittler übergab Iwan Fjodorowitsch die Sache lieber nicht – wie auch immer, seine Macht war geschwunden, das spürte er.

»Meine Macht ist geschwunden«, sagte Iwan Fjodorowitsch zu seiner Frau, »jetzt kommen sie schon direkt in die Wohnung.«

Warpachowskijs und Süskinds Schicksal war schon vor der Lektüre des Briefs besiegelt. Sie überlegten sich nur eine Bestrafung: Iwan Fjodorowitsch eine strengere, Rydassowa – eine mildere. Es blieb bei Rydassowas Variante.

1962

Das Akademiemitglied

Es zeigte sich, daß das Gespräch mit dem Akademiemitglied sehr schwer zu drucken war. Nicht, daß das Akademiemitglied Unsinn geredet hätte, nein. Es war ein Akademiemitglied mit großem Namen, ein sehr erfahrener Freund aller möglichen Interviews, und gesprochen hatte es über ein ihm gut bekanntes Thema. Der Journalist, den man zum Gespräch geschickt hatte, war ausreichend qualifiziert. Er war ein guter Journalist, und vor zwanzig Jahren – ein sehr guter. Der Grund lag in der Schnelligkeit des wissenschaftlichen Fortschritts. Die Termine der Zeitschriften – Korrekturfahnen, Umbruch, Zeitplan – hinkten dem Fortgang der Wissenschaft hoffnungslos hinterher. Im Herbst des Jahres siebenundfünfzig, am vierten Oktober, wurde der Sputnik gestartet. Über die Vorbereitungen zu seinem Start wußte das Akademiemitglied dieses und jenes, und der Journalist wußte nichts. Doch dem Akademiemitglied wie dem Journalisten und dem Redakteur der Zeitschrift war klar, daß nach dem Start des Sputniks nicht nur die Information ausgeweitet, sondern auch der gesamte Ton des Artikels verändert werden muß. In seiner ersten Variante mußte der Artikel die Erwartung großer, exklusiver Ereignisse ausdrücken. Jetzt waren diese Ereignisse eingetreten. Darum schickte das Akademiemitglied einen Monat nach dem Gespräch aus einem Sanatorium in Jalta ausführliche Telegramme in die Redaktion, Telegramme auf eigene Kosten, mit bezahlter Rückantwort. Indem es den Schleier der kybernetischen Geheimnisse gekonnt ein wenig lüftete, war das Akademiemitglied bemüht, um jeden Preis »auf der Höhe« zu sein und zugleich nicht zuviel zu sagen. Die Redaktion, von derselben Sorge um Zeitgemäßheit und Rechtzeitigkeit erfüllt, nahm bis zum letzten Moment Korrekturen am Artikel des Akademiemitglieds vor.

Die Korrekturfahnen des Artikels wurden mit einem eigenen Flugzeugkurier nach Jalta geschickt und kamen übersät mit Verbesserungen des Akademiemitglieds in die Redaktion zurück.

»Wie bei Balzac«, sagte der Redaktionsleiter betrübt. Alles war eingerichtet, abgestimmt, korrigiert. Das behäbige Vehikel der Verlagstechnik war auf die breite Spur ausgefahren. Doch zum Zeitpunkt des Umbruchs flog schon Lajka* durch den Kosmos, und das Akademiemitglied schickte aus Rumänien, wo es auf einem Friedenskongreß weilte, neue Telegramme, beschwörende, fordernde. Die Redaktion meldete dringliche Auslandsgespräche mit Bukarest an.

Schließlich erschien die Zeitschrift, und die Redaktion verlor sofort das Interesse an dem Artikel des Akademiemitglieds.

Aber all das war später, und jetzt stieg der Journalist Golubew die schmale Marmortreppe des riesigen Hauses in der Hauptstraße der Stadt hinauf, wo das Akademiemitglied wohnte. Das Haus war genauso alt wie der Journalist. Es war während des Baubooms zu Beginn des Jahrhunderts erbaut worden. Gewerbliche Wohnungen: Badewanne, Gas, Telefon, Kanalisation, Elektrizität.

Im Aufgang stand der Tisch des Pförtners. Die elektrische Glühbirne war so angebracht, daß das Licht auf das Gesicht der Eintretenden fiel. Das erinnerte irgendwie an das Untersuchungsgefängnis.

Golubew nannte den Namen des Akademiemitglieds, der Pförtner rief an, erhielt Antwort, sagte dem Journalisten »bitte sehr« und öffnete vor Golubew die bronzegußverzierten Türen des Lifts.

»Passierscheinbüro«, dachte Golubew träge. Wie auch immer, Passierscheinbüros hatte er in seinem Leben so manche gesehen.

»Das Akademiemitglied wohnt in der sechsten Etage«, teilte der Pförtner ehrfürchtig mit. Sein Gesicht zeigte kein Erstaunen, als Golubew an der geöffneten Lifttür vorbeiging und die saubere schmale Marmortreppe ansteuerte. Den Lift konnte Golubew nach seiner Krankheit nicht ertragen – weder aufwärts, noch abwärts, besonders das Abwärtsfahren mit seiner tückischen Schwerelosigkeit.

Mit einer Atempause auf jedem Absatz stieg Golubew bis zur sechsten Etage. Das Rauschen in den Ohren hatte sich etwas gelegt, der Herzschlag war gleichmäßiger geworden, der Atem ruhiger. Golubew stand einen Moment vor der Tür des Akademiemitglieds, streckte die Hände vor und machte vorsichtig einige gymnastische Kopfbewegungen – so hatten es die Ärzte empfohlen, die den Journalisten behandelten.

Golubew hielt mit dem Kopfdrehen inne, fühlte in seiner Tasche nach Taschentuch, Füller und Notizblock und klingelte mit fester Hand.

Das populäre Akademiemitglied öffnete selbst. Er war jung, rührig, hatte flinke schwarze Augen und sah erheblich jünger und frischer aus als Golubew. Vor dem Gespräch hatte der Journalist in der Bibliothek enzyklopädische Lexika und auch einige Biographien des Akademiemitglieds – als Deputierter und als Wissenschaftler – durchgeschaut, und er wußte, daß er, Golubew, und das Akademiemitglied gleichaltrig waren. Beim Durchblättern von Artikeln zu Fragen des bevorstehenden Gesprächs war Golubew aufgefallen, daß das Akademiemitglied von seinem wissenschaftlichen Olymp Donner und Blitze auf die Kybernetik geschleudert hatte, die er als »äußerst schädliche idealistische Quasiwissenschaft« bezeichnete. »Militante Pseudowissenschaft« – so hatte sich das Akademiemitglied vor zwei Jahrzehnten geäußert. Das Gespräch, um dessentwillen Golubew zum Akademiemitglied fuhr, sollte nämlich die heutige Bedeutung der Kybernetik betreffen.

Das Akademiemitglied machte Licht, damit Golubew ablegen konnte.

In dem riesigen Spiegel mit Bronzerahmen, der im Flur stand, spiegelten sie sich beide – das Akademiemitglied im schwarzen Anzug und mit schwarzer Krawatte, schwarzhaarig, schwarzäugig, glattgesichtig, wendig, und die aufrechte Figur Golubews und sein erschöpftes Gesicht mit den vielen Falten, die wie tiefe Narben aussahen. Doch Golubews blaue Augen funkelten wahrscheinlich jünger als die blanken lebhaften Augen des Akademiemitglieds.

Golubew hängte seinen steifen, ganz neuen, erst kürzlich gekauften Kunstledermantel an die Garderobe. Neben dem abgeschabten braunen, mit Waschbärpelz gefütterten Ledermantel des Akademiemitglieds sah er durchaus anständig aus.

»Bitte sehr«, sagte das Akademiemitglied und öffnete die Tür nach links. »Und bitte entschuldigen Sie mich. Ich bin sofort wieder da.«

Der Journalist sah sich um. Tiefe Zimmerfluchten öffneten sich in zwei Richtungen – geradeaus und nach rechts. Die Türen waren aus Glas, der untere Teil aus Mahagoni, und irgendwo ganz in der Tiefe tauchten vollkommen stumm menschliche Schatten auf. Golubew hatte nie in Wohnungen gelebt, wo die Zimmer in Fluchten angeordnet waren, aber er erinnerte sich an den Kinofilm »Die Maskerade«*, an die Wohnung Arbenins. Das Akademiemitglied tauchte irgendwo in der Ferne auf und verschwand wieder, tauchte wieder auf und verschwand wieder, wie Arbenin im Film.

Rechts im ersten großen Zimmer – auch von hier ging eine Zimmerflucht aus –, hell, mit Glastüren und venezianischen Fenstern, stand ein riesiger weißer Flügel. Der Flügel war geschlossen, und auf seinem Deckel waren, einander bedrängend, Porzellanfigürchen versammelt. Auf prachtvollen Untergestellen standen Vasen, Väschen, Statuen, Statuetten. An den Wänden hingen Teller und Brücken. Die zwei geräumigen Sessel hatten weiße Bezüge, passend zum Flügel. Irgendwo in der Tiefe hinter dem Glas bewegten sich menschliche Schatten.

Golubew betrat das Arbeitszimmer des Akademiemitglieds. Das winzige Zimmerchen war dunkel und schmal und wirkte wie eine Kammer. Bücherregale an allen vier Wänden preßten das Zimmer zusammen. Der kleine, wie spielzeughafte, geschnitzte Mahagonischreibtisch schien sich unter der Last des großen Marmortintenfasses mit einem Deckel aus vergoldeter Bronze zu biegen. Drei Seiten der Bücherwände der Bibliothek waren für Nachschlagewerke reserviert, und die vierte für die eigenen Werke des Akademiemitglieds. Die Golubew bereits bekannten Biographien und Autobiographien waren hier ebenfalls zu finden. Ins selbe Zimmer gequetscht, stand engbrüstig ein kleiner schwarzer Flügel. An den Flügel gequetscht ein rundes Korrespondenztischchen, voll mit neuesten technischen Zeitschriften. Golubew legte den Zeitschriftenstapel auf den Flügel, zog einen Stuhl heran und legte Füller und zwei Bleistifte an den Rand des Tischs. Die Tür zum Vorzimmer hatte das Akademiemitglied offengelassen.

»Wie in den Kabinetten ›dort‹«, dachte Golubew träge.

Überall: auf dem schwarzen Flügel, auf den Bücherregalen – standen Krüglein, Porzellan- und Tonfigürchen. Golubew nahm einen Aschenbecher in Gestalt eines Mephistokopfes in die Hand. Irgendwann vor langer Zeit hatte er Porzellan und Glas gemocht, sich in der Eremitage von einem Wunder der menschlichen Hände verblüffen lassen – dem weißen Porzellanfigürchen »Der Schlaf«, bei dem das Gesicht eines im Sessel schlafenden Mannes mit einem hauchdünnen Tüchlein bedeckt ist, so als hätten Museumsmitarbeiter ein Stück Gaze über die Statue geworfen, damit das Figürchen nicht einstaubt –, aber das war keine Gaze, sondern ein hauchdünnes Porzellantüchlein. Und noch an viele andere Wunder der menschlichen Geschicklichkeit erinnerte sich Golubew. Aber den Mephistokopf – schwer, provinziell – verstand er nicht. Von den Regalbrettern herab trompeteten tönerne Schafböcke, und an die Buchrücken gedrückt, wie an Bäume, saßen Hasen mit Löwenmäulern. Eine persönliche Erinnerung?

Zwei gediegene Lederkoffer mit Aufklebern ausländischer Hotels standen an der Tür. Die Aufkleber waren zahlreich, die Koffer neu.

Das Akademiemitglied erschien auf der Schwelle, fing Golubews Blick auf und erklärte alles sofort:

»Ich bitte um Entschuldigung. Morgen fliege ich nach Griechenland. Bitte sehr.«

Das Akademiemitglied zwängte sich zum Schreibtisch durch und nahm eine bequeme Haltung ein.

»Ich habe über den Vorschlag Ihrer Redaktion nachgedacht«, sagte es und schaute zum Klappfensterchen: der Wind trug ein gelbes fünffingriges Ahornblatt ins Zimmer, das einer abgeschlagenen menschlichen Hand glich. Das

Blatt kreiselte in der Luft und fiel auf den Boden. Das Akademiemitglied bückte sich, zerbröselte das trockene Blatt in den Fingern und warf es in das geflochtene Körbchen, das sich an ein Bein des Schreibtischs drückte.

»Ich nehme ihn an«, fuhr das Akademiemitglied fort. »Ich habe drei Hauptpunkte meiner Antwort, meiner Ausführungen, meiner Auffassungen skizziert – nennen Sie es, wie Sie wollen.«

Geschickt zog das Akademiemitglied ein winziges Blättchen Papier unter dem riesigen Tintenfaß hervor, auf dem krakelig einige Worte notiert waren.

»Die erste Frage formuliere ich so ...«

»Ich bitte Sie«, sagte Golubew, erbleichend, »etwas lauter zu sprechen. Leider höre ich schlecht. Ich bitte um Entschuldigung.«

»Aber nicht doch, nicht doch«, sagte das Akademiemitglied höflich. »Die erste Frage formuliere ich ... Reicht es so?«

»Ja, ich danke Ihnen.«

»Also, die erste Frage ...«

Die schwarzen unsteten Augen des Akademiemitglieds schauten auf Golubews Hände. Golubew verstand, vielmehr verstand er nicht, sondern spürte mit dem ganzen Körper, was das Akademiemitglied dachte. Es dachte, daß der zu ihm geschickte Journalist nicht stenographieren kann. Das kränkte das Akademiemitglied ein wenig. Natürlich gibt es Journalisten, die nicht stenographieren können, besonders unter den Älteren. Das Akademiemitglied schaute in das dunkle faltige Gesicht des Journalisten. Die gibt es natürlich. Aber in solchen Fällen schickt die Redaktion doch eine zweite Person – eine Stenographin. Sie hätte auch nur die Stenographin schicken können – ohne den Journalisten –, das wäre noch besser gewesen. »Natur und All« zum Beispiel schickt ihm immer nur die Stenographin. Denn die Redaktion, die ihm diesen älteren Journalisten schickt, glaubt doch nicht, daß der Journalist ihm, dem Akademiemitglied, scharfsinnige Fragen stellen könnte. Von scharfsinnigen Fragen kann keine Rede sein. Und konnte es niemals. Ein Journalist, das ist ein diplomatischer Kurier, dachte das Akademiemitglied – wenn nicht einfach ein Kurier. Das Akademiemitglied verliert seine Zeit, weil keine Stenographin da ist. Eine Stenographin, das ist elementar, das ist, wenn Sie so wollen, eine Höflichkeit der Redaktion. Die Redaktion verhielt sich ihm gegenüber unhöflich.

Im Westen zum Beispiel – da kann jeder Journalist stenographieren und Schreibmaschine schreiben. Aber hier – wie vor hundert Jahren, irgendwo in Nekrassows Kabinett. Welche Zeitschriften gab es vor hundert Jahren? Außer an den »Zeitgenossen«* kann er sich an keine erinnern, aber wahrscheinlich gab es sie doch.

Das Akademiemitglied war ein empfindlicher Mensch, ein äußerst sensibler Mensch. Im Handeln der Redaktion schien ihm Geringschätzung zu liegen. Außerdem – das wußte er aus Erfahrung – verändern Stichworte unweigerlich das Gespräch. Man muß viel Arbeit auf die Korrektur verwenden. Und auch jetzt: für das Gespräch war eine Stunde vorgesehen – mehr als eine Stunde kann das Akademiemitglied nicht, es hat nicht das Recht: seine Zeit ist kostbarer als die Zeit des Journalisten und der Redaktion.

So dachte das Akademiemitglied, als es die üblichen Sätze des Interviews diktierte. Übrigens ließ er sich keineswegs anmerken, daß er verärgert oder erstaunt war. »Wenn der Wein im Glas ist, muß du trinken«, erinnerte er sich an eine französische Redensart. Das Akademiemitglied dachte auf Französisch – von allen Sprachen, die er kannte, mochte er das Französische am liebsten – die besten wissenschaftlichen Zeitschriften in seinem Fach, die besten Kriminalromane ... Das Akademiemitglied sprach den französischen Satz laut aus, doch der Journalist, der nicht stenographieren konnte, reagierte nicht darauf – das hatte das Akademiemitglied auch erwartet.

»Ja, der Wein ist im Glas«, dachte das Akademiemitglied beim Diktieren, »die Entscheidung ist gefallen, die Sache begonnen«, und es gehörte nicht zu den Gewohnheiten des Akademiemitglieds, auf halbem Wege stehenzubleiben. Er beruhigte sich und sprach weiter.

Letztendlich ist das eine Art technisches Problem: genau eine Stunde zu brauchen, langsam zu diktieren, damit der Journalist mitkommt, und laut genug – nicht so laut, wie im Institut vom Katheder, nicht so laut wie auf Friedenskongressen, aber wesentlich lauter als in seinem Kabinett – etwa so, wie bei Lehrveranstaltungen im Labor. Als es sah, daß all diese Probleme erfolgreich gelöst und die ärgerlichen unvermuteten Schwierigkeiten besiegt waren, kam das Akademiemitglied in Stimmung.

»Verzeihen Sie«, sagte das Akademiemitglied, »sind Sie nicht jener Golubew, der zu meiner Jugendzeit viel publiziert hat, zu meiner wissenschaftlichen Jugend, Anfang der dreißiger Jahre? Seine Artikel wurden damals von allen jungen Wissenschaftlern verfolgt. Ich erinnere mich wie heute an den Titel eines seiner Artikel, ›Die Einheit von Wissenschaft und schöner Literatur‹. In jenen Jahren«, das Akademiemitglied lächelte und zeigte seine gut reparierten Zähne, »waren solche Themen in Mode. Der Artikel würde auch heute taugen für ein Gespräch mit dem Kybernetiker Poletajew über Physiker und Lyriker*. Lange ist das alles her«, seufzte das Akademiemitglied.

»Nein«, sagte der Journalist. »Ich bin nicht jener Golubew. Ich weiß, von wem Sie sprechen. Jener Golubew ist im

Jahre achtunddreißig gestorben.«

Und Golubew sah mit festem Blick in die flinken schwarzen Augen des Akademiemitglieds.

Das Akademiemitglied gab einen undeutlichen Ton von sich, den man als Mitgefühl, Verständnis, Bedauern werten sollte.

Golubew schrieb ohne Atempause. Die französische Redensart über den Wein hatte er nicht sofort verstanden. Er hatte die Sprache gekonnt und sie vergessen, schon lange vergessen, und jetzt krochen die unbekannten Worte durch sein erschöpftes, vertrocknetes Hirn. Der Kauderwelschsatz kroch langsam, wie auf allen vieren, durch die dunklen Winkel des Gehirns, machte halt, sammelte Kräfte und kroch bis in eine beleuchtete Ecke, und unter Furcht und Schmerz verstand Golubew seine russische Bedeutung. Es ging nicht um seinen Inhalt, sondern darum, daß er ihn verstand – er eröffnete, entdeckte ihm gleichsam einen neuen Bereich des Vergessenen, in dem ebenfalls alles wiederhergestellt, befestigt, hochgeholt werden mußte. Doch ihm fehlten die Kräfte – moralisch wie physisch, und es schien erheblich leichter, sich an gar nichts Neues zu erinnern. Kalter Schweiß trat dem Journalisten auf den Rücken. Er hatte das starke Bedürfnis zu rauchen, aber die Ärzte hatten ihm den Tabak verboten – ihm, der vierzig Jahre geraucht hat. Sie hatten es verboten, und er hatte es aufgegeben – hatte gekniffen, wollte plötzlich leben. Den Willen hätte er nicht gebraucht, um das Rauchen aufzugeben, sondern um den Rat der Ärzte zu überhören.

Ein weiblicher Kopf in Friseurhaube zeigte sich in der Tür. »Dienstleistungen im Haus«, vermerkte der Journalist.

»Entschuldigung«, das Akademiemitglied stand vom Flügel auf und schlüpfte aus dem Zimmer, die Tür fest anlehnend.

Golubew schwenkte die eingeschlafene Hand und spitzte den Bleistift an. Aus dem Flur hörte man die Stimme des Akademiemitglieds – energisch, nicht zu schroff, von niemandem unterbrochen, ohne Antwort.

»Der Chauffeur«, erklärte das Akademiemitglied, im Zimmer zurück, »kann einfach nicht begreifen, zu welcher Zeit er das Auto vorfahren soll ... Machen wir weiter«, sagte das Akademiemitglied, sich hinter den Flügel stellend und darüber gebeugt, damit Golubew hören konnte. »Der zweite Teil, das sind die Fortschritte der Informationstheorie, der Elektronik, der mathematischen Logik – kurz, all dessen, was man gemeinhin Kybernetik nennt.«

Die forschenden schwarzen Augen begegneten den Augen Golubews, doch der Journalist blieb gleichmütig. Das Akademiemitglied fuhr munter fort:

»In dieser modischen Wissenschaft waren wir zuerst ein wenig hinter dem Westen zurückgeblieben, aber wir haben schnell aufgeholt und jetzt sind wir allen voraus. Wir denken an die Einrichtung von Lehrstühlen für mathematische Logik und Spieltheorie.«

»Spieltheorie?«

»Genau: sie nennt sich auch Monte Carlo-Theorie*«, sagte das Akademiemitglied gedehnt und mit Zäpfchen-R. »Wir halten mit dem Jahrhundert Schritt. Übrigens, Sie ...«

»Die Journalisten haben niemals mit dem Jahrhundert Schritt gehalten«, sagte Golubew. »Im Gegensatz zu den Wissenschaftlern ...«

Golubew rückte den Aschenbecher mit dem Mephistokopf weiter.

»Dieser Aschenbecher ist mir ins Auge gestochen«, sagte er.

»Aber nicht doch«, sagte das Akademiemitglied. »Ein Zufallskauf. Ich bin ja kein Sammler, kein ›amateur‹, wie die

Franzosen sagen, das Auge erholt sich einfach auf Ton.«

»Natürlich, natürlich, eine herrliche Beschäftigung«, Golubew wollte sagen »Unterhaltung«, aber er mied den »u«-Laut*, damit die Zahnprothese nicht herausfiel, die er ganz kürzlich erhalten hatte. Die Prothese vertrug den »u«-Laut nicht. »Dann danke ich Ihnen«, sagte Golubew, stand auf und legte die Zettel zusammen. »Ich wünsche Ihnen alles Gute. Wir schicken die Fahnen.«

»Falls etwas ist«, sagte das Akademiemitglied und verzog das Gesicht, »sollen sie in der Redaktion das Nötige selbst ergänzen. Ich bin ja ein Mann der Wissenschaft, vielleicht nicht auf dem Laufenden.«

»Keine Sorge. Sie werden alles in den Fahnen sehen.«

»Viel Erfolg.«

Das Akademiemitglied begleitete den Journalisten in den Flur, machte Licht und sah teilnahmsvoll zu, wie Golubew sich den viel zu neuen, störrischen Mantel überzog. Der linke Arm traf nur mühsam den linken Mantelärmel, und Golubew wurde vor Anstrengung rot.

»Der Krieg?«, fragte das Akademiemitglied mit höflicher Aufmerksamkeit.

»Nicht ganz«, sagte Golubew. »Nicht ganz«. Und er trat hinaus auf die Marmortreppe.

Die Schultergelenke hatte man Golubew bei Verhören im Jahr achtunddreißig zerrissen.

1961

Die Diamantenkarte

Im Jahr einunddreißig an der Wischera* waren Gewitter häufig.

Kurze gerade Blitze zerhackten den Himmel wie Schwerter. Das Kettenhemd des Regens funkelte und tönte; die Felsen glichen Schloßruinen.

»Mittelalter«, sagte Willemson und sprang vom Pferd. »Kähne, Klepper, Klippen ... Machen wir Pause bei Robin Hood.«

Ein mächtiger zweibeiniger Baum stand auf der Anhöhe. Wind und Alter hatten den Stämmen der beiden verwachsenen Pappeln die Rinde abgerissen – der nackte Gigant in kurzen Hosen sah wirklich aus wie der schottische Held. Robin Hood tobte und fuchtelte mit den Armen.

»Exakt zehn Werst bis zum Haus«, sagte Willemson und band die Pferde an Robin Hoods rechtes Bein. Wir hatten uns vor dem Regen in der kleinen Höhle unter dem Stamm untergestellt und rauchten.

Der Chef des Geologentrupps, Willemson, war kein Geologe. Er war bei der Kriegsflotte gewesen, Kommandant eines Unterseeboots. Das Boot war vom Kurs abgekommen und am finnischen Ufer aufgetaucht. Die Besatzung ließ man ziehen, aber den Kommandanten hielt Mannerheim ein volles halbes Jahr in der Spiegelzelle. Schließlich wurde Willemson freigelassen und fuhr nach Moskau. Neurologen und Psychiater bestanden auf seiner Demobilisierung, Willemson sollte an der frischen Luft arbeiten, im Wald, in den Bergen. So wurde er Chef einer geologischen Schürfungsgruppe.

Von der letzten Anlegestelle fuhren wir zehn Tage lang den Bergfluß hinauf – mit Stangen stießen wir den Espenkahn von den Ufern ab. Schon den fünften Tag ritten wir, weil kein Fluß mehr da war – nur das steinige Bett war geblieben. Einen weiteren Tag liefen die Pferde auf einem Lastpfad durch die Tajga, und der Weg erschien unendlich.

In der Tajga ist alles überraschend, alles ein Ereignis: der Mond, die Sterne, ein Tier, ein Vogel, ein Mensch, ein Fisch. Unmerklich hatte sich der Wald gelichtet, waren die Büsche auseinandergetreten, der Pfad zu einem Weg geworden, und vor uns stand ein riesiger moosbedeckter Ziegelbau ohne Fensterscheiben. Die runden leeren Fenster sahen aus wie Schießscharten.

»Wo kommt der Ziegelstein her?«, fragte ich, verblüfft von dem ungewöhnlich alten Gebäude tief in der Tajga.

»Bravo!«, rief Willemson und hielt die Pferde an. »Du hast es gemerkt! Morgen wirst du alles verstehen!«

Aber auch am nächsten Tag verstand ich nichts. Wir waren wieder unterwegs, galoppierten einen seltsam geraden Waldweg entlang. Junges Birkengehölz kreuzte hier und da unseren Weg, Fichten reichten einander von beiden Seiten die alten struppigen Tatzen, die vom Alter rötlichen, aber der blaue Himmel wurde von den Zweigen keinen Moment verdeckt. Ein mit rotem Rost bewachsener Waggonradsatz wuchs aus der Erde wie ein Baum ohne Äste und Blätter. Wir hielten die Pferde an.

»Das ist eine Schmalspurbahn«, sagte Willemson. »Sie ging von der Fabrik bis zum Lagerhaus – dort, dem Ziegelbau. Also, hör zu. Hier gab es einmal, noch unter dem

Zaren, eine belgische Eisenerzkonzession. Die Fabrik, zwei Hochöfen, Schmalspurbahn, Siedlung, Schule, Sängerinnen aus Wien. Die Konzession warf hohe Gewinne ab. Das Eisen wurde auf Barken bei Hochwasser geflößt – im Frühjahr und im Herbst. Die Konzession lief bis 1912. Russische Industrielle mit dem Fürsten Lwow an der Spitze, denen die märchenhaften Profite der Belgier den Schlaf raubten, baten den Zaren, das Ganze ihnen zu übertragen. Mit Erfolg – den Belgiern wurde die Konzession nicht verlängert. Die Erstattung ihrer Aufwendungen lehnten die Belgier ab. Sie gingen. Zuvor aber sprengten sie alles, die Fabrik und die Hochöfen, in der Siedlung blieb kein Stein auf dem anderen. Selbst die Schmalspurbahn wurde bis auf den letzten Schienenstoß zerlegt. Man mußte alles von vorn beginnen. Fürst Lwow war von etwas anderem ausgegangen. Ehe man neu hatte anfangen können – der Krieg. Dann – Revolution und Bürgerkrieg. Und heute, 1930, sind wir hier. Da sind die Hochöfen«, Willemson zeigte irgendwo nach rechts, doch außer ungestümem Grün sah ich nichts. »Und da ist auch die Fabrik«, sagte Willemson.

Vor uns lag eine große, nicht sehr tiefe Schlucht, ein Tal, ganz mit jungem Wald bewachsen. In der Mitte hatte die Schlucht einen Buckel, und der Buckel erinnerte dunkel an das Gerippe eines zerstörten Gebäudes. Die Tajga hatte die Reste der Farbik überzogen, und auf einem abgebrochenen Schornstein saß, wie auf dem Gipfel eines Felses, ein brauner Habicht.

»Man muß es wissen, um zu sehen, daß hier eine Fabrik stand«, sagte Willemson. »Eine Fabrik ohne Menschen. Hervorragende Arbeit. Nur zwanzig Jahre. Zwanzig Generationen Kraut: Porree, Riedgras, Weidenröschen ... Und vorbei mit der Zivilisation. Und der Habicht sitzt auf dem Fabrikschornstein.«

»Beim Menschen ist dieser Weg wesentlich länger«, sagte ich.

»Wesentlich kürzer«, sagte Willemson. »An Menschengenerationen braucht es weniger.« Und ohne anzuklopfen, öffnete er die Tür der nächstgelegenen Hütte.

Ein silberhäuptiger riesiger Greis in einem schwarzen Flauschgehrock von altmodischem Schnitt und mit goldener Brille saß an einem groben, behobelten, weißgescheuerten Tisch. Die bläulichen gichtigen Finger hielten den dunklen Einband eines dicken, ledergebundenen Buchs mit silbernen Spangen umfaßt. Blaue Augen mit roten Greisenäderchen schauten uns ruhig an.

»Guten Tag, Iwan Stepanowitsch«, sagte Willemson im Näherkommen. »Ich habe Ihnen einen Gast mitgebracht.« Ich verbeugte mich.

»Grabt ihr immer noch?«, krächzte der Greis mit der goldenen Brille. »Umsonst, umsonst. Wir würden euch Tee anbieten, Burschen, aber alle sind unterwegs. Die Frauen sind mit den Kleinen in die Beeren gegangen, und die Söhne auf der Jagd. Darum – verzeiht. Für mich ist das eine besondere Zeit«, und Iwan Stepanowitsch pochte mit dem Finger auf das dicke Buch. »Übrigens, ihr stört mich nicht.«

Die Spange schnappte, und das Buch wurde geöffnet.

»Was ist das für ein Buch?«, fragte ich unwillkürlich.

»Die Bibel, mein Sohn. Andere Bücher halte ich schon zwanzig Jahre nicht mehr im Haus ... Ich höre lieber zu, als zu lesen, meine Augen sind schwach geworden.«

Ich nahm die Bibel in die Hand. Iwan Stepanowitsch lächelte. Das Buch war in französischer Sprache.

»Ich kann kein Französisch.«

»Eben, eben«, sagte Iwan Stepanowitsch und knisterte mit den Seiten. Wir gingen.

»Wer ist denn das?«, fragte ich Willemson.

»Ein Buchhalter, der der Welt die Stirn bietet. Iwan Stepanowitsch Bugrejew, der der Zivilisation den Kampf angesagt hat. Er ist der einzige, der seit neunzehnhundertzwölf in diesem Dickicht ausharrt. Er war bei den Belgiern Hauptbuchhalter. Die Zerstörung der Fabriken hat ihn so erschüttert, daß er zum Rousseau-Anhänger wurde. Sehen Sie, was für ein Patriarch. Er wird vielleicht siebzig sein. Acht Söhne. Töchter hat er keine. Seine alte Frau. Die Enkel. Die Kinder können lesen und schreiben. Sie haben die Schule noch abgeschlossen. Den Enkeln lesen und schreiben beizubringen läßt der Alte nicht zu. Fischfang, Jagd, ein bißchen Küchengarten, die Bienen und die französische Bibel in Großvaters Nacherzählung – das ist ihr Leben. Etwa vierzig Werst von hier gibt es eine Siedlung, eine Schule, einen Laden. Ich bin hinter ihm her – es gibt Gerüchte, daß er eine Bodenkarte der hiesigen Gegend hütet – sie ist von der belgischen Schürfung geblieben. Vielleicht ist das wahr. Die Schürfungen gab es ja, ich habe selbst in der Tajga alte Schürfgräben gefunden. Der Greis gibt die Karte nicht her. Er will uns die Arbeit nicht abkürzen. Wir müssen ohne sie auskommen.«

Wir übernachteten in der Hütte von Iwan Stepanowitschs ältestem Sohn, Andrej. Andrej Bugrejew war etwa vierzig.

»Warum kommst du nicht als Schürfer zu mir?«, sagte Willemson.

»Vater stimmt nicht zu«, sagte Andrej Bugrejew.

»Du würdest Geld verdienen!«

»Wir haben doch Geld genug. Hier ist es ja reich an Getier. An Holzeinschlägen auch. Und auch in der Wirtschaft ist viel zu tun – Großvater macht ja für jeden einen Plan. Einen Dreijahresplan«, Andrej lächelte.

»Hier hast du eine Zeitung.«

»Lieber nicht. Vater erfährt davon. Und ich habe das Lesen auch fast verlernt.«

»Und dein Sohn? Er wird doch fünfzehn.«

»Wanjuschka kann gar nicht lesen. Sagt es dem Vater, was redet ihr mit mir.« Und Andrej Iwanowitsch zog sich grimmig die Stiefel aus. »Stimmt das denn, daß hier eine Schule gebaut wird?«

»Ja. In einem Jahr wird sie eröffnet. Aber du willst ja nicht für die Schürfung arbeiten. Mir ist jeder Mensch teuer.«

»Und wo sind deine Leute?«, sagte Andrej Iwanowitsch und wechselte delikat das Gesprächsthema.

»An der Roten Quelle. Wir graben entlang den alten Schürfungen. Iwan Stepanowitsch hat ja eine Karte, was, Andrej?«

»Gar keine Karte hat er. Das sind alles Lügengeschichten. Dummes Geschwätz.«

Plötzlich schob sich das aufgeregte und gereizte Gesicht von Marja, Andrejs Frau, ins Licht:

»Hat er wohl! Wohl! Wohl!«

»Marja!«

»Wohl! Wohl! Vor zehn Jahren habe ich sie selbst gesehen.«

»Marja!«

»Wozu zum Teufel diese verdammte Karte hüten? Warum kann Wanjuschka nicht lesen und schreiben? Wir leben wie die Tiere. Bald überwächst uns das Gras!«

»Das überwächst euch nicht«, sagte Willemson. »Es wird eine Siedlung geben. Eine Stadt. Eine Fabrik. Leben! Auch wenn es keine Wiener Tingeltangel-Sängerinnen geben wird, aber dafür Schulen und Theater. Dein Wanjuschka wird noch Ingenieur.«

»Nein, nein«, Marja fing an zu weinen. »Für ihn ist schon Zeit zu heiraten. Wer nimmt ihn denn als Analphabeten?«

»Was ist das für ein Lärm?«, Iwan Stepanowitsch stand auf der Schwelle. »Du, Marja, geh zu dir, es ist Schlafenszeit. Andrej, du gibst schlecht acht auf deine Frau. Und Ihr, gute Bürger, tragt keinen Zwist in meine Familie. Ich habe die Karte, und ich gebe sie nicht heraus – das alles braucht man nicht zum Leben.«

»Wir brauchen Ihre Karte nicht unbedingt«, sagte Willemson. »Ein Jahr Arbeit, und wir haben unsere eigene gezeichnet. Die Schätze sind entdeckt. Morgen bringt Wassiltschikow die Zeichnungen – wir werden Holz einschlagen für die Siedlung.«

Iwan Stepanowitsch schlug die Tür zu und ging. Eilig legten sich alle schlafen.

Ich wachte auf von der Gegenwart vieler Menschen. Die Morgendämmerung trat vorsichtig ins Zimmer. Willemson saß an der Wand direkt auf dem Boden, die schmutzigen nackten Füße ausgestreckt, und um ihn herum atmete laut die gesamte Familie Bugrejew, alle acht Söhne, acht Schwiegertöchter, zwanzig Enkel und fünfzehn Enkelinnen. Enkel und Enkelinnen atmeten übrigens irgendwo auf der Vortreppe. Es fehlten nur Iwan Stepanowitsch und seine alte Frau – die spitznasige Serafima Iwanowna.

»Sie kommt also?«, fragte Andrejs atemlose Stimme.

»Sie kommt.«

»Ja, und er?« Alle Bugrejews seufzten tief und erstarben.

»Was denn, er?«, fragte Willemson fest.

»Großvater wird sterben«, sagte Andrej klagend, und alle Bugrejews seufzten wieder.

»Vielleicht stirbt er auch nicht«, sagte Willemson unschlüssig.

»Und Großmama wird sterben.« Und die Schwiegertöchter brachen in Tränen aus.

»Die Mutter wird auf keinen Fall sterben«, versicherte Willemson und fügte hinzu: »Übrigens ist sie eine alte Frau.«

Plötzlich begannen alle zu lärmen und sich zu rühren.

Die jüngeren Enkel huschten in die Büsche, die Schwiegertöchter eilten in ihre Hütten. Von der großväterlichen Hütte kam langsam Iwan Stepanowitsch auf uns zu, er hielt in beiden Händen ein riesiges schmutziges, nach Erde riechendes Papierbündel.

»Hier ist die Karte.« Iwan Stepanowitsch hielt die zusammengepreßten Pergamentblätter in den Händen, und seine Finger zitterten. Hinter seinem mächtigen Rücken schaute Serafima Iwanowna hervor. »Ich gebe sie heraus. Zwanzig Jahre. Sima*, verzeih, Andrej, Pjotr, Nikolaj und alle Verwandten, verzeiht.« Bugrejew brach in Tränen aus.

»Schon gut, schon gut, Iwan Stepanowitsch«, sagte Willemson. »Reg dich nicht auf. Sei froh und nicht betrübt.« Und er befahl mir, mich in Bugrejews Nähe zu halten. Der Alte gedachte keineswegs zu sterben. Er beruhigte sich schnell, sah jünger aus, nahm mich, Willemson und Wassiltschikow um die Schulter und schwatzte vom Morgen bis zum Abend – er erzählte die ganze Zeit von den Belgiern, wie was war, wo es stand, welche Gewinne die Herren machten. Das Gedächtnis des Alten war gut.

In dem nach Erde riechenden Pergamentpapierbündel war eine Bodenkarte dieser Gegend, von den Belgiern erstellt. Die Erze: Gold, Eisen ... Die Edelsteine: Topas, Türkis, Aquamarin ... Die Edelsteine: Achat, Jaspis, Bergkristall, Malachit ... Nur jene Steine fehlten, um derentwillen Willemson hergekommen war.

Die Diamantenkarte gab Iwan Stepanowitsch nicht heraus. Diamanten fand man an der Wischera erst dreißig Jahre später.

‹1959›

Der Unbekehrte

Ich hüte mein altes zusammenklappbares Stethoskop sorgsam. Es ist ein Geschenk vom Abschlußtag des Feldscherlehrgangs im Lager – von Nina Semjonowna, der Leiterin
des Praktikums in der Inneren Medizin.

Dieses Stethoskop ist Symbol und Zeichen meiner Rückkehr ins Leben, Versprechen der Freiheit, Versprechen des
Freiseins – ein erfülltes Versprechen. Übrigens sind Freisein
und in Freiheit sein verschiedene Dinge. Ich war niemals in
Freiheit, ich war nur frei all meine Erwachsenenjahre. Aber
das war später, viel später als an jenem Tag, an dem ich
dieses Geschenk entgegennahm, mit ein wenig heimlichem
Schmerz, mit ein wenig heimlicher Traurigkeit, so als hätte
nicht ich, sondern jemand anderes dieses Stethoskop bekommen sollen – das Symbol und Zeichen meines größten
Sieges, meines größten Erfolgs im Hohen Norden, an der
Grenze von Tod und Leben. Ich spürte all das deutlich –
ich weiß nicht, ob ich es verstand, aber ich spürte es zweifellos, als ich das Stethoskop neben mir auf die schäbige
Lagerdecke legte, eine ehemalige Soldatendecke im zweiten
oder schon dritten Einsatz, die man den Lehrgangsteilneh-
mern gab. Ich streichelte das Stethoskop mit den abgefrore-
nen Fingern, und die Finger begriffen nicht – war das Holz
oder Eisen. Einmal zog ich aus dem Sack, dem eigenen Sack,

blind tastend das Stethoskop anstelle des Löffels. Und in diesem Fehler lag ein tiefer Sinn.

Ehemalige Gefangene, die es im Lager leicht hatten – wenn das Lager für irgend jemanden leicht sein kann –, halten für die schwerste Zeit in ihrem Leben die Rechtlosigkeit nach dem Lager, das Umherwandern nach dem Lager, wenn es einfach nicht gelang, eine Stabilität im Alltag zu finden – eben jene Stabilität, die ihnen im Lager half zu überleben. Diese Leute hatten sich irgendwie an das Lager angepaßt, und das Lager hatte sich ihnen angepaßt und gab ihnen Essen, ein Dach und Arbeit. Sie mußten ihre Gewohnheiten radikal ändern. Die Menschen sahen das Scheitern ihrer Hoffnungen, die so bescheiden waren. Doktor Kalembet, der die fünf Jahre seiner Lagerhaft abgesessen hatte, kam mit dem Leben in Freiheit nicht zurecht und brachte sich nach einem Jahr um, er hinterließ einen Zettel: »Die Dummköpfe lassen mich nicht leben.« Doch es lag nicht an den Dummköpfen. Ein anderer Arzt, Doktor Miller, hatte den ganzen Krieg über mit erstaunlicher Energie versucht nachzuweisen, daß er kein Deutscher sei, sondern Jude – er schrie es an jeder Ecke heraus, in jedem Fragebogen. Es gab noch einen dritten, Doktor Braude – er saß drei zusätzliche Jahre wegen seines Namens. Doktor Miller wußte, daß das Schicksal nicht zu scherzen liebt. Doktor Miller konnte nachweisen, daß er kein Deutscher ist. Doktor Miller wurde pünktlich entlassen. Doch schon nach dem ersten Jahr von Doktor Millers Leben in Freiheit wurde er des Kosmopolitismus* beschuldigt. Übrigens wurde Doktor Miller nicht sofort beschuldigt. Sein verständiger Chef, der Zeitungen las und die schöne Literatur verfolgte, lud Doktor Miller zu einem Vorgespräch ein. Denn Befehl ist Befehl, doch die »Linie« noch vor dem Befehl zu erahnen ist ein großes Vergnügen verständiger Chefs. Das, was im Zentrum begonnen hat,

wird zu gegebener Zeit bestimmt bis nach Tschukotka ge-
langen, bis an Indigirka und Jana, bis an die Kolyma. Doktor Miller war das alles klar. In der Siedlung Arkagala, wo
Miller als Arzt arbeitete, war ein Ferkel in die Kloake gefallen. Das Ferkel war in der Jauche erstickt, aber wurde herausgezogen, und es kam zu einem der heftigsten Rechts-
streite; an der Beilegung der Angelegenheit wirkten sämtliche gesellschaftlichen Organisationen mit. Die Freiensiedlung,
etwa hundert Chefs und Ingenieure mit Familien, verlangte,
daß das Ferkel an die Freienkantine abgegeben würde: das
wäre eine Rarität – Schweinekotelett, Hunderte Schweine-
koteletts. Der Leitung lief das Wasser im Mund zusammen.
Doch der Lagerchef Kutscherenko bestand darauf, daß das
Ferkel ans Lager verkauft würde – und das gesamte Lager,
die gesamte Zone erörterte über mehrere Tage das Schicksal des Ferkels. Alles Übrige war vergessen. In der Siedlung
gab es Versammlungen – der Parteiorganisation, der Ge-
werkschaftsorganisation, der Soldaten des Wachtrupps.

Doktor Miller, ehemaliger Häftling, Chef der Sanitätsabteilung der Siedlung und des Lagers, sollte die heikle Frage
entscheiden. Und Doktor Miller entschied - zugunsten des
Lagers. Es wurde ein Protokoll aufgesetzt, in dem es hieß,
das Ferkel sei in der Jauche ertrunken, könne aber für den
Lagerkessel verwendet werden. Solche Protokolle gab es an
der Kolyma viele. Kompott, das nach Petroleum stinkt.
»Zum Verkauf im Laden der Freiensiedlung ungeeignet, kann
jedoch gereinigt und für den Lagerkessel verkauft werden.«

Und dieses Protokoll über das Ferkel hatte Miller am
Tag vor dem Gespräch über Kosmopolitismus unterschrieben. Das ist schlichte Chronologie, das, was im Gedächtnis
bleibt, als lebenswichtig und hervorgehoben.

Nach dem Gespräch mit dem Untersuchungsführer ging
Miller nicht nach Hause, sondern in die Zone, zog den Kit-

tel an, öffnete sein Arztzimmer und den Schrank, nahm eine Spritze und injizierte sich Morphiumlösung in die Vene.

Wozu diese ganze Erzählung – von Selbstmord begehenden Ärzten, vom in der Kloake untergegangenen Ferkel, von der grenzenlosen Freude der Gefangenen? Nun, dazu:

Für uns – für mich und Hunderttausende andere, die im Lager nicht als Ärzte gearbeitet hatten, war die Zeit nach dem Lager das reine Glück, jeden Tag, jede Stunde. Zu fürchterlich war die Hölle gewesen, die hinter uns lag, und kein Leidensweg durch Spezial- und Kaderabteilungen, kein Umherwandern, keine Willkür von Artikel neununddreißig des Paßsystems konnten uns dieses Empfinden von Glück und Freude nehmen – im Vergleich zu dem, was wir in unserem Gestern und Vorgestern gesehen hatten.

Für einen Teilnehmer des Feldscherlehrgangs war es ein großes Glück, zum Praktikum in die Dritte Innere Abteilung zu kommen. Die Dritte Abteilung leitete Nina Semjonowna – ehemalige Dozentin am Lehrstuhl für Innere Diagnostik an der Medizinischen Hochschule in Charkow.

Nur zwei Personen, zwei von dreißig Teilnehmern konnten ein Monatspraktikum in der Dritten Inneren Abteilung machen.

Die Praxis, die lebendige Beobachtung der Kranken – ach, wie unendlich weit ist das vom Buch, vom »Lehrgang«. Mediziner wird man nicht aus Büchern – weder Feldscher, noch Arzt.

In die Dritte Abteilung kommen nur zwei Männer – Bokis und ich.

»Zwei Männer? Warum?«

Nina Semjonowna war eine bucklige grünäugige alte Frau, grauhaarig, faltig und böse.

»Zwei Männer? Warum?«

»Nina Semjonowna haßt Frauen.«

»Sie haßt sie?«

»Na, sie mag sie nicht. Mit einem Wort, zwei Männer. Ihr habt Glück.«

Die Klassenälteste des Lehrgangs, Musa Dmitrijewna, führte Bokis und mich vor Nina Semjonownas grüne Augen.

»Sind Sie schon lange hier?«

»Seit siebenunddreißig.«

»Und ich seit achtunddreißig. Zuerst war ich in ›Elgen‹. Dreihundert Entbindungen habe ich dort betreut, vor ›Elgen‹ hatte ich nie Entbindungen betreut. Dann der Krieg – mein Mann ist in Kiew umgekommen. Und zwei Kinder. Jungen. Eine Bombe.«

Um mich herum waren mehr Menschen gestorben als in jeder Schlacht des Krieges. Gestorben ohne jeden Krieg, vor jedem Krieg. Und dennoch. Es gibt solches und solches Leid, genauso wie Glück.

Nina Semjonowna setzte sich an ein Krankenbett und schob die Decke beiseite.

»Nun, fangen wir an. Nehmen Sie das Stethoskop in die Hand, setzen Sie es auf die Brust des Kranken und hören Sie … Die Franzosen hören durch ein Handtuch. Aber das Stethoskop ist das Sicherste, das Verläßlichste. Ich bin keine Anhängerin der Phon-Endoskope, der große Herr benutzt das Phon-Endoskop – er ist zu faul, sich zum Kranken herunterzubeugen. Das Stethoskop … Das, was ich Ihnen zeige, werden Sie in keinem Lehrbuch finden. Hören Sie.«

Das hautüberspannte Skelett folgte ergeben Nina Sergejewnas Kommando. Es folgte auch meinen Kommandos.

»Hören Sie diesen Schachtelton, diese dumpfe Schattierung. Merken Sie ihn sich fürs ganze Leben, genauso wie diese Knochen, diese trockene Haut, diesen Glanz in den Augen. Merken Sie sich das?«

»Ja. Fürs ganze Leben.«

»Erinnern Sie sich, wie der Ton gestern war? Hören Sie den Kranken wieder ab. Der Ton hat sich geändert. Beschreiben Sie all das, schreiben Sie es in die Krankengeschichte. Furchtlos. Mit fester Hand.«

Im Zimmer lagen zwanzig Kranke.

»Interessante Kranke gibt es im Moment nicht. Das, was Sie gesehen haben, ist Hunger, Hunger, Hunger ... Setzen Sie sich von links. Hierher, auf meinen Platz. Nehmen Sie den Kranken mit dem linken Arm um die Schultern. Fester, fester. Was ist zu hören?«

Ich berichtete.

»Gut, Zeit zum Mittagessen. Gehen Sie, Sie essen in der Ausgabestelle.«

Die Essensverteilerin Schura, rund geworden, schenkte uns mit großzügiger Hand das »Doktoren«essen aus. Die dunklen Augen der Hauswirtschaftsschwester lächelten mich an, aber mehr noch sich selbst, ins eigene Innere.

»Was ist mit Ihnen, Olga Tomassowna?«

»A-ah, Sie haben es gemerkt? Ich denke immer an etwas anderes. An das Vergangene. Das Gestrige. Versuche, das Heutige nicht zu sehen.«

»Das Heutige ist gar nicht so schlecht, gar nicht so schrecklich.«

»Möchten Sie noch Suppe?«

»Bitte.«

Mir war nicht nach dunklen Augen. Die Lektion bei Nina Semjonowna, das Erlernen der Heilkunst war mir wichtiger als alles auf der Welt.

Nina Semjonowna wohnte in der Abteilung, in einem Zimmer, das an der Kolyma »Kabäuschen« hieß. Niemand außer seiner Bewohnerin ging dort jemals hinein. Aufräumen und den Boden fegen tat die Bewohnerin selbst. Ob sie den Boden auch selbst wischte, weiß ich nicht. Durch die offene Tür sah man ein hartes, schlecht bereitetes Bett, einen Krankenhaus-Nachttisch, einen Hocker, geweißte Wände. Neben dem Kabäuschen gab es noch ein kleines Kabinett, aber seine Tür ging in den Krankensaal und nicht in den Flur. In dem kleinen Kabinett – eine Art Schreibtisch, zwei Hocker, eine Liege.

Alles war wie in anderen Abteilungen, und irgendwie doch anders: es gab hier wohl keine Blumen – weder im Kabäuschen noch im Krankensaal. Vielleicht waren Nina Semjonownas Strenge, ihr mangelndes Lächeln schuld? Das dunkelgrüne, smaragdene Feuer ihrer Augen blitzte irgendwie unpassend, zur Unzeit. Ihre Augen blitzten ohne Verbindung zum Gespräch, zur Arbeit. Doch die Augen lebten nicht für sich – sie lebten mit den Gefühlen und Gedanken Nina Semjonownas.

In der Abteilung gab es keine Freundschaft, auch nicht die oberflächlichste Freundschaft unter den Sanitäterinnen und Schwestern. Alle kamen zur Arbeit, zum Dienst, zur Wache, und man sah, daß das wirkliche Leben der Mitarbeiter der Dritten Inneren Abteilung in der Frauenbaracke stattfand, nach dem Dienst, nach der Arbeit. Gewöhnlich haftet, hängt in Lagerkrankenhäusern das wahre Leben an der Arbeitsstelle und der Arbeitszeit – man kommt froh in die Abteilung, um möglichst schnell der verdammten Baracke zu entgehen.

In der Dritten Inneren Abteilung gab es keine Freundschaft. Die Sanitäterinnen und Schwestern liebten Nina Semjonowna nicht. Sie achteten sie nur. Sie hatten Angst. Hatten Angst vor dem schrecklichen »Elgen«, der Sowchose an der Kolyma, wo im Wald wie auf dem Acker gefangene Frauen arbeiten.

Alle hatten Angst, außer der Essensverteilerin Schura.

»Männer hierherzubringen ist schwer«, sagte Schura und schmiß die gewaschenen Schüsseln mit Geschepper in den Schrank. »Aber ich bin Gottseidank schon im fünften Monat. Bald schicken sie mich nach ›Elgen‹ – und lassen mich frei! Die Mamas läßt man jedes Jahr frei: für unsereins die einzige Chance.«

»Achtundfünfziger läßt man nicht frei.«

»Ich habe Punkt zehn. Punkt zehn läßt man frei. Trotzkisten nicht. Katjuscha hat hier im letzten Jahr auf meiner Stelle gearbeitet. Ihr Mann, Fedja, lebt jetzt mit mir – Katjuschka und ihr Kind wurden freigelassen, sie kam sich verabschieden. Fedja sagt: ›Denk daran, ich habe dich befreit.‹ Das war nicht mit dem Ende der Haftzeit, durch Amnestie, durch den grünen Staatsanwalt*, sondern mit eigenen Mitteln, den verläßlichsten ... Und wirklich – er hat sie befreit. Wie es scheint, hat er auch mich befreit ...«

Schura zeigte vertraulich auf ihren Bauch.

»Bestimmt hat er dich befreit.«

»Ganz genau. Ich verlasse diese verdammte Abteilung.«

»Und was gibt es hier für ein Geheimnis, Schura?«

»Du wirst selbst sehen. Laßt uns lieber – morgen ist Sonntag – eine Medizinsuppe kochen. Auch wenn Nina Semjonowna diese Feste nicht besonders mag ... Erlauben wird sie es ...«

Die Medizinsuppe war eine Suppe aus Arzneien – allen möglichen Wurzeln und Fleischbrühewürfeln in physiologischer Kochsalzlösung –, man braucht gar kein Salz, wie mir Schura begeistert mitteilte ... Heidelbeer- und Himbeerspeise, Hagebutten, Plinsen.

Das medizinische Mittagessen wurde von allen gutgeheißen. Nina Semjonowna aß ihre Portion und stand auf.

»Kommen Sie in mein Kabinett.«

Ich trat ein.

»Ich habe ein Buch für Sie.«

Nina Semjonowna kramte in der Schublade und zog ein Buch hervor, einem Gebetbuch ähnlich.

»Das Evangelium?«

»Nein, nicht das Evangelium«, sagte Nina Semjonowna langsam, und ihre grünen Augen glänzten. »Nein, nicht das Evangelium. Das ist Blok. Nehmen Sie.« Andächtig und schüchtern nahm ich das schmutzig-graue Bändchen der kleinen Serie der »Dichter-Bibliothek« in die Hand. Mit der groben, noch der Grubenhaut meiner erfrorenen Finger fuhr ich über den Rücken und spürte weder Form noch Größe des Buchs. Zwei Lesezeichen aus Papier steckten in dem Bändchen.

»Tragen Sie mir die beiden Gedichte laut vor. Wo die Lesezeichen sind.«

»›Es sang ein Mädchen im Kirchenchore‹*. ›Im blauen fernen Schlafzimmerchen‹*. Irgendwann habe ich diese Gedichte auswendig gekonnt.«

»Sieh an! Tragen Sie vor.«

Ich fing an, aber vergaß die Verse sofort. Mein Gedächtnis weigerte sich, die Gedichte »herauszugeben«. Die Welt, aus der ich ins Krankenhaus gekommen war, kam ohne Gedichte aus. In meinem Leben hatte es Tage gegeben, und nicht wenige, an denen ich mich an kein Gedicht erinnern konnte und an kein Gedicht denken wollte. Ich war darüber froh gewesen, wie über die Befreiung von einer nutzlosen Last – die ich nicht brauchte in meinem Kampf, in den Untergeschossen des Lebens, in den Kellern des Lebens, in den Müllgruben des Lebens. Gedichte störten mich dort nur.

»Lesen Sie aus dem Buch.«

Ich las beide Gedichte vor, und Nina Semjonowna begann zu weinen.

»Verstehen Sie, der Junge ist tot, tot! Gehen Sie und lesen Sie Blok.«

Gierig las ich Blok und las ihn wieder, die ganze Nacht, die ganze Nachtwache hindurch. Außer dem »Mädchen« und dem »Blauen Schlafzimmerchen« war dort »Beschwörung durch Feuer und Finsternis«*, waren dort die feurigen, Wolochowa* gewidmeten Gedichte. Diese Gedichte riefen vollkommen andere Kräfte wach. Nach drei Tagen gab ich Nina Semjonowna das Buch zurück.

»Sie haben gedacht, daß ich Ihnen das Evangelium gebe. Das Evangelium habe ich auch. Hier …« Ein Bändchen, ähnlich wie Blok, aber nicht schmutzig-blau, sondern dunkelbraun, wurde aus der Schublade gezogen. »Lesen Sie den Apostel Paulus. Die Korintherbriefe … Das hier.«

»Ich habe keinen Sinn für Religion, Nina Semjonowna. Aber natürlich habe ich große Achtung …«

»Was? Sie, der Sie tausend Leben gelebt haben? Sie – der Auferstandene?.. Sie haben keinen Sinn für Religion? Haben Sie hier zu wenig Tragödien gesehen?«

Nina Semjonowna runzelte die Stirn, ihr Gesicht wurde dunkel, das graue Haar fiel auseinander und kroch unter dem weißen Arztmützchen hervor.

»Sie werden Bücher lesen … Zeitschriften.«

»Die Zeitschrift des Moskauer Patriarchats?«

»Nein, nicht des Moskauer Patriarchats, sondern von dort …«

Nina Semjonowna schwenkte den weißen Ärmel, der einem Engelsflügel glich, und zeigte nach oben … Wohin? Über den Stacheldraht der Zone hinaus? Über das Krankenhaus hinaus? Über den Zaun der Freiensiedlung? Übers Meer? Über die Berge? Über die Landesgrenze? Über die Scheidelinie von Himmel und Erde?

»Nein«, sagte ich mit unhörbarer Stimme, erstarrend angesichts der eigenen inneren Verödung. »Gibt es denn aus menschlichen Tragödien nur den religiösen Ausweg?« Die Sätze drehten sich in meinem Hirn und schmerzten in den Hirnzellen. Ich hatte gedacht, ich hätte solche Worte längst vergessen. Und da waren die Worte wiedergekommen – und vor allem gehorchten sie meinem eigenen Willen. Das kam einem Wunder gleich. Ich wiederholte noch einmal, als läse ich im Buch Geschriebenes oder Gedrucktes: »Gibt es denn aus menschlichen Tragödien nur den religiösen Ausweg?«

»Nur ihn, nur ihn. Gehen Sie.«

Ich ging, das Evangelium in der Tasche, und dachte aus irgendeinem Grund nicht an die Korinther, nicht an den Apostel Paulus, nicht an das Wunder des menschlichen Gedächtnisses, das eben geschehene unerklärliche Wunder, sondern an etwas ganz anderes. Und als ich mir dieses »andere« vor Augen geführt hatte, begriff ich, ich war wieder zurückgekehrt in die Lagerwelt, die gewohnte Lagerwelt, die Möglichkeit des »religiösen Auswegs« war zu unvorhergesehen und zu unirdisch. Das Evangelium in der Tasche dachte ich nur an eins: würde ich heute ein Abendessen bekommen.

Olga Tomassownas warme Finger nahmen mich am Ellbogen. Ihre dunklen Augen lachten.

»Gehen Sie, gehen Sie«, sagte Olga Tomassowna, und schob mich zur Ausgangstür. »Sie sind noch nicht bekehrt. Solche bekommen bei uns kein Abendessen.«

Am folgenden Tag gab ich Nina Semjonowna das Evangelium zurück, und mit einer schroffen Bewegung verbarg sie das Buch im Tisch.

»Ihr Praktikum endet morgen. Kommen Sie, ich unterschreibe Ihre Karte, Ihre Anrechnung. Und hier ist ein Geschenk für Sie – ein Stethoskop.«

1963

Das beste Lob

Es war einmal eine Schönheit. Marja Michajlowna Dobroljubowa. Blok schrieb über sie in seinem Tagebuch: die Anführer der Revolution gehorchten ihr widerspruchslos, wäre sie anders gewesen und nicht umgekommen – der Lauf der russischen Revolution hätte ein anderer sein können. Wäre sie anders gewesen!

Jede russische Generation – und nicht nur russische, bringt die gleiche Zahl von Giganten und Nullen hervor. Von Genies und Talenten. Und der Zeit kommt es zu, dem Genie, dem Talent den Weg zu ebnen – oder es durch einen Zufall umzubringen, oder es mit Lob oder dem Gefängnis zu ersticken.

Ist denn Mascha Dobroljubowa geringer als Sofja Perowskaja*. Doch Sofja Perowskajas Name steht auf den Straßenschildern, und Marja Dobroljubowa ist vergessen.

Selbst ihr Bruder ist nicht so vergessen – der Poet und Sektierer Aleksandr Dobroljubow*.

Als Schönheit und Absolventin des Smolnyj-Instituts* kannte Marja Dobroljubowa ihren Platz im Leben genau. Ihre Opferbereitschaft, ihr Wille zu Leben und Tod war sehr groß.

Als junge Frau arbeitet sie »für die Hungernden«. Als barmherzige Schwester im Russisch-Japanischen Krieg.

All diese Prüfungen erhöhen moralisch und physisch nur die Ansprüche an sich selbst.

Zwischen den beiden Revolutionen nähert sich Marja Dobroljubowa den Sozialrevolutionären an. Sie wird nicht »in die Propaganda« gehen. Kleine Aufgaben sind nicht nach dem Charakter der jungen, in den Stürmen des Lebens schon erprobten Frau.

Der Terror, ein »Anschlag« – davon träumt, danach verlangt es Mascha. Mascha sucht die Zustimmung der Führer zu erreichen. »Das Leben eines Terroristen dauert ein halbes Jahr«, wie Sawinkow sagte. Sie bekommt einen Revolver und begibt sich »zum Anschlag«.

Und findet nicht die Kraft zum Töten. Ihr ganzes früheres Leben wehrt sich gegen die letzte Entscheidung.

Der Kampf um das Leben der Verhungernden, der Kampf um das Leben der Verwundeten.

Jetzt aber muß sie den Tod ins Leben bringen.

Die lebendige Arbeit mit Menschen und Maschas heroische Vergangenheit hatten ihr einen schlechten Dienst erwiesen als Vorbereitung auf das Attentat.

Man muß zu sehr Theoretiker, zu sehr Dogmatiker sein, um vom lebendigen Leben abzusehen. Mascha sieht, daß ein fremder Wille sie lenkt, und sie ist davon betroffen, schämt sich für sich selbst.

Mascha findet nicht die Kraft zum Schießen. Und kann in der Schande, der höchst akuten Seelenkrise nicht leben. Mascha Dobroljubowa schießt sich in den Mund.

Mascha war 29 Jahre alt.

Diesen lichten, leidenschaftlichen russischen Namen hatte ich zum ersten Mal im Butyrka-Gefängnis gehört.

Aleksandr Georgijewitsch Andrejew, der Generalsekretär der Vereinigung der politischen *katorga*-Häftlinge, erzählte mir von Mascha.

»Im Terror gibt es eine Regel. Wenn ein Attentat aus irgendeinem Grund nicht gelingt – der Werfende verliert den Kopf, der Zünder funktioniert nicht oder sonst etwas –, ein zweites Mal stellt man den Ausführenden nicht hin. Wenn die Terroristen dieselben sind wie schon beim ersten, mißlungenen Mal – ist mit dem Scheitern zu rechnen.«

»Und Kaljajew*?«

»Kaljajew ist eine Ausnahme.«

Die Erfahrung, die Statistik, die Untergrunderfahrung besagt, daß man sich zu einem Schritt von solcher Selbstaufopferung und Wucht innerlich nur ein einziges Mal aufraffen kann. Marja Michajlowna Dobroljubowas Schicksal ist das bekannteste Beispiel in unserer mündlichen Untergrund-Chrestomatie.

»Solche hier haben wir in die Kampfgruppen aufgenommen«, und der silberköpfige, dunkelhäutige Andrejew zeigte mit einer heftigen Geste auf Stepanow, der auf der Pritsche saß, die Knie mit den Armen umschlungen. Stepanow war ein junger Monteur der Stromnetze des MOGES*, wortkarg, unauffällig, mit einem überraschenden Feuer in den dunkelblauen Augen. Wortlos nahm er die Schüssel entgegen, wortlos aß er, wortlos nahm er den Nachschlag entgegen, stundenlang saß er auf dem Pritschenrand, die Knie mit den Armen umschlungen, und machte sich seine Gedanken. Niemand in der Zelle wußte, wofür Stepanow zur Verantwortung gezogen wurde. Das wußte nicht einmal der umgängliche Aleksandr Filippowitsch Rynditsch, ein Historiker.

In der Zelle sind achtzig Personen, Platz ist darin für fünfundzwanzig. Die Eisenpritschen, an den Wänden festgewachsen, sind mit Holzplatten bedeckt, grau gestrichen, passend zur Farbe der Wände. Bei der Latrine, an der Tür – ein Stapel Reserveplatten, für die Nacht wird man den

Durchgang fast völlig überdecken, man läßt nur zwei Öffnungen, zum Untertauchen unter die Pritschen –, auch dort liegen Platten, auch darauf schlafen Menschen. Der Raum unter den Pritschen heißt »Metro«.

Gegenüber der Tür mit dem Auge und dem »Futterloch« ist ein riesiges vergittertes Fenster mit eisernem »Maulkorb«. Der Kommandant vom Dienst, der die Ablösung empfängt, prüft mit einem akkustischen Verfahren die Unversehrtheit des Gitters – er fährt von oben nach unten mit dem Schlüssel daran entlang, demselben, mit dem er die Zellen verschließt. Dieses besondere Geklirr, dazu das Rasseln des Türschlosses, das mit zwei Umdrehungen für die Nacht und tagsüber mit einer Umdrehung geschlossen wird, und das Klappern der Schlüssel gegen die kupferne Gürtelschnalle – dazu also sind die Gürtelschnallen da –, ein Warnsignal des Begleitpostens an seine Kameraden während der Reisen durch die unendlichen Korridore der Butyrka – das sind die drei Elemente der Sinfonie der »konkreten« Gefängnismusik, die man sein Leben lang behält.

Die Bewohner der »Metro« sitzen tagsüber auf dem Pritschenrand, auf fremden Plätzen, und warten auf einen eigenen Platz. Tagsüber liegen auf den Platten etwa fünfzig Personen. Das sind die, die es zu einem richtigen Platz zum Schlafen und Wohnen gebracht haben. Wer vor den anderen in die Zelle kam – besetzt den besten Platz. Als die besten gelten Plätze am Fenster, so weit wie möglich von der Tür. Manchmal dauerte die Untersuchung nur kurz, und der Häftling kam gar nicht bis ans Fenster, zu einem kleinen frischen Luftzug. Im Winter kroch dieser sichtbare Streifen lebendiger Luft schüchtern die Scheiben hinab und verschwand nach unten, und im Sommer konnte man ihn auch sehen – an der Grenze zur stickigen feuchten Hitze der überfüllten Zelle. Bis zu diesen glücklichen Plätzen brauchte man ein halbes Jahr: von der »Metro« zur stinkenden Latrine. Und von der Latrine – »zu den Sternen«!

In kalten Wintern hielten sich die Alteingesessenen in der Mitte der Zelle, zogen die Wärme dem Licht vor. Jeden Tag wurde jemand gebracht, jemand geholt. Die »Schlange« zu den Plätzen war nicht nur Zerstreuung. Nein, Gerechtigkeit ist das Wichtigste auf der Welt.

Der Gefängnismensch ist erregbar. Kolossale Nervenenergie wird für Kleinigkeiten verausgabt, für irgendeinen Streit um den Platz – bis zur Hysterie, bis zur Schlägerei. Und wieviel Geistes- und Körperkräfte, Erfindungsgabe, Scharfsinn und Wagemut werden verausgabt, um ein Stückchen Eisen, einen Bleistiftstummel, ein Stückchen Griffel – von den Gefängnisregeln verbotene und um so begehrtere Dinge – zu erlangen und zu bewahren. Hier beweist sich die Person, in dieser Kleinigkeit.

Niemand kauft sich hier einen Platz, niemand dingt einen anderen für den Zellenputzdienst. Das ist strengstens verboten. Hier gibt es keine Reichen und Armen, keine Generäle und Soldaten.

Niemand kann eigenmächtig einen frei werdenden Platz besetzen. Darüber verfügt der gewählte Älteste. Er hat das Recht, den besten Platz an einen Neuling zu geben, wenn dieser ein alter Mann ist.

Mit jedem Neuling spricht der Älteste selbst. Sehr wichtig ist es, den Neuling zu beruhigen, ihm seelische Zuversicht einzuflößen. Man merkt es immer, wenn jemand nicht zum ersten Mal die Schwelle der Gefängniszelle übertritt. Diese Leute sind ruhiger, ihr Blick lebendiger, fester. Diese Leute betrachten ihre neuen Nachbarn mit sichtlichem Interesse, in dem Wissen, daß die Gemeinschaftszelle nichts sonderlich Bedrohliches hat. Diese Leute unterscheiden sofort, von den ersten Stunden an, einzelne Gesichter und

Menschen. Bei denen aber, die zum ersten Mal kommen, braucht es ein paar Tage, bis die Gefängniszelle nicht mehr nur ein Gesicht hat, feindlich, unbegreiflich ist ...

Anfang Februar – vielleicht auch Ende Januar 1937 ging die Tür der Zelle siebenundsechzig auf, und auf der Schwelle stand ein Mann, silberköpfig, schwarzbrauig und dunkeläugig, im aufgeknöpften Wintermantel mit altem Karakulkragen. In der Hand hielt der Mann ein Leinensäckchen, eine »*torbotschka*«, wie man in der Ukraine sagt. Er war alt, etwa sechzig. Der Älteste wies dem Neuen einen Platz an – nicht in der »Metro«, nicht bei der Latrine, sondern neben mir, in der Mitte der Zelle.

Der Silberköpfige verstand und dankte dem Ältesten. Die schwarzen Augen funkelten jung. Der Mann betrachtete gierig die Gesichter, als hätte er lange in der Einzelzelle gesessen und atme endlich mit voller Brust die frische Luft der Gemeinschaftszelle.

Weder Angst noch Schrecken, noch seelischer Schmerz. Der abgetragene Mantelkragen und das zerknitterte Jackett zeigten, daß ihr Besitzer wußte, schon von früher wußte, was das Gefängnis ist, und daß er natürlich zu Hause verhaftet wurde.

»Wann wurden Sie verhaftet?«

»Vor zwei Stunden. Zu Hause.«

»Sind Sie Sozialrevolutionär?«

Der Mann brach in Gelächter aus. Seine Zähne waren weiß und strahlend, aber war das nicht eine Prothese?

»Wir sind alle Physiognomen geworden.«

»Mütterchen Gefängnis!«

»Ja, ich bin Sozialrevolutionär, noch dazu ein rechter. Wunderbar, daß Sie diesen Unterschied kennen. Ihre Altersgenossen sind in dieser so wichtigen Frage nicht immer beschlagen.«

Und er fügte ernst hinzu, wobei er mir mit den glühenden schwarzen Augen ohne zu blinzeln direkt in die Augen sah:

»Ein rechter, ein rechter. Ein richtiger. Die linken Sozialrevolutionäre verstehe ich nicht. Ich habe Achtung vor Spiridonowa*, vor Proschjan*, aber all ihre Handlungen ... Ich heiße Andrejew, Aleksandr Georgijewitsch.«

Aleksandr Georgijewitsch schaute sich seine Nachbarn an und schätzte sie ein, kurz, scharf, genau.

Das Wesen der Repressionen war Andrejew nicht entgangen.

Wir wuschen immer gemeinsam im Badehaus, dem berühmten Butyrka-Badehaus mit den gelben Kacheln, auf denen man nichts schreiben und nichts einkratzen kann. Doch als Briefkasten diente die Tür, innen mit Eisen beschlagen und außen aus Holz. In die Tür waren die verschiedensten Mitteilungen eingeschnitten. Von Zeit zu Zeit wurden diese Mitteilungen abgeschlagen, abgeschabt, wie man Kreide von der Schiefertafel wischt, neue Bretter wurden aufgezogen, und der »Briefkasten« arbeitete wieder mit voller Kraft.

Das Badehaus war ein großes Fest. Im Butyrka-Gefängnis waschen alle Untersuchungshäftlinge ihre Wäsche selbst – das ist alte Tradition. Der Staat bietet diese »Dienste« nicht an, und die Familie darf es nicht. Die »anonyme« Lagerwäsche gab es hier natürlich auch nicht. Getrocknet wurde die Wäsche in der Zelle. Fürs Waschen und Wäschewaschen ließ man uns viel Zeit. Niemand beeilte sich.

Im Badehaus betrachtete ich Andrejews Figur – geschmeidig, dunkelhäutig, keineswegs hinfällig –, dabei war Aleksandr Georgijewitsch schon über sechzig.

Wir versäumten keinen einzigen Spaziergang – man konnte in der Zelle bleiben, liegen, sich für krank ausgeben.

Doch meine persönliche Erfahrung wie auch die Erfahrung Aleksandr Georgijewitschs war, daß man den Spaziergang nicht versäumen darf.

Jeden Tag ging Andrejew vor dem Mittagessen in der Zelle auf und ab – vom Fenster bis zur Tür. Meistens vor dem Mittagessen.

»Das ist eine alte Gewohnheit. Tausend Schritt am Tag, das ist meine Tagesnorm. Das Gefängnispensum. Die zwei Gesetze des Gefängnisses – wenig liegen und wenig essen. Der Häftling muß halbhungrig sein, um keinerlei Schwere im Magen zu spüren.«

»Aleksandr Georgijewitsch, kannten Sie Sawinkow?«

»Ja, ich habe ihn gekannt. Ich habe ihn im Ausland kennengelernt – auf der Beerdigung von Gerschuni*.«

Andrejew mußte mir nicht erklären, wer Gerschuni war – alle, die er je erwähnte, kannte ich vom Namen und wußte, um wen es sich handelt. Und Andrejew gefiel das sehr. Seine schwarzen Augen funkelten, er lebte auf.

Die Partei der Sozialrevolutionäre ist eine Partei mit tragischem Schicksal. Die Menschen, die für sie umkamen – Terroristen wie auch Propagandisten –, waren die besten Menschen Rußlands, die Blüte der russischen Intelligenz, in ihren moralischen Qualitäten waren all diese Leute, die ihr Leben gaben und hingaben, würdige Erben des heroischen »Volkswillens«*, die Erben Sheljabows, Perowskajas, Michajlows, Kibaltschitschs*.

Diese Leute sind durch das Feuer der schwersten Repressionen gegangen – denn das Leben eines Terroristen dauert ein halbes Jahr, nach Sawinkows Statistik. Sie haben heroisch gelebt und sind heroisch gestorben. Gerschuni, Sasonow*, Kaljajew, Spiridonowa, Silberberg* – sie alle sind nicht weniger bedeutende Persönlichkeiten als Figner* oder Morosow*, Sheljabow oder Perowskaja.

Auch für den Sturz der Selbstherrschaft spielte die Sozialrevolutionäre Partei eine große Rolle. Doch die Geschichte ging einen anderen Weg. Und darin lag die tiefste
Tragödie der Partei und ihrer Menschen.

Solche Gedanken waren mir oft im Kopf herumgegangen.
Die Begegnung mit Andrejew bestärkte mich in diesen
Gedanken.

»Welchen Tag in Ihrem Leben halten Sie für den heraus-
ragendsten?«

»Über die Antwort brauche ich gar nicht nachzudenken
– die Antwort steht längst fest. Dieser Tag ist der 12. März
1917. Vor dem Krieg wurde ich in Taschkent verurteilt.
Nach Artikel 102. Sechs Jahre *kartorga*. Zuchthaus in Pskow
und Wladimir. Am 12. März 1917 kam ich frei. Heute ist
der 12. März 1937, und ich bin im Gefängnis!«

Vor uns zogen die Menschen des Butyrka-Gefängnisses
vorüber, die Andrejew nah und trotzdem fern waren, die
sein Mitleid, seine Feindschaft, sein Mitgefühl weckten.

Arkadij Dsidsijewskij, der berühmte Arkascha des Bür-
gerkriegs, der Schrecken aller Väterchen* der Ukraine.

Diesen Namen nannte Wyschinskij in Verhören des Pjatakow*-Prozesses. Also starb er erst später, war die Rede
von dem künftigen Toten Arkadij Dsidsijewskij. Einem
Halbverrückten nach der Lubjanka und Lefortowo. Mit den
rundlichen Greisenhänden strich er bunte Taschentücher auf
den Knien glatt. Drei Taschentücher waren es. »Das sind
meine Töchter – Nina, Lida und Nata.«

Oder Sweschnikow, ein Ingenieur aus dem Chemiebau,
dem der Untersuchungsführer sagte: da ist dein faschisti-
scher Platz, du Aas. Der Eisenbahner Gudkow: »Ich hatte
Schallplatten mit Trotzkij-Reden, und meine Frau – hat
es gemeldet ...« Wasja Shaworonkow: »Im Politzirkel hat
mich der Lehrer gefragt – ›und wenn die Sowjetmacht nicht

wäre, wo würdest du, Shaworonkow, dann arbeiten?‹ ›Ich würde genauso im Depot arbeiten, wie jetzt …‹«

Und noch ein Lokführer, Vertreter des Moskauer Zentrums der »Anekdotenfreunde« (bei Gott, das ist nicht gelogen!). Die Freunde trafen sich an Samstagen mit ihren Familien und erzählten einander Witze. Fünf Jahre, die Kolyma, der Tod.

Mischa Wygon – Student am Institut für Fernmeldetechnik: »Alles, was ich im Gefängnis gesehen habe, habe ich dem Genossen Stalin geschrieben.« Drei Jahre. Mischa Wygon überlebte, indem er sich töricht lossagte von all seinen früheren Kameraden und sie verleugnete, Mischa überlebte die Erschießungen und wurde selbst Schichtchef im selben Bergwerk »Partisan«, in dem alle seine Kameraden umkamen, vernichtet wurden.

Sinjukow, Chef der Kaderabteilung des Moskauer Parteikomitees. Heute hat er eine Erklärung geschrieben: »Ich wiege mich in der Hoffnung, daß die Sowjetmacht Gesetze hat.« Ich wiege mich!

Kostja und Nika, fünfzehnjährige Schüler aus Moskau, die in der Zelle mit einem aus Lumpen genähten Ball Fußball spielten – Terroristen, die Chandshjan* getötet hatten. Viel später erfuhr ich, daß Berija* Chandshjan im eigenen Arbeitszimmer erschossen hat. Und die Kinder, denen dieser Mord vorgeworfen wurde, Kostja und Nika, starben 1938 an der Kolyma, starben, obwohl man sie nicht einmal zur Arbeit zwang –, sie starben einfach an der Kälte.

Kapitän Schneider aus der Komintern. Ein geborener Redner, ein heiterer Mensch, bietet bei Veranstaltungen in der Zelle Kunststücke dar.

Ljonja der Übeltäter, der im Gleisbett Schraubenmuttern abgeschraubt hat, ein Bewohner des Kreises Tuma im Moskauer Gebiet.

Falkowskij, dessen Verbrechen als 58-10, als Agitation qualifiziert wurde; als Belege galten Falkowskijs Briefe an seine Braut und ihre Briefe an ihn. Ein Briefwechsel braucht zwei oder mehr Personen. Also 58, Punkt 11 – organisiert –, was es sehr viel schlimmer machte.

Akeksandr Georgijewitsch sagte leise: »Hier gibt es nur Märtyrer. Hier gibt es keine Helden.«

»In einer meiner ›Prozeßakten‹ gibt es einen Vermerk Nikolajs II. Der Kriegsminister hatte den Zaren von der Ausraubung eines Minenboots in Sewastopol unterrichtet. Wir hatten Waffen gebraucht, und wir hatten sie von dem Kriegsschiff genommen. Der Zar schrieb an den Rand des Berichts: ›garstige Geschichte‹.

Ich begann als Gymnasiast, in Odessa. Meine erste Aufgabe – im Theater eine Bombe zu werfen. Das war eine Stinkbombe, ungefährlich. Das war sozusagen die Prüfung. Und dann wurde es ernst, wichtiger. Ich ging nicht in die Propaganda. All diese Zirkel, Gespräche – ein Resultat ist sehr schwer zu sehen und zu fühlen. Ich ging in den Terror. Das ist es wenigstens, Knall – und Fall!

Ich war Generalsekretär der Vereinigung der politischen *katorga*-Häftlinge, bis unsere Vereinigung aufgelöst wurde.«

Eine riesige schwarze Figur stürmte zum Fenster, klammerte sich an die Gefängnisgitter und heulte auf. Der Epileptiker Aleksejew, bärenhaft, blauäugig, ein ehemaliger Tschekist, rüttelte am Gitter und brüllte wüst: »In die Freiheit! In die Freiheit!« und rutschte im Anfall vom Gitter herab. Die Leute beugten sich über den Epileptiker. Jemand hielt Aleksejew die Arme, den Kopf, die Beine.

Und Aleksandr Georgijewitsch zeigte auf den Epileptiker und sagte: »Der erste Tschekist.«

»Mein Untersuchungsführer ist ein junger Kerl, das ist das Unglück. Er hat keine Ahnung von Revolutionären, und die Sozialrevolutionäre sind für ihn eine Art Mastodone. Er schreit bloß: Gestehen Sie! Denken Sie nach!

Ich sage ihm: ›Wissen Sie, was ein Sozialrevolutionär ist?‹ – ›Na?‹ – ›Wenn ich Ihnen sage, ich habe es nicht getan, dann habe ich es nicht getan. Und wenn ich Sie anlügen will – dann werden mich keine Drohungen davon abbringen. Ein wenig zumindest sollten Sie die Geschichte kennen ...‹«

Das Gespräch war nach dem Verhör, aber man merkte Andrejews Erzählung keine Aufregung an.

»Nein, er schreit mich nicht an. Ich bin zu alt. Er sagt nur ›denken Sie nach‹. Und wir sitzen. Stundenlang. Dann unterschreibe ich das Protokoll, und wir trennen uns bis zum nächsten Tag.

Ich habe mir eine Methode ausgedacht, mich nicht zu langweilen während der Verhöre. Ich zähle die Muster an der Wand. Die Wand ist tapeziert. Eintausendvierhundertzweiundsechzig mal dasselbe Muster. Das ist die Überprüfung der heutigen Wand. Ich schalte die Aufmerksamkeit aus. Repressionen hat es gegeben und wird es geben. Solange der Staat besteht.«

Die Erfahrung, die heroische Erfahrung des politischen *katorga*-Häftlings, so hatte es geschienen, wurde nicht gebraucht für das neue Leben, das einen neuen Weg ging. Und plötzlich zeigte sich, daß der Weg keineswegs neu war, daß man alles brauchte: die Erinnerungen an Gerschuni wie das Verhalten bei Verhören oder auch die Fähigkeit, während des Verhörs die Tapetenmuster an der Wand zu zählen. Und die heroischen Schatten der Kameraden, die längst gestorben waren in der zaristischen *katorga*, am Galgen.

Andrejews lebendige und gehobene Stimmung entsprang nicht jener Nervenreizung, die fast alle erleben, wenn sie ins Gefängnis kommen. Untersuchungshäftlinge lachen ja auch öfter als nötig, aus allerlei nichtigen Anlässen. Dieses Lachen, das Schneidige, ist eine Abwehrreaktion des Häftlings, besonders vor Menschen.

Andrejews Lebendigkeit war anderer Art. Sie war gleichsam die innere Genugtuung darüber, wieder in der Position zu sein, die er sein Leben lang innehatte, die ihm teuer war und – so hatte es geschienen – der Vergangenheit angehörte. Und es zeigte sich, doch, er wurde von der Zeit noch gebraucht.

Andrejew beschäftigen nicht Wahrheit oder Falschheit der Anschuldigungen. Er wußte, was Massenrepressionen sind, und wunderte sich über nichts.

In der Zelle wohnte Ljonka, ein siebzehnjähriger Junge aus einem entlegenen Dörfchen des Kreises Tuma im Moskauer Gebiet. Er konnte nicht lesen und schreiben und hielt das Butyrka-Gefängnis für das größte Glück – man konnte sich den »Bauch vollschlagen«, und was für gute Leute! Ljonka erwarb im halben Jahr seiner Untersuchung mehr Wissen als in seinem ganzen bisherigen Leben. Denn in der Zelle wurden jeden Tag Vorträge gehalten, und auch wenn das Gefängnisgedächtnis Gehörtes und Gelesenes schlecht aufnimmt, prägte sich Ljonkas Hirn dennoch viel Neues, Wichtiges ein. Das eigene »Verfahren« bekümmerte Ljonka nicht. Er wurde desselben beschuldigt wie Tschechows Übeltäter – 1937 hatte er Schraubenmuttern von den Eisenbahngleisen losgeschraubt, als Angelblei. Das war offensichtlich achtundfünfzig – sieben, Sabotage. Aber Ljonka hatte auch noch achtundfünfzig – acht: Terror!

»Und was bedeutet das?«, wurde Ljonka während eines Gesprächs gefragt.

»Der Richter rannte mir mit dem Revolver hinterher.«

Über diese Antwort wurde viel gelacht. Aber Andrejew sagte mir leise und ernst:

»Die Politik kennt den Begriff der Schuld nicht. Natürlich, Ljonka hin oder her, aber Michail Goz* war ja gelähmt.«

Das war der glückselige Frühling des Jahres siebenunddreißig, als bei der Untersuchung noch nicht geschlagen wurde, als »fünf Jahre« der Stempelabdruck der Urteile der Sonderkollegien war. »Fünf Jahre ferne Lager«, wie sich die ukrainischen NKWD-Leute ausdrückten. Tschekisten nannte man die Mitarbeiter dieser Institutionen damals noch nicht.

Man freute sich über die »Fünfer« – denn der russische Mensch freut sich, daß es nicht zehn, nicht fünfundzwanzig sind, nicht die Erschießung ist. Die Freude war begründet – alles lag noch vor uns. Alle drängten in die Freiheit, an die »frische Luft«, zur Anrechnung der Arbeitstage.

»Und Sie?«

»Uns ehemalige politische *katorga*-Häftlinge schickt man nach Dudinka, in die Verbannung. Auf ewig. Ich bin ja schon alt.«

Übrigens war schon das »Durchstehen« gängig, wo man mehrere Tage am Schlafen gehindert wurde, und das »Fließband«, wo die Untersuchungsführer nach ihrer Schicht abgelöst wurden, und der Verhörte saß auf dem Stuhl, bis er das Bewußtsein verlor.

Aber »Methode Nr. 3«* lag noch vor uns.

Ich begriff, daß meine Betätigung im Gefängnis dem alten *katorga*-Häftling gefiel. Ich war kein Neuling, wußte, wie und womit man Verzagte trösten mußte ... Ich war der gewählte Zellenälteste. Andrejew sah in mir sich selbst in seinen jungen Jahren. Und mein anhaltendes Interesse und meine Achtung für seine Vergangenheit, mein Verständnis für sein Schicksal waren ihm angenehm.

Der Gefängnistag ging keinesfalls unnütz vorüber. Die innere Selbstverwaltung des Butyrka-Untersuchungsgefängnisses hatte ihre eigenen Gesetze, und das Einhalten dieser Gesetze bildete den Charakter, beruhigte die Neulinge und brachte Nutzen.

Täglich wurden Vorträge gehalten. Jeder, der ins Gefängnis kam, konnte etwas Interessantes von seiner Arbeit und seinem Leben erzählen. Die lebendige Erzählung eines einfachen Montageschlossers über den Dneprostroj ist mir noch heute in Erinnerung.

Der Dozent der Akademie der Luftstreitkräfte Kogan hielt mehrere Vorträge – »Wie die Menschen die Erde vermessen haben«, »Die Welt der Sterne«.

Shorshik Kosparow, der Sohn von Stalins erster Sekretärin, die der »Chef-Pilot« in Verbannungen und Lagern zu Tode brachte, erzählte die Geschichte Napoleons.

Ein Museumsführer aus der Tretjakow-Galerie sprach über die Barbizon-Schule der Malerei.

Die Liste der Vorträge nahm kein Ende. Geführt wurde sie im Kopf – vom Ältesten, dem »Kultorg« der Zelle …

Jeden Ankömmling, jeden Neuling konnte man gewöhnlich dazu bewegen, am selben Abend die Moskauer Zeitungsnachrichten, Gerüchte und Gespräche wiederzugeben. Wenn der Häftling sich eingewöhnt hatte, fand er auch die Kraft für einen Vortrag.

Außerdem gab es in der Zelle immer viele Bücher – aus der berühmten Bibliothek des Butyrka-Gefängnisses, die keine Konfiszierungen kannte. Hier gab es viele Bücher, die man in freien Bibliotheken nicht fand. Die »Geschichte der Internationale« von Illés*, Massons* »Aufzeichnungen«, die Bücher von Kropotkin*. Der Buchbestand setzte sich aus Spenden der Häftlinge zusammen. Das war eine uralte Tradition. Erst nach meiner Zeit, Ende der dreißiger Jahre, wurde auch in dieser Bibliothek eine Säuberung durchgeführt.

Die Untersuchungshäftlinge lernten Fremdsprachen und lasen vor – O'Henry, Jack London –, eine Einführung in das Schaffen und das Leben dieser Schriftsteller gaben die Dozenten.

Von Zeit zu Zeit – einmal pro Woche – wurden Vorstellungen veranstaltet, wo Schneider, der Kapitän auf großer Fahrt, Kunststücke zeigte und German Chochlow, Literaturkritiker der »Iswestija«, Gedichte von Zwetajewa* und Chodassewitsch* vortrug.

Chochlow war ein Emigrant, der nach dem Abschluß der russischen Universität in Prag um Rückkehr in die Heimat angesucht hatte. Die Heimat empfing ihn mit der Verhaftung, Untersuchung und Verurteilung zu Lagerhaft. Ich habe niemals mehr von Chochlow gehört. Hornbrille, kurzsichtige blaue Augen, hellblonde schmutzige Haare ...

Außer den allgemeinbildenden Veranstaltungen entsponnen sich in der Zelle, und zwar häufig, Streitgespräche und Diskussionen über sehr wichtige Themen.

Ich erinnere mich, Aron Kogan, jung und impulsiv, beteuerte, die Intelligenz biete Vorbilder an revolutionärem Verhalten und revolutionärem Heldenmut und sei zu größtem Heroismus fähig – mehr als die Arbeiter und mehr als die Kapitalisten, obwohl die Intelligenz eine »schwankende« Schicht zwischen den Klassen sei.

Ich mit meiner damals geringen Lagererfahrung hatte eine andere Vorstellung vom Verhalten eines Vertreters der Intelligenz in schwerer Zeit. Die Religiösen, die Sektenmitglieder – sie waren es nach meiner Beobachtung, die das Feuer seelischer Standhaftigkeit besaßen.

Das Jahr achtunddreißig bestätigte mich vollkommen – aber Aron Kogan war schon nicht mehr am Leben.

»Ein falscher Zeuge! Mein Kamerad! Wohin sind wir gekommen.«

»Das ist noch gar nichts. Ich versichere dir, wenn du den Schurken triffst – du wirst mit ihm reden, als wäre nichts geschehen.«

Und so kam es auch. In einem der »Trockenbäder« – so heißt im Butyrka-Gefängnis eine Durchsuchung – wurden ein paar Personen in die Zelle gestoßen, unter ihnen auch Kogans Bekannter, der falsche Zeuge. Kogan schlug ihn nicht, er sprach mit ihm. Nach dem »Trockenbad« hat mir Aron das alles erzählt.

Aleksandr Georgijewitsch hielt keine Vorträge und beteiligte sich nicht an den Streitgesprächen, aber hörte diese Streitgespräche sehr aufmerksam an.

Einmal, als ich meinen Beitrag geleistet hatte und mich auf die Pritsche legte – unsere Plätze waren nebeneinander –, setzte sich Andrejew zu mir.

»Wahrscheinlich haben Sie recht – aber erlauben Sie, daß ich Ihnen eine alte Geschichte erzähle.

Ich bin nicht das erste Mal verhaftet. 1921 wurde ich für drei Jahre nach Narym verbannt. Ich erzähle Ihnen eine gute Geschichte über die Verbannung in Narym.

Für alle Verbannungsorte gelten dieselben Regeln, auf Befehl aus Moskau. Die Verbannten haben nicht das Recht, mit der Bevölkerung zu verkehren, die Verbannten sind gezwungen, im eigenen Saft zu schmoren.

Das verdirbt die Schwachen, bei den Starken festigt es den Charakter, und manchmal begegnet man vollkommen ungewöhnlichen Dingen.

Mir wurde ein sehr entlegener Wohnort vorgeschrieben, der entlegenste und abgelegenste. Auf der langen Schlittenfahrt komme ich zum Übernachten in ein Dörfchen, wo es eine ganze Kolonie von Verbannten gibt – sieben Personen. Es ließe sich leben. Aber ich bin ein zu großer Fisch, ich darf nicht – bis zu meinem Dorf sind es weitere zweihun-

dert Werst. Der Winter geht dem Ende zu, ein Frühlings-
einbruch, feuchtes Schneegestöber, kein Durchkommen, und
zu meiner Freude und der meiner Begleitposten bleibe ich
eine ganze Woche in der Kolonie. Sieben Verbannte sind
dort. Zwei Komsomolzen und Anarchisten, Mann und Frau
– Anhänger Pjotr Kropotkins; zwei Zionisten, Mann und
Frau; zwei rechte Sozialrevolutionäre, Mann und Frau. Der
siebte ist ein orthodoxer Theologe und Bischof, Professor
an der Geistlichen Akademie, der irgendwann in Oxford
Vorlesungen gehalten hat. Kurz, eine bunte Gesellschaft.
Alle sind einander feind. Endlose Diskussionen, Cliquen-
wirtschaft der übelsten Sorte. Das Leben ist schrecklich.
Kleine Zwists, die sich zu krankhaften Streitereien auswach-
sen, gegenseitige Mißgunst und Feindschaft, gegenseitige
Erbitterung. Viel freie Zeit.

Und alle sind sie – jeder auf seine Weise – denkende,
lesende, ehrliche, gute Menschen.

In dieser Woche dachte ich über jeden nach, versuchte
jeden zu verstehen.

Das Schneegestöber hatte sich schließlich gelegt. Ich fuhr
für zwei ganze Jahre in die Abgelegenheit der Tajga. Nach
zwei Jahren wurde mir erlaubt – vor der Zeit! – nach Moskau zurückzukehren. Und ich kehre auf demselben Weg zurück. Auf dem ganzen langen Weg habe ich nur an einem
Ort Bekannte – dort, wo mich der Schneesturm aufgehal-
ten hat.

Ich übernachte im selben Dorf. Alle Verbannten sind
hier – alle sieben, niemand wurde befreit. Doch ich sah
dort etwas Größeres als die Befreiung.

Es waren ja drei Ehepaare gewesen: die Zionisten, die
Komsomolzen und die Sozialrevolutionäre. Und ein Professor der Theologie. Inzwischen – hatten alle sechs Personen
den orthodoxen Glauben angenommen. Der Bischof hat sie

alle agitiert, dieser gelehrte Professor. Heute beten sie gemeinsam zu Gott und leben als christliche Kommune.«

»Wirklich, eine sonderbare Geschichte.«

»Ich habe viel darüber nachgedacht. Ein aufschlußreicher Fall. All diese Leute – die Sozialrevolutionäre, die Zionisten und die Komsomolzen, alle sechs hatten einen gemeinsamen Zug. Sie teilten den grenzenlosen Glauben an die Kraft des Intellekts, an den Verstand, an den Logos.«

»Der Mensch soll nach dem Gefühl entscheiden und dem Verstand nicht zu sehr glauben.«

»Für Entscheidungen braucht man keine Logik. Die Logik ist die Rechtfertigung, die Ausgestaltung, die Erklärung ...«

Der Abschied fiel uns schwer. Aleksandr Georgijewitsch wurde vor mir »mit Sachen« aufgerufen. Wir standen einen Moment an der offenen Zellentür, und ein Sonnenstrahl ließ uns beide blinzeln. Der Begleitposten, leise mit dem Schlüssel an die Kupferschnalle seines Gürtels klappernd, wartete. Wir umarmten uns.

»Ich wünsche Ihnen«, sagte Aleksandr Georgijewitsch gedämpft und fröhlich. »Ich wünsche Ihnen Glück und Erfolg. Achten Sie auf Ihre Gesundheit. Tja«, Andrejew lächelte irgendwie besonders, gütig. »Tja«, sagte er und zupfte mich leise am Hemdkragen. »Sie *können* im Gefängnis sitzen, Sie können es. Das sage ich Ihnen von ganzem Herzen.«

Andrejews Lob war das beste, das wichtigste, das bedeutsamste Lob meines Lebens. Ein prophetisches Lob.

Notiz der Zeitschrift »*Katorga* und Verbannung«*: Andrejew Aleksandr Georgijewitsch, geboren 1882. In der revolutionären Bewegung seit 1905, Mitglied der Studenten-Organisation der Sozial-Revolutionäre sowie der Partei der SR in Odessa; Mitglied der Partei der SR in Minsk. 1905-06 Mitglied der Parteikomitees der SR in Tschernigow und Odessa; des Parteikomitees der SR in Sewastopol; 1907 Mitglied des Südlichen Gebietskomitees der Partei der SR; 1908 in Taschkent im Kampftrupp beim ZK der Partei der SR. Verurteilt 1910 in Odessa vom Bezirksmilitärgericht zu einem Jahr Festungshaft, 1913 in Taschkent vom Militärgericht Turkestans nach Artikel 102 zu sechs Jahren *katorga*. Verbüßte die *katorga* in den Behelfs-Zuchthäusern Pskow und Wladimir. 10 Jahre und 3 Monate in Haft (Abteilung Krim).

Andrejew hatte eine Tochter – Nina.

1964

Der Nachkomme des Dekabristen

Über den ersten Husaren*, den berühmten Dekabristen, wurden viele Bücher geschrieben. Puschkin schrieb im vernichteten Kapitel des »Eugen Onegin«* so: »Ein Freund des Mars, des Bacchus und der Venus ...«

Ein Ritter, ein kluger Kopf, ein Mensch von unermeßlichem Wissen, bei dem Worte und Taten übereinstimmten. Und was waren das für große Taten!

Über den zweiten Husaren, den Husaren-Nachkommen, erzähle ich alles, was ich weiß.

In Kadyktschan, wo wir – hungrig und kraftlos – an der ägyptischen Kreiswinde im Kreis liefen und uns blutige Schwielen an der Brust scheuerten, um aus dem Fallort Förderwagen mit Gestein zu ziehen, wurde ein Stollen »geschnitten« – eben jener Stollen, der heute an der ganzen Kolyma bekannt ist. Eine Fronarbeit – ich hatte Gelegenheit, sie zu sehen und selbst zu erleben.

Der Winter 1940/41 kam heran, der schneelose, böse Kolyma-Winter. Die Kälte zog die Muskeln zusammen, legte sich wie ein Reif um die Schläfen. In den löchrigen Segeltuchzelten, in denen wir im Sommer wohnten, wurden eiserne Öfen aufgestellt. Doch mit diesen Öfen wurde die freie Luft geheizt.

Die erfinderische Leitung bereitete die Menschen auf den

Winter vor. Im Innern des Zeltes wurde ein zweites, kleineres Gerüst gebaut – mit einer Luftschicht von vielleicht zehn Zentimetern. Dieses Gerüst wurde (bis auf das Dach) mit Dachpappe und Ruberoid verkleidet, und es entstand eine Art Doppelzelt – wenig wärmer als das Segeltuchzelt.

Schon die ersten Übernachtungen in diesem Zelt zeigten, daß das der Tod war, der schnelle Tod. Man mußte weg von hier. Aber wie? Wer wird helfen? Elf Kilometer weiter war ein großes Lager – Arkagala, wo die Bergleute arbeiteten. Unsere Außenstelle war ein Abschnitt dieses Lagers. Dorthin, dorthin – nach Arkagala!

Aber wie?

Die Häftlingstradition verlangt, sich in solchen Fällen zunächst und zuallererst an den Arzt zu wenden. In Kadyktschan gab es einen Feldscher-Punkt, und dort arbeitete als »Knochenklempner« irgendein abgebrochener, ein ehemaliger Student der Moskauer Medizinischen Hochschule – so hieß es in unserem Zelt.

Es erfordert eine große Willensanstrengung, um nach dem Arbeitstag die Kraft zu finden, aufzustehen und in die Ambulanz zu gehen, in die Sprechstunde. Kleider und Schuhe anziehen braucht man natürlich nicht – du trägst alles am Körper von Schwitzbad zu Schwitzbad –, doch die Kräfte fehlten. Es war schade, die Erholung für diese »Sprechstunde« herzugeben, die womöglich mit Verhöhnung endet und vielleicht mit Schlägen (auch das kam vor). Vor allem aber – das Aussichtslose, der zweifelhafte Erfolg. Doch auf der Suche nach einem Ausweg darf man auch die kleinste Chance nicht verschmähen – das sagte mir mein Körper, die gequälten Muskeln, nicht die Erfahrung, nicht die Vernunft.

Der Wille gehorchte nur dem Instinkt – wie bei den Tieren.

Auf der anderen Straßenseite, unserem Zelt gegenüber, stand eine kleine Hütte – Unterstand für die Schürftrupps, die Suchmannschaften, und manchmal auch für die »Geheimposten« der Operativgruppe, die endlosen Tajgapatrouillen.

Die Geologen waren längst gegangen, und die Hütte hatte man in ein Ambulatorium verwandelt – ein kleines Kabäuschen mit Schlafliege und Arzneischrank und einem Vorhang aus einer alten Decke. Die Decke schirmte die Schlafstelle ab, wo der Doktor wohnte.

Vor der Sprechstunde mußte man auf der Straße Schlange stehen, im Frost.

Ich hatte mich in die Hütte durchgedrängt. Die schwere Tür drückte mich ins Innere. Blaue Augen, eine hohe Stirn mit Geheimratsecken und ein Haarschnitt – der obligatorische Haarschnitt: die Haare sind Selbstbehauptung. Im Lager sind die Haare Ausweis deiner Position. Es werden ja alle kahlgeschoren. Und die nicht Kahlgeschorenen – werden von allen beneidet. Haare sind eine Art Protest gegen die Lagerordnung.

»Aus Moskau?«, das fragte mich der Doktor.

»Ja, aus Moskau.«

»Machen wir uns bekannt.«

Ich nannte meinen Namen und drückte die ausgestreckte Hand. Die Hand war kalt und ein wenig feucht.

»Lunin*.«

»Ein berühmter Name«, sagte ich lächelnd.

»Ein echter Urenkel. In unserem Geschlecht wird der älteste Sohn entweder Michail oder Sergej genannt. Abwechselnd. Jener, der puschkinsche, war Michail Sergejewitsch.«

»Das ist bekannt.« Irgend etwas gar nicht Lagerhaftes war an diesem ersten Gespräch. Ich vergaß meine Bitte, konnte mich nicht entschließen, eine ungehörige Note in unsere Unterhaltung zu bringen. Aber – ich hungerte. Ich brauchte Brot und Wärme. Doch der Doktor hatte daran noch nicht gedacht.

»Möchtest du rauchen?«

Mit erfrorenen rosigen Fingern drehte ich mir eine Papirossa.

»Nimm mehr, genier dich nicht. Zu Hause habe ich über meinen Urgroßvater eine ganze Bibliothek. Ich bin ja Student der Medizinischen Fakultät. Habe nicht abgeschlossen. Ich wurde verhaftet. In unserem Geschlecht sind alle Militärs, aber ich – bin Arzt. Und bedaure es nicht.«

»Also weg mit Mars. Ein Freund des Äskulap, des Bacchus und der Venus.«

»Mit Venus ist es hier schwach. Mit Äskulap dafür soviel du willst. Bloß habe ich kein Diplom. Hätte ich noch das Diplom, ich würde es ihnen zeigen.«

»Und mit Bacchus?«

»Alkohol ist da, du verstehst selbst. Aber ich trinke ein Gläschen – und gut. Ich werde schnell betrunken. Ich betreue ja auch die Freiensiedlung, also du verstehst selbst. Komm vorbei.«

Ich drückte mich mit der Schulter durch die kaum geöffnete Tür und stolperte aus dem Ambulatorium.

»Weißt du, die Moskauer, das ist so ein Volk, sie lieben es mehr als alle anderen – die Kiewer oder Leningrader –, von ihrer Stadt zu sprechen, den Straßen, Eisbahnen, Häusern, der Moskwa …«

»Ich bin kein geborener Moskauer.«

»Und die reden noch mehr, erinnern sich noch besser an die Stadt.«

Ich kam einige Abende gegen Ende der Sprechstunde vorbei – rauchte eine Machorka-Papirossa und hatte Angst, um Brot zu bitten.

Sergej Michajlowitsch dachte, wie jeder, der es im Lager leicht hatte, weil er Glück hatte oder Arbeit, wenig an die anderen und verstand die Hungernden schlecht: sein Abschnitt, Arkagala, hungerte damals noch nicht. Die Nöte der Bergwerke hatten Arkagala verschont.

»Wenn du willst, operiere ich dich, ich schneide dir die Zyste am Finger raus.«

»Gut.«

»Aber Vorsicht, von der Arbeit werde ich dich nicht freistellen. Das ist heikel, du verstehst.«

»Und wie soll ich arbeiten mit operiertem Finger?«

»Ach, irgendwie.«

Ich war einverstanden, und Lunin schnitt mir die Zyste ziemlich kunstvoll »zur Erinnerung« heraus. Als ich nach vielen Jahren meine Frau wieder traf, suchte sie in der ersten Minute der Begegnung, meine Finger drückend, mit höchstem Erstaunen nach dieser »Luninschen« Zyste.

Ich verstand, daß Sergej Michajlowitsch einfach sehr jung war, daß er einen vernünftigen Gesprächspartner brauchte, daß all seine Ansichten zum Lager und zum »Schicksal« sich nicht von den Ansichten jedes anderen »freien« Chefs unterschieden, daß er sogar geneigt war, sich für die Ganoven zu begeistern, daß das Wesen des Sturms des Jahres achtunddreißig an ihm vorübergegangen war.

Und mir war jede Stunde der Erholung, jeder Tag der Erholung teuer – die Muskeln, nach dem Goldbergwerk müde fürs ganze Leben, schmerzten und baten um Ruhe. Mir war jedes Stück Brot teuer, jede Schüssel Suppe – der Magen verlangte Nahrung, und die Augen suchten, gegen meinen Willen, auf den Regalen nach Brot. Aber ich zwang mich, über Kitaj-Gorod und das Nikita-Tor* zu sprechen, wo sich der Schriftsteller Andrej Sobol erschossen und wo Stern auf das Auto des deutschen Botschafters geschossen hat* –, über die Geschichte der Straßen Moskaus, die niemals geschrieben werden wird.

»Ja, Moskau, Moskau. Aber sag – wie viele Frauen hattest du?«

Für einen Halbverhungerten war es unmöglich, ein solches Gespräch führen, aber der junge Chirurg hörte nur sich selbst und nahm mein Schweigen nicht übel.

»Hör zu, Sergej Michajlowitsch –, unsere Schicksale, das ist ja ein Verbrechen, das größte Verbrechen des Jahrhunderts.«

»Ach, das weiß ich nicht«, sagte Sergej Michajlowitsch unwillig. »Da hetzen die Jidden immer.«

Ich zuckte mit den Schultern.

Bald erreichte Sergej Michajlowitsch seine Versetzung in den Abschnitt, nach Arkagala, und ich dachte ohne Wehmut und Kränkung, daß wieder ein Mensch für immer aus meinem Leben geht und was für eine leichte Sache das im Grunde ist – die Trennung, das Scheiden. Aber alles kam anders.

Chef des Abschnitts Kadyktschan, wo ich an der ägyptischen Kreiswinde arbeitete wie ein Sklave, war Pawel Iwanowitsch Kisseljow. Ein älterer parteiloser Ingenieur. Kisseljow prügelte die Häftlinge jeden Tag. Wenn der Chef in den Abschnitt kam, gab es Prügel, Schläge, Geschrei.

Die Straflosigkeit? Eine irgendwo auf dem Grund der Seele schlummernde Blutgier? Der Wunsch, sich in den Augen der obersten Leitung auszuzeichnen? Die Macht ist eine schreckliche Sache.

Selfugarow, ein jugendlicher Falschmünzer aus meiner Brigade, lag im Schnee und spuckte die eingeschlagenen Zähne aus.

»All meine Verwandten, hörst du, wurden erschossen wegen Falschmünzerei, aber ich war minderjährig – ich kam für fünfzehn Jahre ins Lager. Mein Vater hat dem Untersuchungsführer gesagt, ›ich gebe dir fünfhunderttausend in bar, echte, stell das Verfahren ein ...‹ Der Untersuchungsführer war nicht bereit.«

Wir, vier Schichtarbeiter an der Kreiswinde, standen um Selfugarow herum. Kornejew, ein sibirischer Bauer, der Ganove Ljonja Semjonow, der Ingenieur Wronskij und ich. Der Ganove Ljonja Semjonow sagte:

»Nur im Lager lernt man an Mechanismen zu arbeiten – übernimm jede Arbeit, du mußt nicht dafür aufkommen, wenn du eine Winde oder einen Hebekran kaputtmachst. Mit der Zeit lernst du es.« Ein Gedanke, wie er unter jungen Kolyma-Chirurgen gängig ist.

Wronskij und Kornejew waren Bekannte, keine Freunde, sondern einfach Bekannte, noch vom Schwarzen See, jener Lageraußenstelle, an der ich ins Leben zurückkehrte.

Selfugarow wandte uns, ohne aufzustehen, das blutige Gesicht mit den geschwollenen schmutzigen Lippen zu.

»Ich kann nicht aufstehen, Leute. Er hat mich unter die Rippe geschlagen. Ach, der Natschalnik, der Natschalnik.«

»Geh zum Feldscher.«

»Dann wird es noch schlimmer. Er sagt es dem Natschalnik.«

»Hör zu«, sagte ich, »das endet nie. Es gibt einen Ausweg. Wenn der Chef von Dalstroj-Kohle kommt oder ein anderer hoher Chef, vortreten und Kisseljow im Beisein der Chefs in die Fresse hauen. Die ganze Kolyma wird davon sprechen, und Kisseljow wird abgesetzt, er wird mit Sicherheit versetzt. Und der geschlagen hat, bekommt eine Haftstrafe. Wieviel Jahre geben sie für Kisseljow?«

Wir gingen an die Arbeit, drehten die Winde, gingen in die Baracke, aßen zu Abend, wollten uns schlafen legen. Man rief mich ins Kontor.

Im Kontor saß Kisseljow, er sah auf die Erde. Er war kein Feigling und mochte keine Drohungen.

»Na, was«, sagte er fröhlich. »Die ganze Kolyma wird davon sprechen, was? Ich stelle dich vor Gericht, für einen Anschlag. Verschwinde, du Aas!..«

Nur Wronskij hatte mich denunzieren können, aber wie? Wir waren die ganze Zeit zusammen gewesen.

Seit jener Zeit wurde mir das Leben im Abschnitt leichter. Kisseljow kam nicht einmal in die Nähe der Winde und lief bei der Arbeit mit einem Kleinkalibergewehr herum – in den Stollenschacht, den bereits gebohrten, stieg er überhaupt nicht hinunter.

Jemand betrat die Baracke.

»Du sollst zum Doktor kommen.«

Der »Doktor«, der Lunin abgelöst hatte, war ein gewisser Kolesnikow – auch er ein abgebrochener Student der Medizin, ein junger hochgewachsener Kerl, selbst Häftling.

Am Tisch im Ambulatorium saß Lunin, im Halbpelz.

»Pack deine Sachen, wir fahren jetzt nach Arkagala. Kolesnikow, schreib eine Überweisung.«

Kolesnikow faltete ein Blatt Papier mehrmals, riß ein winziges Stückchen, kaum größer als eine Briefmarke, ab und schrieb mit feinster Schrift: »In die Sanitätsabteilung des Lagers Arkagala.«

Lunin nahm den Zettel und lief los:

»Ich hole bei Kisseljow das Visum.«

Er kam verdrossen zurück.

»Er läßt dich nicht gehen, verstehst du. Er sagt, du hast versprochen, ihn in die Fresse zu hauen. Auf keinen Fall stimmt er zu.«

Ich erzählte die ganze Geschichte.

Lunin zerriß die »Überweisung«.

»Selbst schuld«, sagte er mir. »Was geht dich Selfugarow an, und all diese ... Sie haben ja nicht dich geschlagen.«

»Mich hat man früher geschlagen.«

»Gut, auf Wiedersehen. Das Auto wartet. Wir denken uns irgendwas aus.« Und Lunin stieg ins Führerhaus des Lkw.

Ein paar Tage vergingen, und Lunin war wieder da.

»Jetzt gehe ich zu Kisseljow. Wegen dir.«

Nach einer halben Stunde kam er zurück.

»Alles in Ordnung. Er stimmt zu.«

»Und wie?«

»Ich habe ein Mittel, die Herzen der Widerspenstigen zu zähmen.«

Und Sergej Michajlowitsch schilderte das Gespräch mit Kisseljow:

»Was führt Sie her, Sergej Michajlowitsch? Setzen Sie sich. Möchten Sie rauchen?«

»Nein nein, keine Zeit. Ich habe Ihnen hier, Pawel Iwanowitsch, die Protokolle über Schläge mitgebracht, die Operativgruppe hat sie mir zur Unterschrift geschickt. Ehe ich sie unterschreibe, wollte ich Sie fragen, ob das alles wahr ist?«

»Nein, Sergej Michajlowitsch. Meine Feinde sind bereit ...«

»Das habe ich auch gedacht. Ich unterschreibe diese Protokolle nicht. Man kann, Pawel Iwanowitsch, sowieso nichts wiedergutmachen, ausgeschlagene Zähne nicht mehr einsetzen.«

»Ja, Sergej Michajlowitsch. Darf ich Sie zu mir nach Hause bitten, meine Frau hat ein Fruchtlikörchen angesetzt. Ich habe es für Neujahr aufgehoben, aber aus solchem Anlaß ...«

»Nein, nein, Pawel Iwanowitsch. Nur Gefälligkeit gegen Gefälligkeit. Lassen Sie Andrejew nach Arkagala fahren.«

»Aber das kann ich wirklich nicht. Andrejew, er ist ...«

»Ihr persönlicher Feind?«

»Ja-ja.«

»Nun, aber er ist mein persönlicher Freund. Ich hätte gedacht, Sie wären achtsamer gegenüber meiner Bitte. Hier, sehen Sie sich die Protokolle über die Schläge an.«

Kisseljow schwieg.

»Soll er fahren.«

»Schreiben Sie die Bescheinigung.«

»Soll er selbst kommen.«

Ich trat über die Schwelle des Kontors. Kisseljow schaute zu Boden.

»Sie fahren nach Arkagala. Hier ist die Bescheinigung.«

Ich schwieg. Der Kontorist schrieb die Bescheinigung, und ich ging zurück ins Ambulatorium.

Lunin war schon gefahren, aber Kolesnikow erwartete mich.

»Du fährst am Abend, gegen neun. Akute Blinddarmentzündung«, und er hielt mir den Zettel hin.

Weder Kisseljow noch Kolesnikow habe ich jemals wiedergesehen. Kisseljow wurde bald an einen anderen Ort versetzt, nach »Elgen«, und dort kam er nach ein paar Monaten zu Tode, durch einen Zufall. In die Wohnung, das Häuschen, wo er lebte, war nachts ein Dieb eingestiegen. Kisseljow, der Schritte hörte, nahm eine geladene Doppelflinte von der Wand, spannte den Hahn und stieg dem Dieb nach. Der Dieb stürmte zum Fenster, Kisseljow schlug ihm mit dem Kolben in den Rücken und schoß sich die Ladung beider Läufe in den eigenen Bauch.

Alle Häftlinge in den Kohlerevieren der Kolyma freuten sich über diesen Tod. Die Zeitung mit der Anzeige von Kisseljows Beerdigung ging von Hand zu Hand. Im Schacht wurde der zerknitterte Zeitungsfetzen mit der Grubenlampe am Akkumulator beleuchtet. Man las, freute sich und schrie »hurra!« Kisseljow ist tot! Es gibt doch einen Gott!

Vor diesem Kisseljow hatte Sergej Michajlowitsch mich tatsächlich bewahrt.

Das Lager Arkagala versorgte das Bergwerk. Auf hundert Arbeiter unter Tage, hundert Bergleute – kamen tausend in der Versorgung.

Der Hunger rückte an Arkagala heran. Und natürlich kam er zuerst in die Baracken von Artikel achtundfünfzig.

Sergej Michajlowitsch war verärgert.

»Ich bin nicht die Sonne, ich kann nicht alle wärmen. Du bist als Gehilfe im Chemielabor eingestellt, du hättest leben müssen, fähig sein zu leben. Wie im Lager, verstehst du?« Sergej Michajlowitsch klopfte mir auf die Schulter. »Vor dir hat Dimka hier gearbeitet. Der hat das ganze Glyzerin verkauft, zwei Fässer haben hier gestanden, für zwanzig Rubel das Halbliterglas – Honig, hat er gesagt, ha-ha-ha! Für einen Gefangenen ist alles gut.«

»Für mich taugt das nicht.«

»Und was taugt dann für dich?«

Der Dienst als Gehilfe war unsicher. Ich wurde bald – in dieser Hinsicht gab es strenge Anweisungen – in den Schacht versetzt. Mein Hunger wurde immer größer.

Sergej Michajlowitsch rannte durchs Lager. Er hatte eine Leidenschaft: jede Art von Chefposten bezauberte unseren Doktor. Lunin war unwahrscheinlich stolz auf seine Freundschaft oder zumindest den Hauch einer Freundschaft zu einem beliebigen Vertreter der Lagerleitung, er war bemüht, seine Nähe zur Leitung zu zeigen, rühmte sich ihrer und konnte über diese trügerische Nähe stundenlang reden.

Ich saß hungrig in der Sprechstunde, hatte Angst, um ein Stück Brot zu bitten, und hörte die unendliche Prahlerei an.

»Was ist ein Chef? Ein Chef, mein Freund, das ist Macht. Es ist keine Macht außer von Gott*, ha-ha-ha! Ihm muß man gefällig sein – und alles wird gut.«

»Mir würde es gefallen, ihm die Fresse zu polieren.«

»Na siehst du. Komm, wir machen etwas aus: Du kannst zu mir kommen – es ist doch wahrscheinlich langweilig in der allgemeinen Baracke?«

»Langweilig?!«

»Nun ja. Komm zu mir. Zusammensitzen, rauchen. In der Baracke geben sie euch keinen Tabak. Ich weiß ja – aus hundert Augen schauen sie auf die Papirossa. Nur bitte mich nicht um Befreiung von der Arbeit. Das kann ich nicht, das heißt ich kann, aber es ist heikel. Das ist deine Sache. Und zu futtern, du verstehst selbst, woher soll ich es nehmen – das ist Sache meines Sanitäters. Ich selbst hole kein Brot. Wenn du also mal Brot brauchst, sag es dem Sanitäter Nikolaj. Kannst denn du, als Lagerveteran, kein Brot organisieren? Hör zu, was die Frau des Chefs, Olga Petrowna, heute gesagt hat. Sie laden mich ja auch zum Trinken ein.«

»Ich gehe, Sergej Michajlowitsch.«

Es kamen hungrige und schreckliche Tage. Und irgendwann, als ich den Hunger nicht ertragen konnte, ging ich ins Ambulatorium.

Sergej Michajlowitsch saß auf einem Schemel und riß mit einer Listonschen Zange die abgestorbenen Nägel an den erfrorenen Fingern eines zusammengekauerten schmutzigen Menschen ab. Die Nägel fielen einer nach dem anderen klappernd in eine leere Schüssel. Sergej Michajlowitsch bemerkte mich.

»Gestern habe ich eine halbe Schüssel Nägel vollgemacht.«

Hinter dem Vorhang schaute ein weibliches Gesicht hervor. Wir sahen selten Frauen, noch dazu aus der Nähe, noch dazu im Zimmer, von Angesicht zu Angesicht. Sie erschien mir wunderschön. Ich verbeugte mich und grüßte sie.

»Guten Tag«, sagte sie mit tiefer wunderbarer Stimme. »Serjosha, ist das dein Kamerad? Von dem du erzählt hast?«

»Nein«, sagte Sergej Michajlowitsch, warf die Listonsche Zange in die Schüssel und ging zum Waschbecken, um sich die Hände zu waschen.

»Nikolaj«, sagte er dem eintretenden Sanitäter, »nimm die Schüssel weg und bring ihm«, er zeigte mit dem Kopf auf mich, »Brot.«

Nachdem ich das Brot bekommen hatte, ging ich in die Baracke. Das Lager ist das Lager. Und jene Frau, an deren zartes und reizendes Gesicht ich mich noch heute erinnere, obwohl ich sie niemals mehr gesehen habe, war Edit Abramowna, eine Freie, Parteimitglied, Vertragsarbeiterin, Krankenschwester aus dem Bergwerk »Oltschan«. Sie hatte sich in Sergej Michajlowitsch verliebt, lebte mit ihm, erreichte seine Versetzung nach »Oltschan«, erreichte seine vorfristige Entlassung noch während des Kriegs. Sie fuhr nach Magadan zu Nikischow, dem Dalstroj-Chef, und setzte sich für Sergej Michajlowitsch ein, und als man sie aus der Partei ausschloß wegen ihrer Verbindung mit einem Häftling – die übliche »Unterbindungsmaßnahme« in solchen Fällen –, gab sie die Sache nach Moskau weiter und erreichte die Aufhebung von Lunins Vorstrafe, erreichte, daß er an der Moskauer Universität das Examen ablegen durfte, das Arztdiplom erhielt und in alle Rechte wiedereingesetzt wurde, und heiratete ihn in aller Form.

Als aber der Nachkomme des Dekabristen sein Diplom erhalten hatte, verließ er Edit Abramowna und forderte die Scheidung.

»Sie hat zuviel Familie, wie alle Jidden. Das ist nichts für mich.«

Edit Abramowna hatte er verlassen, doch den Dalstroj zu verlassen gelang ihm nicht. Er mußte zurück in den Hohen Norden – wenn auch nur für drei Jahre. Die Fähigkeit, sich mit der Leitung gutzustellen, brachte Lunin, dem diplomierten Arzt, eine Berufung von überraschendem Gewicht – zum Leiter der chirurgischen Abteilung des Zentralen Häftlingskrankenhauses am linken Ufer in der Siedlung Debin. Ich war zu dieser Zeit, 1948, Oberfeldscher in dieser Abteilung.

Die Berufung Lunins wirkte wie ein Donnerschlag.

Es war so, daß der Abteilungsleiter, der Chirurg Rubanzew, Frontchirurg gewesen war – Major des medizinischen Dienstes –, ein tüchtiger, erfahrener Arbeiter, der nach dem Krieg nicht nur für drei Tage hergekommen war. Eines aber konnte Rubanzew schlecht – nicht nur, daß er sich mit den hofen Chefs nicht gutstand, er haßte Speichellecker und Lügner, und überhaupt paßte er nicht zu Schtscherbakow, dem Chef der Sanitätsabteilung an der Kolyma. Auf Vertragsbasis eingestellt, als eingeschworener Feind der Häftlinge angereist, sah Rubanzew, ein kluger Mann von selbständigem Urteil, bald, daß man ihn in der »politischen« Vorbereitung betrogen hatte. Die Schurken, Selbstversorger, Verleumder und Nichtstuer – das waren Rubanzews Arbeitskollegen. Und die Häftlinge – aller Berufe, darunter auch dem des Arztes – waren es, die das Krankenhaus, die Behandlung, das Ganze schmissen. Rubanzew hatte die Wahrheit begriffen und verbarg sie auch nicht. Er machte eine Eingabe über seine Versetzung nach Magadan, wo es eine Mittelschule gab – er hatte einen Sohn im Schulalter. Die Versetzung wurde ihm mündlich abgeschlagen. Nach großen Bemühungen über mehrere Monate gelang es ihm, den Sohn im Internat unterzubringen, etwa neunzig Kilometer von Debin. Seine Arbeit machte Rubanzew schon souverän, Nichtstuer und Raffzähne vertrieb er. Von diesen die Ruhe gefährdenden Handlungen wurde unverzüglich nach Magadan berichtet, an Schtscherbakows Stab.

Schtscherbakow mochte keinen feinen Umgangston. Mutterflüche, Drohungen, das Anhängen von »Verfahren« – all das konnte für Häftlinge und für ehemalige Häftlinge taugen, aber nicht für einen Vertragsarbeiter, für einen mit Orden ausgezeichneten Frontchirurgen.

Schtscherbakow suchte Rubanzews alte Eingabe heraus und versetzte ihn nach Magadan. Und obwohl das Schuljahr in vollem Gang und in der chirurgischen Abteilung alles eingerichtet war – mußte er alles aufgeben und abreisen ...

Lunin und ich trafen uns auf der Treppe. Er hatte die Eigenschaft, vor Verlegenheit zu erröten. Er glühte. Übrigens »bot er mir eine Papirossa an«, freute sich über meine Erfolge, meine »Karriere« und erzählte von Edit Abramowna.

Aleksandr Aleksandrowitsch Rubanzew war abgereist. Schon nach zwei Tagen wurde im Behandlungsraum ein Saufgelage veranstaltet – vom Chirurgiealkohol probierten der Chefarzt Kowaljow wie auch der Krankenhaus-Chef Winokurow, die Rubanzew gefürchtet hatten und nicht in die chirurgische Abteilung gekommen waren. In den Arztkabinetten gab es Saufgelage, zu denen Häftlinge geladen wurden – Krankenschwestern, Pflegerinnen, kurzum, es ging hoch her. Bei Operationen in der sterilen Abteilung gab es jetzt Sekundärheilungen, zur Versorgung des Operationsfeldes wurde nicht länger der wertvolle Alkohol verwandt. Halbbetrunkene Chefs rannten in der Abteilung hin und her.

Dieses Krankenhaus war mein Krankenhaus. Nach Abschluß des Lehrgangs Ende 1946 war ich mit Kranken hergekommen. Vor meinen Augen wuchs das Krankenhaus heran; es war das ehemalige Gebäude des Kolymaregiments, und als nach dem Krieg ein Spezialist für militärische Tarnung das Gebäude für untauglich erklärte – inmitten von Bergen war es über Dutzende Werst zu sehen –, übergab man es dem Häftlingskrankenhaus. Seine Herren, das Kolymaregiment, rissen bei ihrem Auszug alle Wasser- und Kanalisationsrohre heraus, die man in dem großen dreistöckigen Steingebäude herausreißen konnte, und aus dem Zuschauerraum des Klubs trugen sie alle Möbel heraus und verbrannten sie im Kesselhaus. Die Wände waren zertrümmert, die Türen zerbrochen. Das Kolymaregiment war auf russische Art ausgezogen. All das hatten wir Schräubchen für Schräubchen, Ziegel für Ziegel wieder aufgebaut.

Es waren Ärzte und Feldscher zusammengekommen, die alles möglichst gut machen wollten. Für sehr viele war das eine heilige Pflicht – ihre medizinische Ausbildung weiterzugeben, den Menschen zu helfen.

————

Alle Nichtstuer hoben wieder die Köpfe nach dem Weggang Rubanzews.

»Wozu nimmst den Alkohol aus dem Schrank?«

»Geh, du weißt schon wohin«, verkündete mir die Schwester. »Gottseidank ist Rubanzew jetzt weg, und Sergej Michajlowitsch hat es verfügt ...«

Ich war erschüttert und niedergeschlagen von Lunins Benehmen. Das Gelage ging weiter.

Auf der nächsten Kurzversammlung spottete Lunin über Rubanzew:

»Er hat keine einzige Magengeschwüroperation gemacht und nennt sich Chirurg!«

Das Thema war nicht neu. Tatsächlich hatte Rubanzew keine Magengeschwüre operiert. Die Kranken der Inneren Abteilungen mit dieser Diagnose waren Häftlinge – ausgezehrt, Dystrophiker, und es gab keine Hoffnung, daß sie die Operation überstehen würden. »Der Hintergrund ist schlecht«, hatte Aleksandr Aleksandrowitsch gesagt.

»Ein Feigling«, schrie Lunin und holte aus der Inneren Abteilung zwölf solcher Kranken zu sich. Alle zwölf wurden operiert – und alle zwölf starben. Die Krankenhausärzte erinnerten sich wieder an Rubanzews Erfahrung und seine Barmherzigkeit.

»Sergej Michajlowitsch, so kann man nicht arbeiten!«

»Du wirst mir keine Anweisungen geben!«

Ich schrieb einen Antrag auf Einladung einer Kommission aus Magadan. Sie versetzten mich in den Wald, in ein Waldaußenlager. Sie wollten mich ins Strafbergwerk schicken, doch der Bevollmächtigte der Kreisabteilung riet ab – es ist nicht mehr das Jahr achtunddreißig. Es lohnt nicht.

Die Kommission reiste an, und Lunin wurde »aus dem Dalstroj entlassen«. Statt dreien hatte er nur anderthalb Jahre »abarbeiten« müssen.

Und ich kam nach einem Jahr, als die Krankenhausleitung gewechselt hatte, vom Feldscherpunkt des Waldabschnitts zurück, um die Aufnahme des Krankenhauses zu leiten.

Den Nachkommen des Dekabristen traf ich irgendwann in Moskau auf der Straße. Wir grüßten uns nicht.

————

Erst sechzehn Jahre später erfuhr ich, daß Edit Abramowna noch einmal Lunins Rückkehr zur Arbeit beim Dalstroj erreicht hatte. Gemeinsam mit Sergej Michajlowitsch fuhr sie nach Tschukotka, in die Siedlung Pewek. Hier gab es die letzte Unterredung, die letzte Auseinandersetzung, und Edit Abramowna stürzte sich ins Wasser, ging unter, ertrank.

Manchmal wirken die Schlafmittel nicht, und ich werde in der Nacht wach. Ich denke an das Vergangene und sehe ein reizendes Frauengesicht, höre eine tiefe Stimme: »Serjosha, ist das dein Kamerad?..«

1962

Die »Armenkomitees«

Auf den tragischen Seiten des Rußlands der Jahre sieben-
und achtunddreißig gibt es auch lyrische Zeilen, in einer
originellen Handschrift geschrieben. In den Zellen des Butyrka-Gefängnisses – eines riesigen Gefängnisorganismus',
mit dem verwickelten Leben einer Vielzahl von Gebäudeblocks, Kellern und Türmen –, vollgestopft bis zum Bersten,
bis zum Ohnmachtsanfall bei den Untersuchungshäftlingen,
im ganzen Wirrwarr der Verhaftungen, der Etappen ohne
Urteil und Strafmaß, in den Zellen, vollgestopft mit lebendigen Menschen, hatte sich ein interessanter Brauch, eine
Tradition gebildet, die nicht nur ein Jahrzehnt lang hielt.
   Eine Krankheit hatte das ganze Land erfaßt – die un-
ablässig geforderte Wachsamkeit, die in Spionomanie über-
ging. Jeder Kleinigkeit, jeder Belanglosigkeit, jedem Ver-
sprecher gab man einen unheilschweren geheimen Sinn, der
eine Auslegung in den Untersuchungskabinetten erforderte.
   Der Beitrag der Gefängnisbehörde war das Verbot von
Sach- und Lebensmittelübergaben an Untersuchungshäftlinge. Die Weisen der juristischen Welt versicherten, man
könne, indem man mit zwei französischen Brötchen, fünf
Äpfeln und einem Paar alter Hosen operiere, einen beliebigen Text ins Gefängnis übermitteln, selbst ein Stück aus
»Anna Karenina«.

Diese »Signale aus der Freiheit« – Produkt des erregten Hirns diensteifriger Verwaltungsbeamter – wurden verläßlich durchkreuzt. Übergaben durften von nun an nur noch in Geld bestehen, und zwar – in höchstens fünfzig Rubeln im Monat pro Häftling. Die Geldanweisung durfte nur in runden Zahlen sein – 10, 20, 30, 40, 50 Rubel; so vermied man die Ausarbeitung eines neuen Signal-»Alphabets« der Ziffernfolge.

Das Einfachste, das Sicherste wäre gewesen, die Übergaben ganz zu verbieten – doch diese Maßnahme blieb dem Untersuchungsführer vorbehalten, der das »Verfahren« führte. »Im Interesse der Untersuchung« konnte er Überweisungen überhaupt verbieten. Hier bestand auch ein gewisses kommerzielles Interesse – das »Lädchen«-Geschäft des Butyrka-Gefängnisses steigerte seine Umsätze um ein Vielfaches, seitdem Sach- und Lebensmittelübergaben verboten waren.

Die Hilfe der Verwandten und Bekannten komplett zurückzuweisen konnte sich die Administration aus irgendeinem Grund nicht entschließen, obwohl sie sicher war, daß eine solche Handlung auch dann weder innerhalb des Gefängnisses noch außerhalb, in der Freiheit, auf irgendeinen Protest stoßen würde.

Eine Schmälerung, eine Einschränkung der ohnehin illusorischen Rechte von Untersuchungshäftlingen ...

Der russische Mensch steht nicht gern als Zeuge vor Gericht. Traditionell unterscheidet sich im russischen Prozeß der Zeuge wenig vom Angeklagten, und seine »Berührung« mit dem Verfahren wird ihm künftig als etwas Negatives anhängen. Noch schlimmer ist die Lage der Untersuchungshäftlinge. Sie alle sind künftige »Verurteilte«, denn man glaubt, »des Kaisers Frau ist ohne Laster«* und die Inneren Organe machen keine Fehler. Niemand wird umsonst verhaftet. Auf die Verhaftung folgt logisch die Verurteilung; ob der oder jener Arrestant eine kurze oder lange Haftstrafe erhält, hängt entweder vom Glück des Häftlings ab, seinem »Schwein«, oder von einem ganzen Komplex von Gründen, wozu auch die Wanzen zählen, die den Untersuchungsführer in der Nacht vor seinem Vortrag gebissen haben, und die Abstimmung im amerikanischen Kongreß.

Hinaus aus dem Untersuchungsgefängnis führt im Grunde nur ein Weg – in den »Schwarzen Raben«, den Gefängnisbus, der die Verurteilten zum Bahnhof bringt. Am Bahnhof – die Verladung in heizbare Güterwaggons, das Kriechen der zahllosen Häftlingswaggons über die Gleiswege und schließlich eines der Tausende »Arbeits«lager.

Dieses Verlorensein drückt dem Verhalten der Untersuchungshäftlinge seinen Stempel auf. Unbekümmertheit und Beherztheit werden abgelöst von düsterem Pessimismus und dem Verfall der seelischen Kräfte. Der Untersuchungshäftling kämpft in den Verhören mit einem Phantom, einem Phantom von gigantischer Kraft. Der Häftling ist es gewohnt, mit Realitäten umzugehen, und nun mißt sich ein Phantom mit ihm. Doch »diese Flamme – sengt, und diese Lanze sticht empfindlich«. Alles ist entsetzlich real, außer dem »Verfahren« selbst. Aufgepeitscht und niedergeschlagen vom Kampf gegen phantastische Visionen, erschüttert von ihrer Größe, verliert der Häftling den Willen. Er unterschreibt alles, was der Untersuchungsführer erfunden hat, und von diesem Moment an wird er zu einer Figur dieser unwirklichen Welt, gegen die er gekämpft hat, wird zur Schachfigur in diesem schrecklichen und dunklen blutigen Spiel, das in den Kabinetten der Untersuchungsführer gespielt wird.

»Wohin wurde er gebracht?«

»Nach Lefortowo. Zum Unterschreiben.«

Die Untersuchungshäftlinge wissen von ihrem Verlorensein. Davon wissen auch jene Leute im Gefängnis, die auf der anderen Seite des Gitters sind – die Gefängnisverwaltung. Kommandanten, Aufseher, Wachen und Posten sind es gewohnt, die Untersuchungshäftlinge nicht als künftige, sondern als tatsächliche Häftlinge anzusehen.

Ein Untersuchungshäftling stellte 1937 während der Überprüfung dem diensttuenden Wachkommandanten eine Frage zu der neuen Verfassung, die damals eingeführt wurde. Der Kommandant antwortete schroff:

»Das geht euch nichts an. Eure Verfassung ist das Strafgesetzbuch.«

Auch auf die Untersuchungshäftlinge im Lager warteten Veränderungen. Im Lager gibt es immer viele Untersuchungshäftlinge, denn das Abbüßen einer Haftstrafe bedeutete keineswegs, der permanenten Geltung sämtlicher Artikel des Strafgesetzbuchs entronnen zu sein. Sie galten genauso wie in Freiheit, nur war alles – Denunziationen, Bestrafungen, Verhöre – noch unverhüllter, noch grob-phantastischer.

Als in der Hauptstadt Lebensmittel- und Sachübergaben verboten wurden, wurde an der Peripherie der Gefängnisse, in den Lagern, eine »Untersuchungsration« eingeführt – ein Becher Wasser und dreihundert Gramm Brot am Tag. Dieses Karzerregime, in das die Untersuchungshäftlinge versetzt wurden, brachte sie rasch an den Rand des Grabs.

Mit dieser »Untersuchungsration« versuchte man »den besten Beweis« zu erlangen – das eigene Geständnis des Untersuchungshäftlings, des Verdächtigen, des Beschuldigten.

Im Butyrka-Gefängnis des Jahres 1937 waren Geldübergaben erlaubt, höchstens 50 Rubel im Monat. Für diese Summe konnte jeder, der Geld auf seinem Konto hatte, im Gefängnis»lädchen« Lebensmittel kaufen, konnte viermal im Monat dreizehn Rubel ausgeben – das »Lädchen« fand einmal pro Woche statt. Wenn ein Untersuchungshäftling bei der Verhaftung mehr Geld hatte, wurde das Geld auf sein Konto eingezahlt, aber ausgeben durfte er nicht mehr als 50 Rubel.

Bargeld gab es natürlich nicht, es wurden Quittungen ausgegeben, und auf der Rückseite wurde abgerechnet, von der Hand des Verkäufers und unbedingt mit roter Tinte.

Für den Kontakt zur Leitung und zur Aufrechterhaltung einer kameradschaftlichen Disziplin in der Zelle existiert seit unvordenklichen Zeiten die Institution des Zellenältesten.

Jede Woche, am Tag vor dem »Lädchen«, gibt die Gefängnisverwaltung dem Zellenältesten während der Überprüfung Schiefertafel und ein Stück Kreide. Auf dieser Tafel muß der Älteste im vorhinein einen Überschlag der Bestellungen aller Einkäufe machen, die die Häftlinge aus der Zelle tätigen wollen. Gewöhnlich stehen auf der Vorderseite der Schiefertafel die Lebensmittel in ihrer Gesamtmenge, und auf der Rückseite wird notiert, aus wessen Bestellungen genau sich diese Mengen zusammensetzen.

Dieser Überschlag kostet gewöhnlich einen ganzen Tag, denn das Gefängnisleben ist von Ereignissen verschiedener Art durchflochten – die Bedeutung dieser Ereignisse ist für alle Häftlinge beträchtlich. Am Morgen des nächsten Tages gehen der Älteste und mit ihm ein, zwei Personen zum Einkaufen in den Laden. Der Rest des Tages vergeht mit dem Teilen der mitgebrachten Lebensmittel – ausgewogen nach den »individuellen Bestellungen«.

Im Gefängnisladen gab es eine große Auswahl an Lebensmitteln – Butter, Wurst, verschiedene Käse, weiße Brötchen, Papirossy, Machorka ...

Die Wochenration der Gefängnisverpflegung ist ein für allemal festgelegt. Hätten die Häftlinge den Wochentag vergessen, so könnten sie ihn am Geruch der Mittagssuppe, am Geschmack des einzigen Gangs am Abend erkennen. Montags gab es mittags immer Erbsensuppe und am Abend Hafergrütze; dienstags Weizensuppe und Perlgraupengrütze. In sechs Monaten Untersuchungsgefängnis gab es jedes Gefängnisgericht genau fünfundzwanzig Mal – die Verpflegung des Butyrka-Gefängnisses war immer berühmt für ihre Abwechslung.

Wer Geld hatte, und sei es diese vier Mal dreizehn Rubel, konnte über Gefängnis-Brühe und »Schrapnell« hinaus etwas Schmackhafteres, Nahrhafteres, Nützlicheres zukaufen.

Wer kein Geld hatte, konnte natürlich keinerlei Einkäufe tätigen. In der Zelle gab es immer Leute ohne eine einzige Kopeke – das betraf nicht nur ein, zwei Personen. Es konnte ein hergebrachter Auswärtiger sein, der irgendwo auf der Straße und »hochgeheim« verhaftet wurde. Seine Frau rannte zu allen Gefängnissen und Kommandanturen und Milizrevieren der Stadt und versuchte vergeblich, die »Adresse« ihres Mannes zu erfahren. Die Regel war eine ausweichende Antwort, das völlige Schweigen sämtlicher Einrichtungen. Die Frau trug ein Päckchen von Gefängnis zu Gefängnis – vielleicht wird es angenommen, und das heißt, ihr Mann ist am Leben, und wenn es nicht angenommen wird – erwarten sie unruhige Nächte.

Oder es war ein verhafteter Familienvater; gleich nach seiner Verhaftung wurden seine Frau, die Kinder und Verwandten gezwungen, sich von ihm abzuwenden. Der Untersuchungsführer quälte ihn vom Moment der Verhaftung an mit ununterbrochenen Verhören, um ihm ein Geständnis dessen abzunötigen, was er niemals getan hat. Als Einwirkungsmaßnahme, neben den Drohungen und der Prügel, nahm man den Häftlingen das Geld.

Verwandte und Bekannte fürchteten sich mit gutem Grund, ins Gefängnis zu gehen und Übergaben hinzutragen. Beharrlichkeit bei den Übergaben, bei der Suche, bei den Erkundigungen zog oft Verdächtigungen, unliebsame und ernste Unannehmlichkeiten im Dienst und sogar die Verhaftung nach sich – auch das kam vor.

Es gab auch eine andere Art von geldlosen Arrestanten. In Zelle achtundsechzig saß Ljonka, ein Jugendlicher von etwa siebzehn Jahren, aus dem Kreis Tuma im Moskauer Gebiet stammend, einem abgelegenen Ort für die dreißiger Jahre.

Ljonka – dick, weißgesichtig, mit ungesunder Haut, die lange keine frische Luft gesehen hatte –, fühlte sich im Gefängnis großartig. Er wurde verpflegt wie nie zuvor im Leben. Mit Leckereien aus dem Lädchen bewirtete ihn fast jeder. Er gewöhnte sich an, Papirossy zu rauchen, nicht Machorka. Ihn rührte alles – wie interessant es hier ist, was für gute Leute –, eine ganze Welt öffnete sich vor dem ungebildeten Jungen aus dem Kreis Tuma. Sein Untersuchungsverfahren hielt er für eine Art Spiel, eine Sinnestäuschung – das Verfahren machte ihm nicht die geringsten Sorgen. Er wollte nur, daß dieses Leben im Untersuchungsgefängnis, wo es so nahrhaft, so sauber und warm war, ewig andauern sollte.

Sein Verfahren war erstaunlich. Es war die exakte Wiederholung der Situation des Tschechowschen Übeltäters. Ljonka hatte Schraubenmuttern im Eisenbahngleisbett losgedreht und wurde am Ort des Verbrechens gefaßt und als Schädling vor Gericht gestellt, nach Punkt sieben, Artikel achtundfünfzig. Ljonka hatte die Tschechowsche Erzählung nie gehört, und er versuchte wie der klassische Tschechowsche Held, dem Untersuchungsführer zu »beweisen«, daß er nicht zwei benachbarte Schraubenmuttern losschraubt, daß er »Bescheid weiß« ...

Auf die Aussagen des Jungen aus Tuma stützte der Untersuchungsführer irgendwelche ungewöhnlichen »Konzeptionen« – deren unschuldigste Ljonka mit Erschießung drohte. Doch Ljonka mit irgend jemandem zu »verbinden« gelang der Untersuchung nicht, und so saß Ljonka das zweite Jahr im Gefängnis und wartete, daß die Untersuchung diese »Verbindungen« findet.

Wer auf seinem Gefängnis-Konto kein Geld hatte, mußte sich von der staatlichen Verpflegung ohne jede Ergänzung ernähren. Die Gefängnisverpflegung ist eine langweilige Sache. Selbst eine kleine Abwechslung im Essen verschönert das Häftlingsleben, macht es irgendwie fröhlicher.

Wahrscheinlich ist die Gefängnisverpflegung (anders als die im Lager) in ihren Kalorien, den Eiweißen, Fetten und Kohlenhydraten aus irgendwelchen theoretischen Berechnungen und Erfahrungsnormen hergeleitet. Diese Berechnungen stützen sich wahrscheinlich auf irgendwelche »wissenschaftlichen« Arbeiten – mit Abhandlungen dieser Art beschäftigen sich die Gelehrten gern. Ebenso wahrscheinlich ist, daß im Moskauer Untersuchungsgefängnis die Kontrolle der Essenszubereitung und des »Ankommens« der Kalorien beim lebendigen Verbraucher ein hinlängliches Niveau erreicht. Und wahrscheinlich ist im Butyrka-Gefängnis die Probe keineswegs eine höhnische Formalität wie im Lager. Irgendein alter Gefängnisarzt, der im Protokoll nach dem Platz sucht, wo er seine die Essensausgabe bestätigende Unterschrift hinsetzen soll, wird den Koch vielleicht bitten, ihm mehr Linsen aufzutun, das kalorienreichste Essen. Der Arzt wird scherzen, daß die Klagen der Häftlinge über das Essen müßig seien – selbst er, der Doktor, habe mit Vergnügen ein Schüsselchen – übrigens gibt man den Ärzten die Proben in Tellern – der heutigen Linsen gegessen.

Über das Essen im Butyrka-Gefängnis wurde niemals geklagt. Nicht, weil dieses Essen gut war. Dem Untersuchungshäftling ist letztendlich nicht nach Essen. Und selbst das unbeliebteste Häftlingsessen, gekochte Bohnen, die man hier erstaunlich schlecht schmeckend zubereitete, die Bohnen, die den harschen Beinamen »Essen und Runterschlucken« erhielten – selbst die Bohnen riefen keine Klagen hervor.

Wurst, Butter, Zucker, Käse und frische Brötchen aus dem Laden waren Leckereien. Jedem war es natürlich angenehm, sie zum Tee zu essen, nicht zum staatlichen abgekochten Wasser mit »Himbeer«geschmack, sondern echtem Tee, im Becher aufgebrüht aus der riesigen eimergroßen Teekanne aus rotem Kupfer, der Teekanne aus der Zarenzeit, der Teekanne, aus der vielleicht die Mitglieder des »Volkswillens« getrunken hatten.

Natürlich war das »Lädchen« ein freudiges Ereignis im Leben der Zelle. Der Entzug des »Lädchens« war eine harte Strafe, die immer zu Streit und Zwist führte, solche Dinge nehmen die Häftlinge sehr schwer. Ein zufälliger Lärm, den der Korridordienst hört, ein Streit mit dem diensthabenden Kommandanten – all das wurde als Dreistigkeit gewertet; die Strafe dafür war der Entzug des nächsten »Lädchens«.

Die Träume von achtzig Menschen, die auf zwanzig Plätzen untergebracht waren, zerstoben. Das war eine schwere Strafe.

Den Untersuchungshäftlingen, die kein Geld hatten, hätte der Entzug des »Lädchens« gleichgültig sein sollen. Doch so war es nicht.

Die Lebensmittel sind da, das abendliche Teetrinken beginnt. Jeder hat gekauft, was er wollte. Die Leute aber, die kein Geld haben, fühlen sich überflüssig auf diesem allgemeinen Fest. Nur sie teilen nicht die gehobene Stimmung, die am Tag des »Lädchens« eintritt.

Natürlich bieten ihnen alle etwas an. Aber man kann einen Becher Tee trinken mit fremdem Zucker und fremdem Weißbrot, eine fremde Papirossa rauchen – eine, eine zweite – all das ist keineswegs wie »zu Hause«, als hätte man all das für das eigene Geld gekauft. Der Mittellose ist so rücksichtsvoll, daß er Angst hat, ein Stück zuviel zu essen.

Das erfinderische kollektive Gefängnishirn hat einen Ausweg gefunden, der die heikle Lage der mittellosen Kameraden beseitigt, ihr Ehrgefühl schont und jedem Mittellosen das beinahe offizielle Recht gibt, das »Lädchen« zu nutzen. Er kann völlig selbständig sein eigenes Geld ausgeben und kaufen, was er will.

Woher aber kommt dieses Geld?

Und hier lebt ein berühmtes Wort aus den Zeiten des Kriegskommunismus, aus den ersten Jahren nach der Revolution wieder auf. Dieses Wort ist »*kombedy*«, die Armenkomitees. Ein Unbekannter hat diesen Ausdruck in der Gefängniszelle fallenlassen, und das Wort hat sich auf erstaunliche Weise eingebürgert, Fuß gefaßt, es kroch von Zelle zu Zelle – durch Klopfzeichen, eine im Badehaus irgendwo unter einer Bank versteckte Notiz, und noch einfacher: bei der Verlegung von einem ins andere Gefängnis.

Das Butyrka-Gefängnis ist berühmt für seine vorbildliche Ordnung. Ein riesiges Gefängnis mit zwölftausend Plätzen bei ununterbrochener Bewegung seiner fluktuierenden Bewohnerschaft rund um die Uhr: jeden Tag wird mit Gefängnis-Linienbussen in die Lubjanka und aus der Lubjanka zum Verhör, zu Gegenüberstellungen, zum Gericht gefahren, in andere Gefängnisse verlegt ...

Intern setzt die Gefängnisverwaltung Untersuchungshäftlinge bei »Zellen«vergehen in den Polizei-, den Pugatschow-

und den Nördlichen und den Südlichen Turm – dort gibt
es besondere »Straf«zellen. Es gibt auch ein Karzergebäude,
in dessen Zellen man nicht liegen und nur im Sitzen schlafen kann.

Ein Fünftel der Zellenbewohner wird täglich irgendwohin gebracht: ob ins Photoatelier, wo ordentlich aufgenommen wird, en face und im Profil, und die Nummer ist
am Vorhang befestigt, vor dem der Häftling sitzt; ob zum
»Klavierspielen« – die Prozedur der Daktyloskopie ist ob-
ligatorisch und galt aus irgendeinem Grund niemals als be-
leidigende Prozedur; oder zum Verhör, ins Verhörgebäude,
über die endlosen Korridore des gigantischen Gefängnisses,
wo der Begleiter an jeder Biegung mit dem Schlüssel an die
Kupferschnalle seines Gürtels schlägt und das Kommen eines »geheimen Häftlings« anzeigt. Und bis nicht irgendwo
in die Hände geklatscht wird (in der Lubjanka klatscht man
als Antwort auf ein Fingerschnalzen anstelle von Schlüssel-
rasseln), läßt der Begleiter den Häftling nicht weitergehen.

Die Bewegung ist unaufhörlich, unendlich – die Ein-
gangstore schließen sich nie für lange –, und es kam niemals vor, daß Leute aus demselben Verfahren gemeinsam in
einer Zelle saßen.

Ein Häftling, der die Schwelle des Gefängnisses über-
schritten, es auch nur für eine Sekunde verlassen hat,
kommt, falls sein Ausflug plötzlich abgesagt wird, ohne
Desinfektion sämtlicher Sachen nicht wieder hinein. So ist
die Ordnung, das Gesundheitsgesetz. Wer oft zu Verhören
in die Lubjanka gebracht wurde, dessen Kleidung war bald
verschlissen. Im Gefängnis trägt sich die Oberbekleidung
sowieso viel schneller ab als in Freiheit – man schläft in
den Kleidern, wendet sich auf den Bretterplatten, die auf
den Pritschen liegen. Und diese Platten zusammen mit den
häufigen energischen »Läusevernichtungen« – den »Hitze-

kammern«, zerstören schnell die Kleidung jedes Untersuchungshäftlings.

Doch wie streng die Kontrolle auch sei, »der Gefängnis-
wärter denkt nicht so oft an seine Schlüssel wie der Häftling
an die Flucht« – so der Autor der »Kartause von Parma«.

Die »Armenkomitees« entstanden spontan, als Selbsthilfe
der Häftlinge, als kameradschaftliche gegenseitige Unterstützung. Irgend jemand erinnerte sich bei entsprechender
Gelegenheit eben an die »Armenkomitees«. Und wer weiß
– vielleicht war dieser Mensch, der einem alten Terminus
einen neuen Inhalt gab, selbst in den ersten Jahren der Revolution an den echten russischen Komitees der Dorfarmut
beteiligt gewesen? Komitees der gegenseitigen Hilfe – das
waren die Gefängnis-»Armenkomitees«.

Die Organisation der »Armenkomitees« lief auf die einfachste Art der kameradschaftlichen Hilfe hinaus. Bei der
Bestellung im »Lädchen« mußte jeder, der sich Lebensmittel bestellte, zehn Prozent an das »Armenkomitee« abfüh-
ren. Die gesamte Geldsumme wurde auf alle Mittellosen der
Zelle verteilt – jeder von ihnen bekam das Recht auf selb-
ständige Bestellung von Lebensmitteln aus dem »Lädchen«.

In einer Zelle mit siebzig, achtzig Personen waren immer
sieben oder acht ohne Geld. Meist war es so, daß Geld kam
und der Schuldner versuchte, den Kameraden das Erhaltene
zurückzugeben, aber das war nicht Pflicht. Er führte einfach seinerseits die zehn Prozent ab, wenn er konnte.

Über die »Armenkomitees« bekam jeder Arme zehn,
zwölf Rubel fürs »Lädchen« – er gab fast dieselbe Summe
aus wie die Leute mit Geld. Für das »Armenkomitee« be-
dankte man sich nicht. Das galt als Recht des Arrestanten,
als unumstößlicher Gefängnisbrauch.

Lange Zeit, vielleicht über Jahre, ahnte die Gefängnisverwaltung nichts von dieser Organisation – oder sie schenkte

den untertänigen Meldungen der Zellendenunzianten und
Gefängnisinformanten keine Aufmerksamkeit. Kaum anzu-
nehmen, daß die »Armenkomitees« nicht angezeigt wur-
den. Die Butyrka-Verwaltung wollte einfach die traurige
Erfahrung des erfolglosen Kampfes gegen das berüchtigte
»Streichholz«spiel nicht noch einmal machen.

Im Gefängnis sind alle Spiele verboten. Schachspiele,
aus Brot modelliert, das die ganze Zelle gekaut hatte, wurden bei Entdeckung durch das wachsame Auge des durchs
»Guckloch« spähenden Postens umgehend eingezogen und
vernichtet. Der Ausdruck »wachsames Auge« selbst gewann
im Gefängnis seinen wahren, keineswegs übertragenen Sinn.
Das war das vom »Guckloch« umrahmte aufmerksame Auge
des Postens.

Domino, Dame – all das ist strengstens verboten im Untersuchungsgefängnis. Bücher sind nicht verboten, und die
Gefängnisbibliothek ist reich, aber der lesende Untersuchungshäftling zieht aus der Lektüre keinerlei anderen Nutzen als die Ablenkung von den eigenen wichtigen und heftigen Sorgen. Sich auf ein Buch zu konzentrieren ist in der
Gemeinschaftszelle unmöglich. Die Bücher dienen der Zerstreuung, der Ablenkung, sie ersetzen Domino oder Dame.

In Zellen, wo die Kriminellen einsitzen, wird Karten gespielt – im Butyrka-Gefängnis gibt es keine Karten. Dort
gibt es auch keine Spiele außer dem »Streichholzspiel«.

Das ist ein Spiel zu zweit.

In einer Streichholzschachtel sind fünfzig Streichhölzer. Für das Spiel nimmt man dreißig und füllt sie in den
senkrecht, hochkant aufgestellten Deckel. Der Deckel wird
gerüttelt, hochgenommen, und die Streichhölzer verstreuen
sich auf dem Tisch.

Der erste Spieler nimmt mit zwei Fingern ein Streichholz und wirft oder schiebt, indem er dieses wie einen He-

146

bel einsetzt, damit alle Streichhölzer zur Seite, die sich aus dem Haufen herausnehmen lassen, ohne an die anderen zu rühren. Wenn er zwei Streichhölzer gleichzeitig bewegt, ist es vorbei. Dann kommt der zweite an die Reihe – bis zu seinem ersten Fehler.

Das »Streichholzspiel« ist das ganz gewöhnliche Kinder-Mikado, nur vom erfinderischen Häftlingsverstand an die Gefängniszelle angepaßt.

»Streichhölzer« spielte das ganze Gefängnis, vom Frühstück bis zum Mittag- und vom Mittag- bis zum Abendessen, mit Hingabe und Leidenschaft.

Es gab echte Streichholzchampions, man legte Sammlungen an von Streichhölzern besonderer Qualität – blankpoliert vom ständigen Gebrauch. Solche Streichhölzer wurden nicht zum Papirossa-Anstecken angezündet.

Dieses Spiel erhielt den Arrestanten viel Nervenkraft, es brachte einen gewissen Frieden in ihre unruhigen Seelen.

Die Verwaltung war außerstande, dieses Spiel zu unterbinden, es zu verbieten. Streichhölzer waren ja erlaubt. Sie wurden auch (einzeln) ausgegeben und im Laden verkauft.

Die Kommandanten der Gebäudeblöcke probierten die Schachteln kaputtzumachen, aber man kam ja im Spiel auch ohne Schachtel aus.

Die Verwaltung blamierte sich in diesem Kampf gegen das Mikadospiel – all ihre Einsprüche führten zu nichts Gescheitem. Das ganze Gefängnis spielte weiter das »Streichholzspiel«.

Und aus demselben Grund, aus Angst vor Blamage, drückte die Verwaltung auch bei den »Armenkomitees« ein Auge zu – sie wollte sich nicht verstricken in einen ruhmlosen Kampf.

Doch leider kroch das Gerücht von den »Armenkomitees« immer höher, immer weiter und erreichte die Institution, von wo auch der gebieterische Befehl erging, die »Armenkomitees« zu liquidieren – deren bloßer Name schon wie ein Aufruf, eine Art Appell an das revolutionäre Gewissen klang.

Wie viele Belehrungen wurden ausgesprochen bei den Überprüfungen! Wie viele gesetzwidrige Papierchen mit chiffrierter Aufstellung der Ausgaben und Bestellungen wurden bei überraschenden Zellendurchsuchungen mitgenommen! Wie viele Älteste saßen im Polizei- und im Pugatschow-Turm, wo es Karzer und Strafzellen gab!

Alles war umsonst: die »Armenkomitees« existierten trotz aller Warnungen und Sanktionen.

Zu kontrollieren war wirklich sehr schwer. Außerdem hat der Gebäudekommandant, der Aufseher, der schon lange im Gefängnis arbeitet, ein etwas anderes Verhältnis zu den Häftlingen als sein hoher Chef und stellt sich innerlich manchmal gegen den Chef und auf die Seite der Häftlinge. Nicht, daß er dem Häftling helfen würde. Nein, er drückt einfach bei Übertretungen ein Auge zu, wenn er ein Auge zudrücken kann, er sieht nicht, wenn es möglich ist, nicht zu sehen, er ist einfach weniger streitsüchtig. Besonders wenn der Aufseher älter ist. Für den Häftling ist der beste Chef schon älter und von niedrigem Rang. Die Verbindung dieser beiden Bedingungen garantiert beinahe einen relativ anständigen Menschen. Wenn er noch dazu auch trinkt – um so besser. Auf Karriere ist ein solcher Mensch nicht aus, und seine Karriere macht ein Gefängnis- und besonders Lageraufseher – mit dem Blut der Gefangenen.

Doch die Institution forderte die Auflösung der »Armenkomitees«, und die Gefängnisleitung versuchte diese erfolglos zu erreichen.

Sie machte einen Versuch, die »Armenkomitees« von innen zu sprengen – das war natürlich die raffinierteste

Lösung. Die »Armenkomitees« waren eine illegale Organisation, jeder Häftling konnte sich den erzwungenen Abführungen verweigern. Wer solche »Steuern« nicht zu zahlen wünschte, die »Armenkomitees« nicht unterstützen wollte, konnte protestieren und hätte im Falle seiner Weigerung, seines Protests, sofort die volle Unterstützung der Gefängnisverwaltung bekommen. Selbstverständlich – ein Gefängniskollektiv ist ja nicht der Staat, daß es Steuern erheben dürfte, und also sind die »Armenkomitees« Erpressung, »Nötigung«, Raub.

Zweifellos konnte sich jeder Häftling den Abgaben verweigern. »Ich will nicht – und basta! Das Geld gehört mir, und niemand hat das Recht, sich daran zu vergreifen« etc. Bei einer solchen Erklärung wurden keinerlei Abzüge gemacht, und alles Bestellte wurde vollständig zugestellt.

Wer allerdings wird eine solche Erklärung riskieren? Wer wird riskieren, sich gegen das Gefängniskollektiv zu stellen – die Leute, mit denen du vierundzwanzig Stunden am Tag verbringst, und nur der Schlaf rettet dich vor den unfreundlichen, feindlichen Blicken der Kameraden? Im Gefängnis sucht jeder gezwungenermaßen beim Nachbarn seelische Unterstützung, und sich einem Boykott auszusetzen ist zu schrecklich. Das ist schrecklicher als die Drohungen des Untersuchungsführers, obwohl hier keinerlei physische Einwirkungsmaßnahmen angewandt werden.

Der Gefängnisboykott ist eine Waffe im Nervenkrieg. Und Gott bewahre jeden davor, die betonte Verachtung der Kameraden an sich selbst zu erleben.

Wenn aber der antigesellschaftliche Bürger allzu dickfellig und störrisch ist – hat der Älteste eine noch verletzendere, noch wirksamere Waffe.

Die Brotration darf dem Häftling im Gefängnis niemand entziehen (ausgenommen der Untersuchungsführer, der das zur »Durchführung des Verfahrens« manchmal braucht), auch der Störrische erhält seine Schüssel Suppe, seine Portion Grütze, sein Brot.

Das Essen verteilt der Austeiler auf Weisung des Ältesten (dies ist eine der Funktionen des Zellenältesten). Zwischen den Pritschen, die entlang der Zellenwände aufgestellt sind, verläuft ein Durchgang von der Tür bis zum Fenster.

Die Zelle hat vier Ecken, und das Essen wird der Reihe nach von jeder her verteilt, den einen Tag von der einen, den anderen Tag von der anderen. Dieser Wechsel ist nötig, damit die erhöhte nervliche Erregbarkeit der Häftlinge nicht durch irgendeine Lappalie wie »das Dünne« und »das Dicke« der wässrigen Butyrka-Brühe in Alarm versetzt würde, um die Chancen aller auf Sämigkeit und Temperatur der Suppe auszugleichen ... im Gefängnis ist nichts belanglos.

Der Älteste gibt mit einem Kommando die Ausgabe frei und fügt hinzu: und als letztem geben Sie ihm (Soundso) – dem, der den »Armenkomitees« aus dem Weg gehen will.

Diese erniedrigende, unerträgliche Kränkung kann an einem Butyrka-Tag viermal beigebracht werden – dort wird morgens und abends Tee ausgegeben, zum Mittag Suppe und am Abend Grütze.

Während der Brotausgabe kann die »Einwirkung« ein fünftes Mal ausgeübt werden.

Zur Klärung solcher Dinge den Kommandanten des Gebäudeblocks anzurufen ist riskant, denn die ganze Zelle wird gegen unseren Starrkopf aussagen. In solchen Fällen gehört es sich, kollektiv zu lügen, der Kommandant wird die Wahrheit nicht herausfinden.

Doch der Egoist, der Geizkragen ist ein Mensch mit starkem Charakter. Außerdem hält er nur sich für unschuldig verhaftet und alle seine Gefängnisgenossen für Verbrecher.

Er ist dickfellig genug, starrköpfig genug. Den Boykott durch die Kameraden hält er leicht aus – diese Intelligenzlerspielchen rauben ihm nicht Geduld und Fassung. Eine »Blindeinreibung« könnte Wirkung auf ihn haben, eine alte Überredungsmethode. Aber in der Butyrka gibt es keinerlei »Blindeinreibung«. Der Egoist ist schon bereit, seinen Sieg zu feiern – der Boykott verfehlt die nötige Wirkung.

Doch der Älteste, doch die Leute aus der Gefängniszelle haben noch ein durchgreifendes Mittel in der Hand. Jeden Tag, bei der abendlichen Überprüfung, bei der Dienstübergabe, fragt der neue, zum Dienst antretende Kommandant nach der Vorschrift die Häftlinge: »Gibt es Anträge?«

Der Älteste tritt einen Schritt vor und verlangt, den boykottierenden Starrkopf in eine andere Zelle zu verlegen. Gründe für die Verlegung braucht er nicht anzugeben, es reicht aus, sie zu verlangen. Spätestens nach vierundzwanzig Stunden, manchmal auch früher, wird die Verlegung unbedingt erfolgen – der öffentliche Hinweis entbindet die Ältesten von der Verantwortung für die Aufrechterhaltung der Disziplin in der Zelle.

Wenn er nicht verlegt wird, kann der Starrkopf geschlagen oder gar noch erschlagen werden – die Häftlingsseele ist dunkel, und derartige Vorfälle ziehen unangenehme mehrmalige Erklärungen des diensthabenden Gebäudekommandanten gegenüber der Leitung nach sich.

Falls es eine Untersuchung gibt nach diesem Gefängnismord, wird sich sofort herausstellen, daß der Gebäudekommandant einen Hinweis hatte. Besser schon im Guten in eine andere Zelle verlegen, diesem Verlangen nachgeben.

Als Verlegter und nicht aus der »Freiheit« in eine andere Zelle zu kommen, ist nicht sehr angenehm. Das weckt immer Verdacht und Vorsicht bei den neuen Kameraden – ist das nicht ein Denunziant? »Noch gut, wenn er nur wegen der Verweigerung der ›Armenkomitees‹ zu uns verlegt wurde«, denkt der Älteste der neuen Zelle. »Und wenn es Schlimmeres ist?« Der Älteste wird versuchen, den Grund der Verlegung zu erfahren – durch ein Zettelchen, das er auf den Boden des Mülleimers im Klosett versenkt, durch Klopfzeichen nach dem System des Dekabristen Bestushew* oder nach dem Morsealphabet.

Ehe er die Antwort erhalten hat, braucht der Neue nicht auf das Mitgefühl oder Vertrauen der neuen Kameraden zählen. Es vergehen viele Tage, der Grund der Verlegung ist geklärt, die Aufregung hat sich gelegt, aber auch in der neuen Zelle gibt es ein »Armenkomitee«, gibt es die Abgaben.

Alles fängt von vorne an – wenn es anfängt, denn in der neuen Zelle wird sich der Starrkopf, durch die bittere Erfahrung belehrt, anders verhalten. Sein Starrsinn ist gebrochen.

In den Untersuchungszellen des Butyrka-Gefängnisses hatte es keine »Armenkomitees« gegeben, solange Sach- und Lebensmittelübergaben erlaubt waren und die Nutzung des Gefängnisladens praktisch nicht eingeschränkt war.

Die »Armenkomitees« entstanden in der zweiten Hälfte der dreißiger Jahre als interessante Form des »Eigenlebens« der Untersuchungshäftlinge, eine Form der Selbstbehauptung des rechtlosen Menschen: das winzige Revier, in dem das menschliche Kollektiv, einig wie es im Gefängnis immer ist, im Unterschied zur »Freiheit« und zum Lager, in seiner vollkommenen Rechtlosigkeit einen Punkt findet, wo es seine seelischen Kräfte zur nachdrücklichen Bestätigung des ewigen menschlichen Rechts auf ein selbstbestimmtes Leben anwenden kann. Diese seelischen Kräfte stehen allen und jeglichen Gefängnis- und Untersuchungsvorschriften entgegen und tragen den Sieg über sie davon.

1959

Magie

Ein Stock schlug ans Glas, und ich erkannte ihn. Das war die Reitgerte des Abteilungschefs.

»Ich komme gleich«, rief ich durchs Fenster, zog die Hosen an und knöpfte den Kragen der Militärbluse zu. Im selben Moment erschien auf der Zimmerschwelle der Bote des Chefs, Mischka, und trug mit lauter Stimme die übliche Formel vor, mit der jeder meiner Arbeitstage begann:

»Zum Chef!«

»Ins Kabinett?«

»Auf die Wache!«

Aber ich war schon draußen.

Mir fiel die Arbeit mit diesem Chef leicht. Er war nicht grausam zu den Häftlingen, war klug, und auch wenn er alle abstrakten Dinge ständig in seine grobe Sprache übersetzte, verstand er seine Sache.

Allerdings war damals die »Umschmiedung« in Mode, und der Chef wollte auf unbekanntem Gelände einfach im richtigen Fahrwasser bleiben. Vielleicht. Vielleicht. Damals dachte ich darüber nicht nach.

Ich wußte, daß der Chef – Stukow hieß er – viele Zusammenstöße mit der obersten Leitung hatte, man ihm im Lager viele Verfahren »angehängt« hatte, aber ich kenne weder Einzelheiten noch den Kernpunkt dieser im Sande ver-

laufenen Verfahren, der nicht eingeleiteten, sondern einge-
stellten Untersuchungen.

Mich mochte Stukow, weil ich kein Bestechungsgeld nahm
und Betrunkene nicht mochte. Aus irgendeinem Grund
haßte Stukow Betrunkene ... Außerdem mochte er mich
wahrscheinlich für meinen Mut.

Stukow war ein alter Mann, er lebte allein. Er interessierte sich sehr für alle möglichen Neuigkeiten aus Technik und Wissenschaft, und Erzählungen von der Brooklyn-
Bridge versetzten ihn in Begeisterung. Aber ich konnte von
nichts erzählen, was der Brooklyn-Bridge ähnlich gewesen
wäre.

Das erzählte Stukow dafür Miller, Pawel Petrowitsch
Miller, ein Ingenieur aus dem Schachty*-Prozeß.

Miller war der Liebling Stukows, der gierig allen möglichen Neuigkeiten aus der Wissenschaft lauschte.

Ich holte Stukow an der Wache ein.

»Du schläfst immer.«

»Ich schlafe nicht.«

»Und daß eine Etappe gekommen ist aus Moskau, das
weißt du? Über Perm. Ich sage ja, du schläfst. Hol deine
Leute, und wir werden aussuchen.«

Unsere Abteilung stand am äußersten Ende der Welt der
Freien, am Endpunkt der Eisenbahnlinie – weiter ging es
in mehrtägigen Fußtransporten durch die Tajga, und Stukow hatte das Recht, die Leute, die er brauchte, gleich hierzubehalten.

Es war eine staunenswerte Magie, das waren Kunststückchen vielleicht aus der angewandten Psychologie, diese
Kunststückchen, dic Stukow zeigte, mein bei der Arbeit in
den Haftanstalten alt gewordener Chef. Stukow brauchte
Zuschauer, und nur ich wußte wahrscheinlich sein erstaunliches Talent zu würdigen, seine Fähigkeiten, die mir lange

Zeit überirdisch erschienen, bis zu dem Moment, wo ich spürte, daß auch ich über diese magische Kraft verfüge.

Die oberste Leitung hatte erlaubt, fünfzig Zimmerleute in der Abteilung zu behalten. Die Etappe trat vor dem Chef an, aber nicht einzeln, sondern in Dreier- oder Viererreihen.

Stukow lief die Etappe langsam ab und klopfte mit der Reitgerte an seine ungeputzten Stiefel. Ab und zu ging Stukows Hand hoch.

»Tritt du vor, du. Und du. Nein, nicht du. Da hinten, du ...«

»Wie viele sind vorgetreten?«

»Zweiundvierzig.«

»Gut, dann noch acht.«

»Du ... Du ... Du ...«

Wir alle machten ein Namensverzeichnis und suchten die Lagerakten heraus.

Alle fünfzig konnten mit Axt und Säge umgehen.

»Dreißig Schlosser!«

Stukow lief die Etappe ab, schaute ein wenig finster.

»Tritt du vor ... Du ... Du ... Und du zurück. Von den Ganoven, was?«

»Von den Ganoven, Bürger Natschalnik.«

Ohne einen einzigen Irrtum wurden dreißig Schlosser ausgewählt.

Zehn Kanzleikräfte wurden gebraucht.

»Kannst du sie mit bloßem Auge aussuchen?«

»Nein.«

»Dann gehen wir.«

»Tritt du vor ... Du ... Du ...«

Sechs Personen waren vorgetreten.

»Mehr Buchhalter gibt es nicht in dieser Etappe«, sagte Stukow.

Er überprüfte es an den Akten, und tatsächlich: mehr gab es nicht. Wir suchten uns Kanzleikräfte aus den folgenden Etappen.

Das war Stukows Lieblingsspiel, das mich in höchstes Erstaunen versetzte. Stukow selbst freute sich wie ein Kind über seine magischen Fähigkeiten und litt, wenn er die Sicherheit verlor. Er irrte sich nicht, er verlor einfach die Sicherheit, und wir machten mit der Einstellung von Leuten Schluß.

Ich verfolgte jedesmal mit Vergnügen dieses Spiel, das weder mit Grausamkeit zu tun hatte noch mit fremdem Blut.

Ich war verblüfft von so viel Menschenkenntnis. War verblüfft von jener uralten Verbindung von Seele und Körper.

Wie oft hatte ich diese Kunststücke, diese Demonstrationen der geheimnisvollen Kraft meines Chefs gesehen. Dahinter stand nichts als die langjährige Erfahrung mit Gefangenen. Die Häftlingskleidung verwischt die Unterschiede, und das erleichtert die Aufgabe nur – den Beruf eines Menschen an seinem Gesicht und seinen Händen abzulesen.

»Wen werden wir heute aussuchen, Bürger Natschalnik?«

»Zwanzig Zimmerleute. Und hier habe ich ein Telephonogramm aus der Verwaltung bekommen – alle auswählen, die früher in den Organen gearbeitet«, Stukow lächelte, »und die soziale oder Dienst-Vergehen haben. Sie werden also wieder am Tisch des Untersuchungsführers sitzen. Na, was denkst du darüber?«

»Ich denke gar nichts. Befehl ist Befehl.«

»Und hast du verstanden, wie ich die Zimmerleute ausgesucht habe?«

»Wahrscheinlich ...«

»Ich suche einfach die Bauern aus, die Bauern. Jeder Bauer ist ein Zimmermann. Und gewissenhafte Arbeiter wähle ich auch unter den Bauern. Und irre mich nicht. Aber wie ich Mitarbeiter der Organe an den Augen erkennen soll – weiß ich nicht. Haben sie einen unsteten Blick? Sag.«

»Ich weiß nicht.«

»Ich weiß auch nicht. Na, vielleicht lerne ich es noch auf meine alten Tage. Vor der Rente.«

Die Etappe hatte sich, wie immer, entlang der Waggons aufgestellt. Stukow hielt seine übliche Rede über die Arbeit, die Anrechnungen, streckte den Arm aus und ging ein, zwei Mal an den Waggons entlang.

»Ich brauche Zimmerleute. Zwanzig Mann. Aber aussuchen werde ich selbst, stillstehen!«

»Tritt du vor ... Du ... Du. Das sind alle. Suchen Sie die Akten heraus.«

Die Finger des Chefs befühlten einen Zettel in der Tasche der Uniformjacke.

»Nicht abtreten. Ich habe noch etwas.«

Stukow hob die Hand mit dem Zettel.

»Gibt es unter euch Mitarbeiter der Organe?«

Zweitausend Häftlinge schwiegen.

»Gibt es, frage ich, unter euch jemand, der früher in den Organen gearbeitet hat? In den Organen!«

Aus den hinteren Reihen, die Nachbarn mit den Fingern beiseite drängend, bahnte sich ein hagerer Mann den Weg, tatsächlich mit unstetem Blick.

»Ich habe als Informant gearbeitet, Bürger Natschalnik.«

»Verschwinde«, sagte Stukow voll Verachtung und Vergnügen.

1964

Lida

Krists Lagerzeit, seine letzte Haftzeit im Lager schmolz dahin. Das tote Wintereis wurde unterhöhlt von den Frühlingsbächen der Zeit. Krist hatte gelernt, nicht auf die Anrechnung der Arbeitstage zu achten – ein Mittel, das die Freiheit des Menschen zerstört, ein tückisches Gespenst der Hoffnung, das Verderben in die Seelen der Häftlinge trägt. Doch die Zeit lief schneller und schneller – gegen Ende der Haft ist das immer so –, selig sind die unerwartet, die vorfristig Entlassenen!

Krist vertrieb die Gedanken an eine mögliche Freiheit, daran, was in Krists Welt Freiheit heißt.

Das ist sehr schwer – sich zu befreien. Krist wußte das aus eigener Erfahrung. Er wußte, wie man das Leben neu lernen muß, wie schwer es ist, in eine Welt der anderen Maßstäbe, anderer moralischer Normen einzutreten, wie schwer es ist, jene Vorstellungen wiederzubeleben, die bis zur Verhaftung in der Seele lebten. Sie waren keine Illusionen, diese Vorstellungen waren Gesetze einer anderen, frühen Welt.

Sich zu befreien war schwer – und eine Freude, denn immer fanden sich, erstanden vom Grund der Seele Kräfte, die Krist Sicherheit im Verhalten, Mut in seinen Handlungen und einen festen Blick in seinen heraufdämmernden morgigen Tag gaben.

Krist fürchtete sich nicht vor dem Leben, doch er wußte, daß damit nicht zu scherzen, daß das Leben eine ernste Sache ist.

Krist wußte auch etwas anderes: daß er, wenn er in die Freiheit ging, für immer »gezeichnet«, für immer »gebrandmarkt« sein würde – für immer Jagdobjekt für jene Hetzhunde, die die Herren des Lebens jederzeit von der Leine lassen konnten.

Aber Krist fürchtete sich nicht vor den Verfolgern. Er hatte noch viele Kräfte, seelische sogar mehr als früher, physische – weniger.

Die Hetzjagd des Jahres siebenunddreißig hatte Krist ins Gefängnis gebracht, für eine neue, längere Haftzeit, und als auch diese Haftzeit abgebüßt war, bekam er eine weitere – noch längere. Doch bis zur Erschießung fehlten noch einige Stufen, einige Stufen auf dieser schrecklichen, beweglichen lebendigen Leiter, die den Menschen mit dem Staat verband.

Sich zu befreien war gefährlich. Auf jeden Häftling, dessen Haftzeit endete, begann im letzten Jahr eine regelrechte Jagd – wohl in einem Befehl aus Moskau angeordnet und ausgearbeitet, denn »es fällt kein Haar« und so weiter. Eine Jagd in Form von Provokationen, Denunziationen, Verhören. Die Klänge des schrecklichen Lager-Jazzorchesters, des Oktetts – »sieben blasen, einer pfeift« – klangen immer lauter, immer vernehmlicher in den Ohren des vor seiner Befreiung Stehenden. Der Ton wurde immer unheilkündender, und kaum einer schaffte es, wohlbehalten – und zufällig! – durch diese Reuse, diese »Schlinge«, dieses Schleppnetz, diese Falle durchzurutschen und hinauszuschwimmen ins offene Meer, wo der Freigekommene keine Orientierungspunkte, keine sicheren Wege, keine sicheren Tage und Nächte hatte.

All das wußte Krist, er verstand es sehr genau und wußte es, wußte es schon lange, und er schützte sich nach Kräften. Doch sich zu schützen war unmöglich.

Jetzt endete die dritte, die zehnjährige Haftzeit – und die Zahl der Verhaftungen, der begonnenen »Verfahren«, der Versuche, über ihn eine Haftstrafe zu verhängen, die für Krist im Sande verliefen – d. h. seinen Sieg bedeuteten, seinen Erfolg –, war schon schwer zu bestimmen. Krist versuchte das auch nicht. Im Lager ist das ein schlechtes Omen.

Vor Zeiten hatte Krist, als neunzehnjähriger Bengel, seine erste Haftstrafe erhalten. Selbstlosigkeit, sogar Opferbereitschaft und der Wunsch, nicht zu befehlen, sondern alles mit eigenen Händen zu tun, hatten schon immer in Krists Seele gelebt, zusammen mit einer leidenschaftlichen Auflehnung gegen einen fremden Befehl, eine fremde Meinung, einen fremden Willen. Auf dem Grund von Krists Seele hatte sich immer der Wunsch bewahrt, sich mit dem Menschen zu messen, der am Tisch des Untersuchungsführers saß – ein Wunsch, anerzogen in der Kindheit, durch die Lektüre, durch die Menschen, die Krist in seiner Jugend gesehen und von denen er gehört hatte. Solche Menschen gab es viele in Rußland, im Rußland der Bücher zumindest, in der gefährlichen Welt der Literatur.

Krist wurde der »Bewegung« zugerechnet in allen Karteien der Union, und als das Signal zur nächsten Hetzjagd kam, fuhr er mit dem tödlichen Signum »KRTD«* an die Kolyma. Als Kürzel-Träger, als »*litjorka*«, gezeichnet von dem gefährlichsten Buchstaben »T«. Ein Blättchen dünnes Zigarettenpapier, in Krists Lagerakte geklebt, ein Blättchen dünnes durchsichtiges Papier – »Spezialanweisung aus Moskau«, der Text war mit Lichtdruck sehr unleserlich, sehr schlecht gedruckt, oder es war irgendein Exemplar Nummer zehn von der Schreibmaschine, Krist hatte Gelegenheit gehabt, dieses todbringende Blatt in der Hand zu halten, und sein Name war mit fester Hand, mit der ruhig klaren Schrift der Kanzleikraft eingetragen, als bräuchte es gar keinen Text – wer blind unterschreibt, trägt den Namen schon richtig ein, setzt die Tinte in die richtige Zeile. »Für die Zeit der Haft Entzug der telegraphischen und Postverbindung, Einsatz nur zu schweren körperlichen Arbeiten, einmal pro Quartal Bericht über das Verhalten.«

Die »Spezialanweisungen« waren der Befehl zu töten, nicht mehr lebendig freizulassen, und Krist war das klar. Nur hatte er keine Zeit, daran zu denken. Und – er mochte nicht denken.

Jeder Häftling mit »Spezialanweisung« wußte, daß dieses Blättchen Zigarettenpapier jeden künftigen Chef – vom Begleitposten bis zum Chef der Lagerverwaltung – dazu verpflichtet, ihn zu bespitzeln, zu berichten, Maßnahmen zu ergreifen, und daß, wenn irgendein kleiner Chef nicht aktiv ist in der Vernichtung der Häftlinge mit »Spezialanweisung«, seine eigenen Kameraden, die eigenen Arbeitskollegen diesen Chef denunzieren werden. Und daß er die Mißbilligung der obersten Leitung finden wird. Daß seine Karriere im Lager kurz sein wird, wenn er sich nicht aktiv an der Ausführung der Moskauer Befehle beteiligt.

Bei der Kohleschürfung gab es wenige Häftlinge. Der Buchhalter der Schürfung, zugleich Sekretär des Chefs, der »*bytowik*« Iwan Bogdanow, hatte sich mehrmals mit Krist unterhalten. Es gab eine gute Arbeit – als Wächter. Der bisherige Wächter, ein alter Este, war an Herzschwäche gestorben. Krist träumte von dieser Arbeit. Doch er wurde nicht genommen ... Und er fluchte. Iwan Bogdanow hörte ihn an.

»Du hast Spezialanweisung«, sagte Bogdanow.

»Ich weiß.«

»Weißt du, wie das aussieht?«

»Nein.«

»Die Lagerakte existiert in zwei Exemplaren. Eines ist bei der Person, als ihr Paß, und das andere liegt bei der Lagerverwaltung. An das andere, zweite, kommt man natürlich nicht heran, aber niemand hat es dort jemals eingesehen. Entscheidend ist das hiesige Blättchen, das, das dich begleitet.«

Bald wurde Bogdanow nach woanders versetzt, und er kam sich von Krist verabschieden, auf die Arbeit, zum Erkundungsschurf. Ein kleines Rauchfeuer verscheuchte die Mücken vom Schurf. Iwan Bogdanow setzte sich an den Rand des Schurfs und zog ein Blättchen aus der Jacke, ein sehr dünnes verblaßtes Blättchen.

»Ich fahre morgen. Hier sind deine Spezialanweisungen.«

Krist las. Und merkte es sich für immer. Iwan Bogdanow nahm das Blättchen und verbrannte es im Feuer, er ließ es nicht aus der Hand, bis der letzte Buchstabe verbrannt war.

»Ich wünsche dir …«

»Leb wohl.«

Der Chef hatte gewechselt – Krist hat im Leben viele, viele Chefs gehabt –, der Sekretär des Chefs hatte gewechselt.

Krist ermüdete jetzt sehr im Schacht und wußte, was das bedeutet. Die Stelle an der Winde wurde frei. Aber Krist hatte niemals mit Mechanismen zu tun gehabt und sah selbst den Musikschrank zweifelnd und unsicher an. Doch Semjonow, ein Ganove, der von der Arbeit des Windenführers zu einer besseren Arbeit wechselte, beruhigte Krist:

»Du, *frajer*, bist ein solcher *loch*, nichts zu machen. Ihr seid alle gleich, ihr *frajer*. Alle. Wovor hast du Angst? Ein Häftling braucht vor keinem Mechanismus Angst zu haben. Hier kannst du es lernen. Keinerlei Verantwortung. Du mußt dich bloß trauen, sonst gar nichts. Geh an die Hebel und halt mich nicht hier, sonst ist auch meine Chance futsch ...«

Obwohl Krist wußte, daß die Ganoven das eine und ein *frajer* – besonders ein *frajer* mit dem Kürzel »KRTD« – etwas ganz, ganz anderes ist, wenn es um Verantwortung geht, übertrug sich Semjonows Zuversicht auf ihn.

Der Arbeitsanweiser war noch der alte und schlief nebenan, in der Ecke der Baracke. Krist ging zum Arbeitsanweiser.

»Du hast doch Spezialanweisung.«

»Woher soll ich das wissen?«

»Du selbst weißt es nicht. Nehmen wir mal an, daß auch ich deine Akte nicht kenne. Wir probieren es.«

Und so wurde Krist Windenführer, schaltete die Hebel der elektrischen Winde ein und aus, spulte das Stahlseil ab und ließ die Förderwagen in den Schacht hinunter. Er erholte sich ein wenig. Einen Monat erholte er sich. Und dann kam irgendein Mechaniker, ein *bytowik*, und Krist wurde wieder in den Schacht geschickt; er schob die Förderwagen, füllte Kohle ein und sagte sich, daß der Mechaniker, der *bytowik,* auch nicht lange bleiben wird auf einer so unbedeutenden Arbeit ohne »Fettaugen«, wie Windenführer beim Schacht – daß nur für »*litjorki*« wie Krist die Schachtwinde das Paradies ist, und wenn der Mechaniker geht – wird wieder Krist diese segensreichen Hebel bedienen und den Hebelschalter der Winde einschalten.

Nicht einen Tag seiner Lagerzeit hatte Krist vergessen. Von dort, vom Schacht, hatte man ihn in die Spezialzone gebracht, vor Gericht gestellt und eben diese Haftstrafe verhängt, deren Ende nahte.

Krist hatte einen Feldscherlehrgang abschließen können; er war am Leben geblieben und hatte, was noch wichtiger ist, Unabhängigkeit gewonnen – eine wichtige Beigabe eines medizinischen Berufs im Hohen Norden, im Lager. Heute leitete Krist die Aufnahme des riesigen Lagerkrankenhauses.

———

Doch zu entrinnen war unmöglich. Das »T« in Krists Kürzel war das Zeichen, das Brandmal, das Stigma, das Attribut, dessenthalben gegen Krist viele Jahre gehetzt und er nicht aus den eisigen Goldminen der Kolyma mit ihren sechzig Grad Frost entlassen wurde. Weshalb man ihn umzubringen versuchte durch schwere Arbeit, seine Kräfte übersteigende Lagerarbeit, die man rühmte als Sache der Ehre, Sache des Ruhmes, der Tapferkeit und des Heldentums, umzubringen mit den Schlägen der Chefs, den Kolben der Begleitposten, den Fäusten der Brigadiere, dem Gerempel der Friseure, den Ellbogen der Kameraden ... Umzubringen durch den Hunger – mit der dünnen Lagerbrühe.

Krist wußte, er hatte es gesehen und zahllose Male beobachtet, daß kein anderer Artikel des Strafgesetzbuchs für den Staat so gefährlich war, wie sein, Krists Kürzel mit dem Buchstaben »T«. Weder Vaterlandsverrat noch Terror, noch dieses ganze schreckliche Bündel von Punkten des Artikels achtundfünfzig. Krists Kürzel aus vier Buchstaben war das Attribut des Tieres, das umzubringen war, umzubringen befohlen war.

Sämtliche Begleitposten aller Lager des Landes in Vergangenheit, Gegenwart und Zukunft machten Jagd auf dieses Kürzel – kein Chef der Welt hätte bei der Vernichtung eines solchen »Volksfeindes« Schwäche zeigen wollen.

Heute ist Krist Feldscher in einem großen Krankenhaus und führt einen großen Kampf gegen die Ganoven, gegen jene Welt der Kriminellen, die der Staat im Jahr siebenunddreißig zu Hilfe holte, um Krist und seine Kameraden zu vernichten.

Im Krankenhaus arbeitete Krist sehr viel und scheute weder Zeit noch Kräfte. Die oberste Leitung hatte, auf ständigen Befehl aus Moskau, immer wieder verfügt, solche wie Krist zu den allgemeinen Arbeiten zurückzuschicken, zu entfernen. Doch der Krankenhaus-Chef war ein Kolyma-Veteran und wußte die Energie solcher Leute wie Krist zu schätzen. Ihm war klar, daß Krist sehr viel in seine Arbeit hineinlegen wird und hineinlegt. Und Krist wußte, daß seinem Chef das klar war.

Und so schmolz die Haftzeit allmählich dahin wie das Wintereis in einem Land, in dem kein warmer Frühlingsregen das Leben verwandelt – wo es nur die langsame Zerstörungsarbeit der mal kalten, mal sengenden Sonne gibt. Die Haftzeit schmolz dahin wie Eis, sie schrumpfte. Das Ende der Haftzeit nahte.

Das Schreckliche rückte an Krist heran. Seine gesamte Zukunft würde vergiftet sein von dieser wichtigen Bescheinigung über Vorstrafen, über den Artikel, über das Kürzel »KRTD«. Dieses Kürzel würde Krist für alle Zukunft den Weg versperren, fürs ganze Leben und an jedem Ort des Landes, bei jeder Arbeit. Dieser Buchstabe würde ihm nicht nur den Paß nehmen, sondern auch für ewige Zeiten verhindern, daß er Arbeit findet und die Kolyma verläßt. Krist verfolgte aufmerksam die Entlassung jener wenigen, die wie er, Krist, ihre Entlassung erlebten und in ihrem Moskauer Urteil, in ihrem Lagerpaß – dem Formular –, in ihrer Lagerakte einmal das Brandmal mit dem Buchstaben »T« hatten.

Krist versuchte sich die Stärke dieser trägen Kraft vorzustellen, die die Menschen lenkt, und sie nüchtern zu bewerten.

Im besten Fall wird man ihn nach der Haftzeit an seiner Arbeitsstelle lassen, an seinem alten Platz. Man wird ihn nicht weglassen von der Kolyma. Ihn hier behalten bis zum ersten Signal, zum ersten Horn, das zur Hetzjagd bläst ...

Was tun? Das einfachste vielleicht – der Strick ... So haben viele dieses Problem gelöst. Nein! Krist wird kämpfen bis zum Schluß. Kämpfen wie ein Tier, kämpfen, wie man es ihn gelehrt hat in der vieljährigen Hetzjagd des Staates auf den Menschen.

Viele Nächte lag Krist schlaflos und dachte an seine baldige, unabwendbare Entlassung. Er verfluchte nicht, er hatte keine Angst. Krist suchte.

Die Erleuchtung kam, wie immer, plötzlich. Plötzlich, doch nach schrecklicher Anspannung – Anspannung nicht des Geistes, nicht der Kräfte des Herzens, sondern von Krists gesamtem Wesen. Sie kam, wie die besten Gedichte, die besten Zeilen in einer Erzählung kommen. Man denkt Tag und Nacht an sie, ohne Ergebnis, und dann kommt die Erleuchtung als Freude über das treffende Wort, als Freude über die Lösung. Nicht als Freude der Hoffnung – zu viele Enttäuschungen, Fehler und Nackenschläge hatte es auf Krists Weg gegeben.

Doch die Erleuchtung kam. Lida ...

Krist arbeitete schon lange in diesem Krankenhaus. Seine gleichbleibende Hingabe an die Belange des Krankenhauses, seine Energie, sein beständiges Eingreifen in alle Krankenhausangelegenheiten – immer zum Nutzen des Krankenhauses! – hatten dem Häftling Krist eine besondere Position verschafft. Der Feldscher Krist war nicht Leiter der Aufnahme, das war eine freie Tätigkeit. Dieser Leiter war unbekannt wer, der Stellenplan war immer ein Rebus, das allmonatlich zwei Personen lösten – der Krankenhaus-Chef und der Hauptbuchhalter.

Sein ganzes bewußtes Leben lang hatte Krist die faktische Macht geliebt, nicht die äußerliche Ehre. Auch an der Schriftstellerei hatte Krist vor Zeiten – in jungen Jahren – nicht der Ruhm verlockt, nicht die Bekanntheit, sondern das Bewußtsein der eigenen Kraft und der Fähigkeit, etwas Neues, Eigenes zu schreiben, etwas hervorzubringen, das niemand anders hervorbringen kann.

Die juristischen Herren der Aufnahme waren die diensthabenden Ärzte, doch das waren dreißig, und die Kontinuität: der Anordnungen, der laufenden Lager»politik« und der übrigen Gesetze der Welt der Häftlinge und ihrer Herren – bewahrte nur Krists Gedächtnis. Diese Dinge sind delikat und nicht jedem zugänglich. Aber sie erfordern Beachtung und Erfüllung, und die diensthabenden Ärzte wußten das genau. Praktisch lag die Entscheidung über die Hospitalisierung jedes Kranken bei Krist. Die Ärzte wußten das, hatten sogar, natürlich mündlich, direkte Anweisung ihres Chefs.

Vor etwa zwei Jahren hatte der diensthabende Arzt, selbst Häftling, Krist zur Seite genommen ...

»Hier ist eine junge Frau.«

»Kommt nicht in Frage.«

»Warte. Ich kenne sie selbst nicht. Hier geht es um folgendes.«

Der Arzt flüsterte Krist grobe und häßliche Worte ins Ohr. Der Kern der Sache war, daß der Chef einer Lagereinrichtung, einer Lagerabteilung seiner Sekretärin nachstellte – natürlich einer Sozialen. Den Lagerehemann dieser Sozialen hatte man längst auf Befehl des Chefs im Strafbergwerk zugrunde gerichtet. Aber mit dem Chef zusammenleben wollte das Mädchen nicht. Und jetzt versucht sie auf der Durchreise – die Etappe kommt hier vorbei – ins Krankenhaus zu kommen, um den Nachstellungen zu entgehen. Vom Zentralkrankenhaus werden die Kranken nach ihrer Genesung nicht zurückgeschickt: sie kommen an einen anderen Ort. Vielleicht dorthin, wohin die Hand dieses Chefs nicht reicht.

»Aha«, sagte Krist. »Dann schick mir die junge Frau.«

»Sie ist hier. Komm rein, Lida!«

Eine kleine blonde junge Frau stand vor Krist und erwiderte mutig seinen Blick.

Ach, wie viele Menschen waren im Leben vor Krists Augen vorübergezogen. Wieviel Tausende Augen hatte er verstanden und durchschaut. Krist irrte sich selten, sehr selten.

»Gut«, sagte Krist. »Legen Sie sie ins Krankenhaus.«

Der kleine Chef, der Lida hergebracht hatte, stürmte ins Krankenhaus – zum Protestieren. Doch für die Krankenhausaufseher ist ein Unterleutnant ein niedriger Dienstgrad. Man ließ ihn nicht ins Krankenhaus. Bis zum Obersten – dem Krankenhaus-Chef – kam der Leutnant gar nicht, er kam nur bis zum Major, dem Chefarzt. Mit Mühe erreichte er, empfangen zu werden, und legte seine Sache dar. Der Chefarzt bat den Leutnant, die Krankenhausärzte nicht zu belehren, wer krank sei und wer nicht. Und dann – was interessiere den Leutnant das Schicksal seiner Sekretärin? Er solle im hiesigen Lager um eine andere bitten. Und man wird sie ihm schicken. Kurz, der Chefarzt hat keine Zeit mehr. Der nächste!..«

Der Leutnant fuhr fluchend ab und verschwand für immer aus Lidas Leben.

Es ergab sich, daß Lida im Krankenhaus blieb, sie arbeitete im Kontor und spielte im Laienkunstzirkel mit. Ihren Artikel hat Krist gar nicht erfahren – er interessierte sich niemals für die Artikel der Menschen, die ihm im Lager begegneten.

Das Krankenhaus war groß. Ein riesiges Gebäude mit drei Stockwerken. Zweimal am Tag brachten Begleitposten die Ablösung des Versorgungspersonals aus der Lagerzone – Ärzte, Schwestern, Feldscher, Sanitäter – und das Personal zog sich geräuschlos in der Garderobe um und verteilte sich geräuschlos auf die Krankenhausabteilungen, und erst an den jeweiligen Arbeitsstellen verwandelte es sich in Wassilij Fjodorowitsch, Anna Nikolajewna, Katja oder Petja, Waska oder Shenka, den »Langen« oder die »Blatternarbige« – nach der jeweiligen Funktion als Arzt, als Schwester, als Krankenhaussanitäter oder Beschäftigter in der »äußeren« Versorgung.

Krist kehrte bei seiner Vierundzwanzigstundenschicht nicht ins Lager zurück. Manchmal sahen er und Lida einander, lächelten einander zu. All das war vor zwei Jahren gewesen. Im Krankenhaus hatten die Chefs auf sämtlichen »Stellen« schon zweimal gewechselt. Niemand wußte überhaupt noch, wie Lida ins Krankenhaus gelegt wurde. Das wußte – nur noch Krist. Er mußte herausfinden, ob auch Lida das weiß.

Der Entschluß war gefallen, und während des Antretens des Versorgungspersonals ging Krist zu Lida hin.

Das Lager mag keine Sentimentalität, es mag keine langen und unnützen Vorworte und Erklärungen, es mag keinen »Anlauf«.

Lida wie auch Krist waren Kolyma-Veteranen.

»Hör zu, Lida – du arbeitest in der Registratur?«

»Ja.«

»Und die Entlassungspapiere tippst du?«

»Ja«, sagte Lida. »Der Chef tippt auch selbst. Aber er kann es nicht gut und verdirbt die Formulare. All diese Papiere tippe immer ich.«

»Bald wirst du meine Papiere tippen.«

»Glückwunsch …«, Lida schnippte ein unsichtbares Stäubchen von Krists Kittel.

»Wirst du die alten Vorstrafen eintippen, da gibt es doch so eine Rubrik?..«

»Ja, die gibt es.«

»Laß bei dem Wort ›KRTD‹ das ›T‹ weg.«

»Verstanden«, sagte Lida.

»Wenn der Chef es beim Unterschreiben merkt, dann lächelst du und sagst, du hast dich vertippt. Hast ein Formular verdorben …«

»Ich weiß, was ich sagen muß …«

Das Versorgungspersonal war schon zum Aufbruch angetreten.

Zwei Wochen vergingen, und Krist wurde gerufen und bekam seine Entlassungsbescheinigung ohne »T«.

Zwei Ingenieure, die er kannte, und ein Arzt fuhren mit Krist in die Paßabteilung, um zu sehen, was für einen Paß er bekäme. Oder ob man ihn ihm verweigert, als … Die Papiere wurden durchs Fensterchen gereicht, Antwort in vier Stunden. Krist aß bei einem Bekannten, einem Arzt, in Ruhe zu Mittag. In all solchen Situationen muß man sich zum Mittagessen, zum Abendessen, zum Frühstücken zwingen.

Vier Stunden später warf das Fensterchen das lila Papier eines einjährigen Passes aus.

»Einjährig?«, fragte Krist verdutzt und legte einen besonderen eigenen Sinn in die Frage.

Im Fensterchen zeigte sich die rasierte Physiognomie eines Militärs:

»Einjährig. Wir haben im Moment keine Formulare für Fünfjahrespässe. Wie er Ihnen zusteht. Wollen Sie bis morgen bleiben – es werden Pässe gebracht, und wir schreiben ihn um? Oder Sie tauschen diesen einjährigen in einem Jahr?«

»Lieber tausche ich diesen in einem Jahr.«

»Natürlich.« Das Fensterchen schlug zu.

Krists Bekannte waren verblüfft. Der eine Ingenieur sprach von Krists Glück, der andere sah darin die längst zu erwartende Milderung des Regimes, jene erste Schwalbe, die ganz, ganz sicher den Frühling macht. Und der Arzt sah darin Gottes Willen.

———

Krist sagte Lida kein einziges Wort des Danks. Und sie erwartete das auch nicht. Für so etwas – bedankt man sich nicht. Dank – ist nicht das richtige Wort.

1965

Das Aorten-Aneurysma

Früh um neun hatte Gennadij Petrowitsch Sajzew seinen Dienst aufgenommen, und schon um halb elf kam ein Krankentransport – Frauen. Darunter war auch jene Kranke, auf die Podschiwalow Gennadij Petrowitsch angesprochen hatte – Jekaterina Glowazkaja. Dunkeläugig und rundlich, gefiel sie Gennadij Petrowitsch, gefiel ihm sehr.

»Hübsch?«, fragte der Feldscher, als man die Kranken zum Waschen geführt hatte.

»Sehr hübsch …«

»Das ist …«, und der Feldscher flüsterte Doktor Sajzew etwas ins Ohr.

»Na und, Senkas Frau?«, sagte Gennadij Petrowitsch laut.

»Senkas oder Wenkas, Versuch macht klug.«

»Hals und Beinbruch. Von ganzem Herzen!«

Gegen Abend trat Gennadij Petrowitsch seine Visite an. Die diensthabenden Feldscher, die Sajzews Gewohnheiten kannten, füllten ungewöhnliche Mixturen aus »tinctura absinthi« und »tinctura valeriani« oder auch den Likör »Blaue Nacht«, einfach denaturierten Alkohol, in die Meßgläser. Gennadij Petrowitschs Gesicht wurde immer röter, die kurzgeschorenen grauen Haare ließen die purpurrote Glatze des diensthabenden Arztes unbedeckt. Um elf Uhr abends kam er bei der Frauenabteilung an. In der Frauenabteilung hatte man schon die eisernen Riegel vorgeschoben, zwecks Vermeidung eines Anschlags von gewalttätigen Ganoven aus den Männerabteilungen. In der Tür war ein Gefängnisauge oder »Guckloch« und der Knopf einer elektrischen Klingel, die zu den Wachhabenden führte, ins Gebäude der Wache.

Gennadij Petrowitsch klopfte, das Auge blinzelte, und die Riegel klirrten. Die Nachtschwester öffnete die Tür. Gennadij Petrowitschs Schwächen waren ihr zur Genüge bekannt, und sie verhielt sich dazu mit aller Nachsicht des einen Häftlings für den anderen.

Gennadij Petrowitsch betrat den Behandlungsraum, und die Schwester reichte ihm ein Meßgläschen »Blaue Nacht«. Gennadij Petrowitsch trank.

»Ruf mir von den Heutigen diese … Glowazkaja.«

»Aber …«, die Schwester schüttelte vorwurfsvoll den Kopf.

»Das ist meine Sache. Ruf sie her …«

————

Katja klopfte an und trat ein.

Der diensthabende Arzt verschloß die Tür mit dem Riegel.

Katja setzte sich auf den Rand der Liege. Gennadij Petrowitsch knöpfte ihr den Kittel auf, schob den Kragen beiseite und flüsterte:

»Ich muß dich abhören … dein Herz … Deine Leiterin hat mich gebeten … Ich mache es französisch … ohne Stethoskop …«

Gennadij Petrowitsch drückte sein behaartes Ohr an Katjas warme Brust. Alles lief ab, wie schon Dutzende Male zuvor, mit anderen. Gennadij Petrowitschs Gesicht rötete sich, und er hörte nur die dumpfen Schläge des eigenen Herzens.

Er umarmte Katja. Plötzlich hörte er ein sonderbares und sehr bekanntes Geräusch. Es war, als ob irgendwo in der Nähe eine Katze schnurrte oder ein Bergbach murmelte. Gennadij Petrowitsch war zu sehr Arzt – immerhin war er einmal Assistent von Pletnjow* gewesen.

Das eigene Herz schlug immer leiser, immer gleichmäßiger. Gennadij Petrowitsch wischte sich die schweißnasse Stirn mit einem Waffelhandtuch und hörte Katja noch einmal ab. Er bat sie, sich auszuziehen, und sie zog sich aus, beunruhigt von seinem veränderten Ton und der Besorgnis in seiner Stimme und seinen Augen.

Gennadij Petrowitsch horchte, er horchte – das Katzenschnurren hörte nicht auf.

Er lief durch den Raum, schnipste mit den Fingern und öffnete den Riegel. Vertraulich lächelnd trat die Nachtschwester ins Zimmer.

»Geben Sie mir die Krankengeschichte dieser Kranken«, sagte Gennadij Petrowitsch. »Bringen Sie sie fort. Verzeihen Sie mir, Katja.«

Gennadij Petrowitsch nahm die Mappe mit Glowazkajas Krankengeschichte und setzte sich an den Tisch.

»Hier sehen Sie, Wassilij Kalinytsch«, sagte der Krankenhaus-Chef am nächsten Morgen zum neuen Parteiorganisator, »Sie sind neu an der Kolyma, Sie kennen nicht alle Gemeinheiten der Herren *katorga*-Häftlinge. Hier lesen Sie, was der diensthabende Arzt hingelegt hat. Hier ist Sajzews Rapport.«

Der Parteiorganisator ging ans Fenster, schob den Vorhang beiseite und ließ das Licht, das gebrochen durch die dickvereiste Scheibe drang, auf den Rapport fallen.

»Na?«

»Das scheint mir sehr gefährlich ...«

Der Chef lachte auf.

»Mich«, sagte er wichtig, »mich wird Herr Podschiwalow nicht hereinlegen.«

Podschiwalow war Häftling, Leiter des Zirkel für Laienkunst, des »Leibeigenentheaters«, wie der Chef scherzte.

»Was hat denn der?..«

»Das hat er, mein lieber Wassilij Kalinytsch. Dieses Mädel – Glowazkaja – war in der Kulturbrigade, und Künstler, Sie wissen ja, genießen gewisse Freiheiten. Sie ist die Geliebte von Podschiwalow.«

»Aha ...«

»Selbstverständlich haben wie sie, sobald das entdeckt wurde, von der Brigade ins Frauenstrafbergwerk verfrachtet. In solchen Fällen, Wassilij Kalinytsch, trennen wir das Liebespaar. Den Nützlicheren und Wichtigeren von beiden behalten wir hier, und der andere – in die Strafmine ...«

»Das ist nicht sehr gerecht. Man müßte beide ...«

»Keineswegs. Das Ziel ist ja die Trennung. Der Nützliche bleibt beim Krankenhaus. Der Wolf ist satt und das Schaf ist heil.«

»Ja, ja ...«

»Hören Sie weiter. Glowazkaja fährt ins Strafbergwerk, und einen Monat später bringen sie sie bleich und krank – dort wissen sie ja, welches Bilsenkraut man schlucken muß –, und legen sie ins Krankenhaus. Ich erfahre es am Morgen und ordne ihre Entlassung an, zum Teufel. Sie wird weggebracht. Drei Tage später bringt man sie wieder. Nun hat man mir gesagt, sie sei eine große Meisterin im Sticken – in der Westukraine sind sie ja alle Meisterinnen, und meine Frau hat gebeten, Glowazkaja für eine Woche hierzubehalten, meine Frau bereitet irgendeine Überraschung zu meinem Geburtstag vor – eine Stickerei vielleicht, ich weiß nicht was ...

Kurz, ich rufe Podschiwalow und sage ihm: wenn du mir dein Wort gibst, nicht zu versuchen, dich mit Glowazkaja zu treffen – nehme ich sie für eine Woche auf. Podschiwalow schwört und bedankt sich.«

»Und was? Haben sie sich gesehen?«

»Nein, sie haben sich nicht gesehen. Aber jetzt schiebt er Strohmänner vor. Dieser Sajzew – keine Frage, er ist ein guter Arzt. War früher sogar berühmt. Jetzt besteht er darauf, schreibt im Rapport: ›Glowazkaja hat ein Aorten-Aneurysma.‹ Alle hatten eine Herzneurose gefunden, eine Stenokardie. Haben sie mit einem Herzfehler, mit einer Fälschung aus der Strafmine hergeschickt – unsere Ärzte haben das sofort aufgedeckt. Sajzew schreibt, bitte schau dir das an, daß ›jede unvorsichtige Bewegung Glowazkajas zum Exitus führen‹ kann. Siehst du, mit wie scharfen Geschützen!..«

»Ja-a«, sagte der Parteiorganisator, »aber es gibt ja noch andere Internisten, wenn Sie sie fragen.«

Anderen Internisten hatte der Chef Glowazkaja schon früher vorgestellt, vor Sajzews Bericht. Alle hatten sie brav für gesund erklärt – ihre Entlassung war vom Chef befohlen.

Es klopfte an der Tür. Sajzew trat ein.

»Sie sollten sich wenigstens kämmen, bevor sie beim Chef eintreten.«

»Gut«, antwortete Sajzew und richtete seine Haare. »Ich komme zu Ihnen, Bürger Natschalnik, in einer wichtigen Angelegenheit. Glowazkaja wird abkommandiert. Sie hat ein schweres Aorten-Aneurysma. Jede Bewegung ...«

»Raus hier!«, schrie der Chef. »Was seid ihr dreist, ihr Schufte! Erscheint im Kabinett ...«

Nach der traditionellen bedächtigen Durchsuchung packte Katja ihre Sachen zusammen, steckte sie in den Beutel und reihte sich in die Etappe ein. Der Begleitposten rief sie auf, sie machte ein paar Schritte, und die gewaltige Krankenhaustür schob sie nach draußen. Der Lastwagen, mit einer Zeltplane bedeckt, stand vor dem Krankenhausaufgang. Das hintere Verdeck war zurückgeschlagen. Eine Krankenschwester streckte Katja aus dem Kasten die Hand entgegen. Aus dem dichten Frostnebel trat Podschiwalow hervor. Er winkte Katja mit dem Fäustling, Katja lächelte ihn ruhig und fröhlich an, reichte der Schwester die Hand und sprang ins Auto.

Sofort wurde es in Katjas Brust brennend heiß, und im Ohnmächtigwerden sah sie zum letzten Mal Podschiwalows angstverzerrtes Gesicht und die eisbedeckten Krankenhausfenster.

»Bringen Sie sie in die Aufnahme«, verfügte der diensthabende Arzt.

»Besser gleich ins Leichenhaus«, sagte Sajzew.

1960

Ein Stück Fleisch

Ja, Golubew hatte dieses Blutopfer gebracht. Ein Stück
Fleisch wurde aus seinem Körper geschnitten und dem all-
mächtigen Gott der Lager zu Füßen gelegt. Um den Gott
zu besänftigen. Zu besänftigen oder zu betrügen? Das Leben wiederholt die Shakespeareschen Stoffe öfter, als wir
glauben. Sind denn Lady Macbeth, Richard III., König
Claudius wirklich nur fernes Mittelalter? Ist denn Shylock,
der ein Pfund lebendiges Menschenfleisch aus dem Körper
des Kaufmanns von Venedig schneiden wollte – ist Shylock
wirklich ein Märchen? Natürlich wiegt der Wurmfortsatz
des Blinddarms, ein rudimentäres Organ, weniger als ein
Pfund. Natürlich wurde das Blutopfer unter Bedingungen
vollkommener Sterilität gebracht. Und dennoch ... Das ru-
dimentäre Organ erwies sich als keineswegs rudimentär,
sondern als notwendig, funktionierend, lebensrettend ...

Das Jahresende erfüllt das Leben der Häftlinge mit Unruhe. Alle, die nicht fest auf ihren Posten sitzen (und welcher Häftling ist sicher, daß er fest sitzt?), selbstverständlich
alle Artikel-Achtundfünfziger, die sich nach vieljähriger
Arbeit im Bergwerk, in Hunger und Kälte, das trügerische,
ungewisse Glück von ein paar Monaten, ein paar Wochen
Arbeit im eigenen Beruf oder als irgendein »*pridurok**«er-
obert haben – als Buchhalter, Feldscher, Arzt, Laborant –,

alle, die sich durchgeschlagen haben auf Stellen, die von
Freien (aber es gibt keine Freien) oder Sozialen besetzt sein
sollten – die Sozialen schätzen diese »privilegierten« Arbeiten wenig, denn so eine Arbeit können sie immer finden,
und darum saufen sie oder noch Schlimmeres.

Auf den Planstellen arbeitet Artikel achtundfünfzig, und
sie arbeiten gut. Hervorragend. Und ohne Hoffnung. Denn
eine Kommission wird anreisen, sie finden und entlassen,
und auch der Chef bekommt eine Rüge. Und der Chef will
die Beziehungen zu dieser hohen Kommission nicht verderben und entläßt im voraus alle, die auf diesen »privilegierten« Stellen nicht sitzen dürfen.

Ein guter Chef wartet die Anreise der Kommission ab.
Soll doch die Kommission selbst arbeiten – wen es ihr zu
entlassen gelingt, den entläßt sie und nimmt ihn mit. Mitzunehmen ist leicht, und wen sie nicht entläßt, der bleibt,
bleibt für lange – für ein Jahr, bis zum nächsten Dezember.
Oder allermindestens für ein halbes Jahr. Ein schlechterer,
ein dümmerer Chef entläßt persönlich, schon vor der Anreise der Kommission, um zu berichten, daß alles in Ordnung ist.

Der schlechteste und am wenigsten erfahrene Chef erfüllt ehrlich alle Befehle der obersten Leitung und gibt Artikel achtundfünfzig keine andere Arbeit als mit Hacke und
Schubkarre, mit Säge und Axt.

Bei diesem Chef läuft es am schlechtesten. Solche Chefs
werden schnell entlassen.

Die Ein- und Überfälle der Kommissionen finden immer zum Jahresende statt – die oberste Leitung hat ihre
Rückstände in punkto Kontrollen, und zum Jahresende versucht die oberste Leitung diese Rückstände wettzumachen.
Und schickt Kommissionen. Und manch einer fährt auch
selbst. Fährt selbst. Dann gibt es Reisegelder, und man hat

die »Punkte« nicht ohne persönliche Überwachung gelassen – man kann eine Erledigung abhaken und sich einfach Bewegung verschaffen, spazierenfahren oder auch seinen Charakter, seine Stärke, seine Größe zeigen.

All das ist den Häftlingen wie auch den Chefs bekannt – von den kleinen zu den alleroberesten mit den großen Sternen auf den Schulterstücken. Dieses Spiel ist nicht neu, das Ritual wohlbekannt. Und dennoch aufregend, gefährlich und unabwendbar.

Dieser Dezemberbesuch kann vielen das Leben »zerbrechen« und die Glückspilze von gestern schnell ins Grab bringen.

Für niemanden im Lager gibt es nach solchen Besuchen irgendeine Veränderung zum Besseren. Die Häftlinge, besonders Artikel achtundfünfzig, erwarten von solchen Besuchen nichts Gutes. Sie erwarten nur Schlechtes.

Schon seit dem vorigen Abend gingen Gerüchte, die »Latrinenparolen« des Lagers, jene »Latrinenparolen«, die sich immer bewahrheiten. Irgendwelche Chefs, hieß es, sind gekommen, mit einem ganzen Lkw voller Soldaten und einem Gefängnisbus, einem »Schwarzen Raben«, um ihre Beute in die *katorga*-Lager zu fahren. Die örtliche Leitung wurde unruhig, die Großen wirkten plötzlich klein neben den Herren über Leben und Tod – irgendwelche unbekannten Kapitäne, Majore und Oberstleutnants. Die Oberstleutnants versteckten sich irgendwo in den Tiefen der Kabinette. Kapitäne und Majore rannten über den Hof mit irgendwelchen Listen, und auf diesen Listen war ganz gewiß der Name Golubews. Golubew spürte, er wußte das. Aber noch war nichts bekanntgegeben, niemand aufgerufen worden. Noch war aus der Zone niemand abgeholt worden.

Vor etwa einem halben Jahr, während des üblichen Besuchs des »Schwarzen Raben« in der Siedlung und der üblichen Jagd auf Menschen, stand Golubew, der damals nicht auf den Listen war, neben dem Chirurgen, selbst einem Häftling, an der Wache. Der Chirurg arbeitete in dem kleinen Krankenhaus nicht nur als Chirurg, sondern behandelte alle Krankheiten.

Der übliche Trupp der erwischten, überführten, entlarvten Häftlinge wurde in den »Schwarzen Raben« gestoßen. Der Chirurg verabschiedete sich von seinem Freund – jener wurde fortgefahren.

Golubew stand neben dem Chirurgen. Und als das Auto davonkroch, eine Staubwolke aufwirbelte und in einer Bergschlucht verschwand, sagte der Chirurg und sah Golubew in die Augen, sagte über seinen Freund, der in den Tod fuhr: »Selber schuld. Eine akute Blinddarmentzündung – und er wäre hier geblieben.«

Golubew hatte sich diese Worte gut gemerkt. Nicht den Gedanken, nicht die Einschätzung hatte er sich gemerkt. Es war eine visuelle Erinnerung: die harten Augen des Chirurgen, die mächtigen Staubwolken ...

»Der Arbeitsanweiser sucht dich«, jemand kam gelaufen, und Golubew sah den Arbeitsanweiser.

»Pack deine Sachen!« Der Arbeitsanweiser hielt einen Zettel mit einer Liste in der Hand. Die Liste war kurz.

»Sofort«, sagte Golubew.

»Komm zur Wache.«

Aber Golubew ging nicht zur Wache. Beide Hände auf die rechte Bauchseite gedrückt, stöhnte er auf und trottete Richtung Sanitätsabteilung.

Der Chirurg trat auf die Freitreppe hinaus, derselbe Chirurg, und etwas spiegelte sich in seinen Augen, irgendeine Erinnerung. Vielleicht die Staubwolke, in der das Auto verschwand, das den Freund des Chirurgen für immer forttrug.

Die Untersuchung war kurz.

»Ins Krankenhaus. Und rufen Sie die Operationsschwester. Zur Assistenz rufen Sie den Arzt aus der freien Siedlung. Eine dringende Operation.«

Im Krankenhaus, zwei Kilometer von der Zone, wurde Golubew ausgezogen, gewaschen und registriert.

Zwei Sanitäter führten Golubew und setzten ihn auf den Operationstisch. Mit Leinenbändern banden sie ihn an den Tisch.

»Jetzt bekommst du eine Spritze«, hörte er die Stimme des Chirurgen. »Aber du scheinst ein tapferer Bursche zu sein.«

Golubew schwieg.

»Antworte! Schwester, sprechen Sie mit dem Kranken.«

»Tut es weh?«

»Ja.«

»So ist es immer bei örtlicher Betäubung«, hörte Golubew die Stimme des Chirurgen, der dem Assistenten etwas erklärte. »Nichts als Worte, daß das Schmerzbetäubung ist. Hier ist er ...«

»Halt noch aus!«

Golubew zuckte mit dem ganzen Körper von dem heftigen Schmerz, doch beinahe augenblicklich hörte der Schmerz auf, heftig zu sein. Die Chirurgen redeten jetzt durcheinander, fröhlich und laut. Die Operation ging zu Ende.

»Na, wir haben deinen Blinddarm entfernt. Schwester, zeigen Sie dem Kranken sein Fleisch. Siehst du?« Die Schwester hielt Golubew ein schlangenartiges Stückchen Darm von der Länge eines halben Bleistifts vors Gesicht.

»Die Vorschrift verlangt, dem Kranken zu zeigen, daß der Schnitt nicht umsonst gemacht wurde, daß der Fortsatz wirklich entfernt wurde«, erklärte der Chirurg seinem freien Assistenten. »Da haben Sie auch ein kleines Praktikum.«

»Ich bin Ihnen sehr dankbar«, sagte der freie Arzt, »für die Lektion.«

»Für die Lektion in Humanität, für die Lektion in Menschenliebe«, äußerte der Chirurg unbestimmt und zog die Handschuhe aus.

»Wenn so etwas sein sollte, rufen Sie mich unbedingt«, sagte der freie Arzt.

»Wenn so etwas sein sollte, rufe ich Sie unbedingt«, sagte der Chirurg.

Die Sanitäter, genesende Kranke in geflickten weißen Kitteln, trugen Golubew in ein Krankenzimmer. Das Zimmer, der Aufwachraum war klein, aber in diesem Krankenhaus wurde wenig operiert, und jetzt lagen dort keineswegs Chirurgiepatienten. Golubew lag auf dem Rücken und berührte vorsichtig die Binde, die wie der Hüftgürtel der indischen Fakire oder irgendwelcher Yogis gewickelt war. Solche Zeichnungen hatte Golubew in den Zeitschriften seiner Kindheit gesehen und dann fast sein ganzes Leben nicht gewußt – gibt es solche Fakire oder Yogis in Wirklichkeit oder nicht. Doch der Gedanke an die Yogis blitzte im Hirn auf und verschwand. Die Willensanstrengung, die Nervenanstrengung fiel ab, und das angenehme Gefühl einer erfüllten Pflicht erfüllte Golubews Körper. Jede Zelle seines Körpers sang und summte etwas Schönes. Das war eine Atempause von einigen Tagen. Vom Abtransport in die Ungewißheit des *katorga*-Lagers war Golubew vorläufig verschont. Das war ein Aufschub. Wie viele Tage verheilt eine Wunde? Sieben, acht. Also wird es in zwei Wochen wieder gefährlich. Zwei Wochen sind eine sehr ferne Zeit, eine tausendjährige Frist, lang genug, um sich auf neue Prüfungen vorzubereiten. Und die Zeit der Verheilung der Wunde beträgt ja sieben, acht Tage nach dem Lehrbuch und bei primären Verläufen, wie die Ärzte sagten. Und wenn die Wunde eitert? Wenn sich das Pflaster, das die Wunde bedeckt, vorzeitig von der Haut löst? Golubew betastete vorsichtig das Pflaster, die feste, schon angetrocknete, mit Gummi arabicum getränkte Gaze. Er tastete durch die Bandage. Ja ... Das ist noch ein Ausweg, eine Reserve, ein paar weitere Tage oder auch Monate. Wenn es nötig wird. Golubew erinnerte sich an das große Krankenzimmer im Bergwerk, wo er vor einem Jahr gelegen hatte. Dort wickelten beinahe alle Kranken nachts ihre Verbände ab, streuten rettenden Schmutz hinein, echten Schmutz vom Fußboden, kratzten die Wunden auf, brachten sie zum Eitern. Damals hatten diese nächtlichen Verbandswechsel bei Golubew – dem Neuling – Erstaunen, beinahe Verachtung geweckt. Doch ein Jahr war vergangen, und die Handlungen der Kranken wurden Golubew verständlich, weckten fast seinen Neid. Heute kann er die Erfahrung von damals anwenden. Golubew schlief ein und wachte davon auf, daß jemandes Hand die Decke von seinem Gesicht zurückschlug. Golubew schlief immer in Lagermanier, mit dem Kopf unter der Decke, um vor allem den Kopf zu wärmen, zu schützen. Über Golubew beugte sich ein sehr schönes Gesicht – mit Schnurrbart und einer Frisur Marke Polka oder Fassonschnitt. Kurz, der Kopf war keineswegs der eines Häftlings, und Golubew schlug die Augen auf und dachte, daß das eine Erinnerung war wie die Yogis oder ein Traum – ein böser Traum vielleicht, aber vielleicht auch kein böser.

»Ein *frajer*«, krächzte der Kerl enttäuscht und bedeckte Golubews Gesicht mit der Decke. »Ein *frajer*. Keine Menschen da.«

Doch Golubew schlug die Decke zurück mit seinen kraftlosen Fingern und sah den Mann an. Dieser Mann kannte Golubew, und Golubew kannte ihn. Ohne Frage. Aber lieber Zeit lassen, sich lieber Zeit lassen, ihn zu erkennen. Man muß sich gut erinnern. An alles erinnern. Und Golubew erinnerte sich. Der Mann mit dem Fassonschnitt war ... Jetzt wird sich der Mann am Fenster das Hemd ausziehen, und Golubjow wird auf seiner Brust ein Knäuel ineinander verschlungener Schlangen sehen. Der Mann drehte sich um, und das Knäuel ineinander verschlungener Schlangen erschien vor Golubews Augen. Das war Kononenko, ein Ganove, mit dem Golubjow vor einigen Monaten in derselben Etappe war, ein Mörder, vielfach verurteilt, ein berühmter Ganove, der sich schon einige Jahre in Krankenhäusern und Untersuchungsgefängnissen »festgesetzt« hatte. Sobald der Moment der Entlassung kam, brachte Kononenko im Durchgangslager jemanden um, ganz gleich wen, irgendeinen *frajer* – er erdrosselte ihn mit einem Handtuch. Das Handtuch, ein Lager-Handtuch, war Kononenkos liebstes Mordinstrument, seine persönliche Handschrift. Er wurde verhaftet, ein weiteres Verfahren eingeleitet, wieder verurteilt, er bekam eine weitere fünfundzwanzigjährige Haftstrafe zu den vielen hundert Jahren, die schon auf Kononenko warteten. Nach dem Gerichtsverfahren bemühte sich Kononeko, zur »Erholung« ins Krankenhaus zu kommen, dann tötete er wieder, und alles begann von vorn. Erschießungen von Ganoven waren damals abgeschafft. Erschießen konnte man nur »Volksfeinde«, nach Artikel achtundfünfzig.

Jetzt ist Kononenko im Krankenhaus, überlegte Golubew ruhig, und jede Körperzelle sang freudig und fürchtete sich vor nichts, glaubte an den Erfolg. Jetzt ist Kononenko im Krankenhaus. Er befindet sich im Krankenhaus»stadium« seiner unheilvollen Verwandlungen. Morgen, vielleicht auch übermorgen ist nach Kononenkos bekanntem Programm der nächste Mord an der Reihe. Sind nicht alle Anstrengungen Golubews umsonst gewesen – die Operation, die

schreckliche Willensanspannung? Ihn, Golubew, wird Kononenko jetzt als sein nächstes Opfer erdrosseln. Vielleicht
ist es falsch gewesen, den Abtransport ins *katorga*-Lager abzuwenden, wo man ein »Karo-As« angeheftet bekommt –
sie heften einem eine fünfstellige Nummer auf den Rücken
und geben gestreifte Kleidung aus. Doch dafür wird man
dort nicht geschlagen und das »Fett« wird einem nicht ge-
klaut. Dafür gibt es dort die vielen Kononenkos nicht.

Golubews Bett stand am Fenster. Ihm gegenüber lag Kononenko. Und an der Tür, Fuß an Fuß mit Golubew, lag
der Dritte. Das Gesicht des Dritten sah Golubew gut, er
brauchte sich nicht umzudrehen, um dieses Gesicht zu sehen. Auch diesen Kranken kannte Golubew. Das war Podossenow, ein Dauerbewohner des Krankenhauses.

Die Tür ging auf, und der Feldscher mit den Medikamen-
ten trat ein.

»Kasakow!«, rief er.

»Hier!«, rief Kononenko und stand auf.

»Ein Briefchen für dich«, und gab ihm einen mehrfach
gefalteten Zettel.

»Kasakow?«, hämmerte es unaufhaltsam in Golubews
Hirn. Aber das ist doch nicht Kasakow, sondern Kononenko. Und plötzlich begriff Golubew, und auf seinem Körper trat der kalte Schweiß aus.

Alles erwies sich als viel schlimmer. Keiner der drei
hatte sich geirrt. Das war Kononenko – »ein Zwieback«,
wie die Ganoven sagen, der einen fremden Namen angenommen hat und unter diesem fremden Namen, Kasakows
Namen, mit Kasakows Artikeln, »unter falscher Flagge« ins
Krankenhaus gelegt wurde. Das ist noch schlimmer, noch
gefährlicher. Wenn Kononenko nur Kononenko ist, dann
kann sein Opfer Golubew sein oder auch nicht Golubew.
Da gibt es noch eine Auswahl, einen Zufall, eine Möglich-

keit der Rettung. Wenn aber Kononenko Kasakow ist, dann gibt es für Golubew keine Rettung. Wenn Kononenko nur Verdacht schöpft, wird Golubew sterben.

»Was ist, hast du mich schon mal gesehen? Was schaust du mich an, wie die Schlange das Kaninchen? Oder das Kaninchen die Schlange? Wie heißt das richtig bei euch, auf gelehrt?«

Kononenko saß auf einem Hocker vor Golubews Bett, mit seinen harten großen Fingern zerkrümelte er das Briefchen und streute die Papierkrümel auf Golubews Decke.

»Noch nie«, krächzte Golubew und erbleichte.

»Na, das ist gut, noch nie«, sagte Kononenko und nahm das Handtuch vom Nagel, der über dem Bett in die Wand geschlagen war, und schüttelte es vor Golubews Gesicht. »Gestern wollte ich schon diesen ›Doktor‹ da hinten strangulieren«, er wies mit dem Kopf auf Podossenow, auf dessen Gesicht sich maßloses Entsetzen spiegelte. »Was der da macht, der Schuft«, sagte Kononenko fröhlich und zeigte mit dem Handtuch Richtung Podossenow. »In den Urin – das Gläschen steht hier unter dem Bett – mischt er sein eigenes Blut ... Ritzt sich den Finger und gibt einen Tropfen Blut in den Urin. Kennt sich aus. Nicht schlechter als die Doktoren. Das Ergebnis der Laboranalyse – Blut im Urin. Unser ›Doktor‹ bleibt hier. Na, sag, verdient es so ein Mensch, auf der Welt zu leben, oder nicht?«

»Ich weiß nicht«, sagte Golubew.

»Du weißt nicht? Du weißt wohl. Und gestern haben sie dich gebracht. Du warst mit mir im Durchgangslager, oder? Vor meinem damaligen Gerichtsverfahren. Damals lief ich als Kononenko ...«

»Nie im Leben habe ich dich gesehen«, sagte Golubew.

»Doch, hast du. Und ich habe mich entschlossen. Statt den ›Doktor‹ – bringe ich dich um die Ecke. Welche Schuld hat er?«, Kononenko zeigte auf Podossenows bleiches Gesicht, in das langsam, ganz langsam das Blut stieg, zurückkehrte. »Welche Schuld hat er, er rettet sein Leben. Wie du. Oder zum Beispiel ich ...«

Kononenko lief durchs Zimmer und warf die Papierkrümel der Notiz von einer Hand in die andere.

»Und ich würde dich um die Ecke bringen, auf den Mond schießen, und die Hand würde mir nicht zittern. Aber der Feldscher hat mir ein Briefchen gebracht, verstehst du ... Ich muß mich schnell davonmachen. Die *suki* stechen die Unsrigen ab in der Mine. Alle Diebe, die im Krankenhaus sind, wurden zu Hilfe gerufen. Du kennst unser Leben nicht ... Du, *frajer* du!«

Golubew schwieg. Er kannte dieses Leben. Als *frajer* natürlich, von außen.

Nach dem Mittagessen wurde Kononenko entlassen, und er verschwand für immer aus Golubews Leben.

Während das dritte Bett leerstand, kam Podossenow zu Golubew ans Bett und setzte sich an seine Füße – er flüsterte:

»Kasakow bringt uns ganz bestimmt um, bringt uns beide um. Das müssen wir der Leitung sagen ...«

»Geh zum Leibhaftigen«, sagte Golubew.

1964

188

Mein Prozeß

Unsere Brigade wurde von FJODOROW persönlich besucht. Wie immer, wenn die Leitung nahte, drehten sich
die Räder der Schubkarren schneller, wurden die Schläge
mit der Hacke lebhafter und lauter. Übrigens, ein wenig
schneller, ein wenig lauter – hier arbeiteten alte Lagerwölfe,
jegliche Leitung war ihnen schnuppe, und sie hatten auch
nicht die Kräfte. Die Steigerung des Arbeitstempos war nur
der feige Tribut an die Tradition und vielleicht auch Achtung für den Brigadier – der wäre der Verschwörung beschuldigt, von seiner Arbeitsstelle entlassen und verurteilt
worden, wenn seine Brigade die Arbeit eingestellt hätte.
Der ohnmächtige Wunsch, einen Anlaß für eine Ruhepause
zu finden, wäre als Demonstration, als Protest verstanden
worden. Die Räder der Schubkarren drehten sich schneller,
aber mehr aus Höflichkeit denn aus Angst.

FJODOROW, dessen Name Dutzende entzündete, von
Wind und Hunger gesprungene Lippen wiederholten, war
Bevollmächtigter der Kreisabteilung im Bergwerk. Er nä-
herte sich der Grube, in der unsere Brigade arbeitete.

———

Es gibt wenige so ausdrucksvolle Szenen wie die vom Alkohol rotgesichtigen, überernährten, plumpen, fettbeschwer-

ten Figuren der Lagerleitung in sonnengleich glänzenden, nagelneuen, riechenden Schafshalbpelzen, mit bemalten Jakuten-*Malachaj*-Fellmützen und Stulpenhandschuhen mit buntem Muster – neben den Figuren der *dochodjagi*, der abgerissenen »Dochte«*, denen der »Rauch« der Wattefetzen aus den abgetragenen Wattejacken hängt, all der *dochodjagi* mit denselben schmutzigen knochigen Gesichtern und dem hungrigen Glanz in den eingefallenen Augen. Kompositionen eben dieser Art gab es tagtäglich, allstündlich zu sehen – in den Etappenwaggons »Moskau – Wladiwostok« wie in den zerrissenen Lagerzelten aus einfachem Segeltuch, in denen die Häftlinge am Kältepol überwinterten, ohne sich auszuziehen, ohne sich zu waschen, in denen die Haare an den Zeltwänden anfroren und man sich nicht wärmen konnte. Die Zeltdächer waren zerrissen – während der nahen Sprengungen in den Gruben fielen manchmal Steine ins Zelt, und ein großer Stein ist dann auch für immer im Zelt geblieben, man saß und aß darauf, teilte das Brot ...

FJODOROW bewegte sich ohne Eile durch die Grube. Mit ihm kamen noch weitere Leute in Halbpelzen – wer sie waren, war mir zu wissen versagt.

Es war Frühlingszeit, eine unangenehme Zeit, wo überall das Eiswasser austrat, aber die Sommer*tschuni* aus Gummi noch nicht ausgegeben wurden. Alle hatten Winterschuhwerk an den Füßen, Stoff*burki** *a*us alten gesteppten Wattehosen mit einer Sohle aus demselben Material, die nach den ersten zehn Minuten Arbeit durchnäßt waren. Die Zehen, erfroren und blutend, wurden unerträglich kalt. In den *tschuni* war es die ersten Wochen nicht besser – das Gummi leitete die Kälte des Dauerfrostbodens gut, und man wußte nicht wohin vor ziehenden Schmerzen.

FJODOROW spazierte durchs Bergwerk, fragte etwas, und unser Brigadier, ehrerbietig gekrümmt, trug ihm etwas vor. FJODOROW gähnte, und seine goldenen, gut repariereten Zähne spiegelten die Sonnenstrahlen. Die Sonne stand schon hoch – wahrscheinlich unternahm FJODOROW den Spaziergang nach *nächtlicher Arbeit*. Er fragte wieder etwas.

Der Brigadier rief mir zu – ich hatte gerade eine leere Schubkarre nach Art des erfahrenen Karrenschiebers herangerollt, die Schubkarrengriffe nach oben, damit die Arme ausruhen, und die umgekippte Schubkarre mit dem Rad voraus – und ging zu meinem Chef.

»Und du bist Schalamow?«, fragte FJODOROW.

Am Abend wurde ich verhaftet.

Es wurde Sommerbekleidung ausgegeben, Feldbluse, Baumwollhosen, Fußlappen, *tschuni* – es war einer der wichtigen Tage des Jahres im Leben des Häftlings. An einem anderen, noch wichtigeren Tag im Herbst wurde die Winterkleidung ausgegeben. Sie gaben, wie es kam – das Anpassen nach Größen und Wuchs passierte schon in der Baracke, später.

Ich war an der Reihe, und der Wirtschaftsleiter sagte:

»Fjodorow ruft dich. Wenn du von ihm zurückkommst – kriegst du …«

Damals verstand ich den wahren Sinn der Worte des Wirtschaftsleiters nicht.

Irgendein unbekannter Zivilist brachte mich an den Rand der Siedlung, wo das winzige Häuschen des Bevollmächtigten der Kreisabteilung stand.

Ich saß in der Dämmerung vor den dunklen Fenstern von Fjodorows Hütte, kaute einen Strohhalm vom letzten Jahr und dachte an nichts. Vor der Hütte stand eine ordentliche Bank, aber für Häftlinge ziemte es sich nicht, auf der Bank der Chefs zu sitzen. Ich streichelte und kratzte meine pergamenttrockene, gesprungene, schmutzige Haut unter der

Wattejacke und lächelte. Etwas ganz bestimmt Gutes würde mir bevorstehen. Ein erstaunliches Gefühl der Erleichterung, fast des Glücks hatte mich ergriffen. Morgen und übermorgen würde ich nicht zur Arbeit gehen, nicht die Hacke schwingen müssen und diesen verfluchten Stein hauen, daß bei jedem Schlag die bindfadendünnen Muskeln zucken.

Ich wußte, daß ich immer eine neue Haftstrafe riskiere. Die entsprechenden Lagertraditionen kannte ich gut. 1938*, im grausamen Kolyma-Jahr, bekamen vor allem jene ein »Verfahren angehängt«, die eine kurze Haftstrafe hatten, deren Haftzeit zu Ende ging. So machten sie es immer. Hierher, in die Strafzone Dshelgala, war ich als »Überfälliger« gekommen. Meine Haftzeit war im Januar zweiundvierzig zu Ende gewesen, doch ich wurde nicht entlassen, sondern »bis Kriegsende in den Lagern gehalten«, wie Tausende, Zehntausende andere. Bis Kriegsende! Einen Tag zu überleben war schwer –, und erst ein Jahr. Alle »Überfälligen« wurden Gegenstand der besonders angespannten Aufmerksamkeit der Untersuchungsorgane. Ein »Verfahren« hatte man mir beharrlich auch in Arkagala »aufzudrücken« versucht, von wo ich nach Dshegala kam. Aber nicht aufdrücken können. Sie erreichten nur meine Verlegung in die Strafzone, was natürlich an sich ein schlechtes Zeichen war. Aber warum sich mit Gedanken an etwas quälen, das ich nicht ändern kann?

Ich wußte natürlich, daß ich in Gesprächen, im Verhalten besonders vorsichtig sein mußte: ich bin ja kein Fatalist. Und dennoch – was ändert es, wenn ich alles weiß, alles voraussehe? Mein Leben lang kann ich mich nicht zwingen, einen Schurken einen rechtschaffenen Menschen zu nennen. Und ich meine, dann lieber gar nicht leben, als überhaupt nicht mit Menschen zu sprechen oder das Gegenteil dessen zu sagen, was man denkt.

Welchen Sinn hat die *menschliche Erfahrung*?, fragte ich mich, unter Fjodorows dunklem Fenster auf der Erde sitzend. Welchen Sinn hat es, zu wissen, zu fühlen, zu ahnen, daß dieser Mensch ein Spitzel und Denunziant ist, der dort ein Schuft und jener ein rachsüchtiger Feigling? Daß es für mich vorteilhafter, nützlicher, rettender ist, Freundschaft mit ihnen zu pflegen anstatt Feindschaft. Oder wenistens – zu schweigen. Man muß nur lügen – vor ihnen und vor sich selbst, und das ist unerträglich schwer, viel schwerer, als die Wahrheit zu sagen. Welchen Sinn hat es, wenn ich meinen Charakter, mein Verhalten nicht ändern kann? Wozu brauche ich denn diese verfluchte »Erfahrung«?

Im Zimmer ging das Licht an, der Vorhang wurde zugezogen, die Tür der Hütte ging auf, und der Gehilfe winkte mir von der Schwelle und forderte mich auf, einzutreten.

Das ganze winzige, niedrige Zimmer – das Dienstkabinett des Bevollmächtigten der Kreisabteilung – nahm ein riesiger Schreibtisch mit einer Menge Schubladen ein, übersät mit Aktendeckeln, Bleistiften, Bleistiften, Heften. Außer dem Tisch paßten in das Zimmer gerade noch zwei selbstgebaute Stühle. Auf dem einen, angestrichenen saß Fjodorow. Der zweite, ungestrichen und glänzend von Tausenden Arrestantenhintern, war für mich bestimmt.

Fjodorow deutete auf den Stuhl, raschelte mit Papieren, und das »Verfahren« begann ...

Drei Gründe »zerbrechen« das Leben des Gefangenen im Lager, das heißt können es verändern: schwere Krankheit, eine neue Haftzeit oder irgend etwas Ungewöhnliches. Ungewöhnliches, Zufälliges gibt es in unserem Leben gar nicht so wenig.

Mit jedem Tag in den Gruben von Dshelgala immer schwächer werdend, hoffte ich, ins Krankenhaus zu kommen, und dort würde ich sterben oder mich erholen, oder sie schicken mich irgendwohin. Ich fiel um vor Müdigkeit und Schwäche und schleifte beim Laufen die Füße über den Boden, – eine winzige Unebenheit, ein Steinchen, ein dünnes Hölzchen auf dem Weg waren unüberwindlich. Doch in der Sprechstunde goß mir der Arzt jedesmal Kaliumpermanganat in eine kleine Blechkelle und krächzte, ohne mir in die Augen zu schauen: »Der nächste!« Kaliumpermanganat verabreichte man innerlich gegen die Ruhr, man bepinselte damit Erfrierungen, Wunden und Verbrennungen. Kaliumpermanganat war das universelle und das alleinige Heilmittel im Lager. Eine Arbeitsbefreiung gaben sie mir kein einziges Mal – der treuherzige Sanitäter erklärte, »das Limit ist erschöpft«. Kontrollziffern für die Gruppe »W«, »vorübergehend von der Arbeit befreit«, gab es tatsächlich für jeden Lagerpunkt, für jedes Ambulatorium. Das Limit »überschreiten« wollte niemand, allzu weichherzigen gefangenen Ärzten oder Feldschern drohten die allgemeinen Arbeiten. Der Plan war der Moloch, der Menschenopfer forderte.

Im Winter wurde Dshelgala von hohen Chefs besucht. Drabkin reiste an, der Chef der Kolyma-Lager.

»Wißt ihr, wer ich bin? Ich bin der Oberste von allen«, Drabkin war jung, erst kürzlich ernannt.

Umringt von einer Menge von Leibwächtern und lokalen Chefs lief er die Baracken ab. In unserer Baracke gab es noch Leute, die das Interesse an Gesprächen mit den hohen Chefs nicht verloren hatten. Sie fragten Drabkin:

»Warum werden hier Dutzende Leute ohne Urteil festgehalten – die, deren Haftzeit längst abgelaufen ist?«

Drabkin war auf diese Frage durchaus vorbereitet:

»Habt ihr etwa kein Urteil? Hat man euch nicht das Papier vorgelesen, daß ihr bis Kriegsende festgehalten werdet? Das ist das Urteil. Es bedeutet, daß ihr im Lager bleiben müßt.«

»Unbefristet?«

»Unterbrecht nicht, wenn der Chef mit euch spricht. Freilassen wird man euch auf Antrag der örtlichen Leitung. Wißt ihr, solche Beurteilungen?«, und Drabkin machte eine unbestimmte Geste mit der Hand.

―――

Und wieviel besorgte Stille gab es hinter meinem Rücken, wieviel abgebrochene Gespräche beim Nahen des VERLO-RENEN, wieviel mitfühlende Blicke – kein Lächeln, natürlich, kein ironisches Schmunzeln, die Leute aus unserer Brigade hatten das Lächeln schon lange verlernt. Viele in der Brigade wußten, daß Kriwizkij und Saslawskij* etwas gegen mich »eingereicht« hatten. Viele fühlten mit mir, aber fürchteten, das zu zeigen – damit ich sie nicht »in die Sache hineinziehe«, wenn das Mitgefühl zu offensichtlich wird. Später erfuhr ich, daß der ehemalige Lehrer Fertjuk, von Saslawskij als Zeuge geladen, sich kategorisch geweigert hat, und Saslawskij mußte mit seinem ständigen Partner Kriwizkij auftreten. Zwei Zeugenaussagen sind das gesetzlich geforderte Minimum.

―――

Wenn man die Kräfte verloren hat, schwach geworden ist, möchte man sich um jeden Preis prügeln. Diesen Zustand, die Ereiferung des geschwächten Menschen, kennt jeder Häftling, der irgendwann gehungert hat. Hungernde prügeln sich auf eine nicht menschliche Art. Sie nehmen Anlauf zum Schlag, versuchen, mit der Schulter zu stoßen, zu beißen, ein Bein zu stellen, die Kehle zuzudrücken ... Die Gründe, aus denen ein Streit ausbricht, sind unendlich. Den Häftling reizt alles: die Chefs, die bevorstehende Arbeit, die Kälte, das schwere Werkzeug, der Kamerad, der neben ihm steht. Der Häftling streitet mit dem Himmel, der Schaufel, dem Stein und dem Lebendigen um ihn herum. Der kleinste Streit kann umschlagen in eine blutige Schlacht. Aber Denunziationen schreiben die Häftlinge nicht. Die Denunziationen schreiben die Kriwizkijs und Saslawskijs. Auch das ist der Geist des Jahres 1937.

»Er hat mich Dummkopf genannt, und ich habe geschrieben, daß er die Regierung vergiften wollte. Wir sind quitt! Er mir – das Zitat, ich ihm – die Verbannung.« Und nicht nur die Verbannung, sondern Gefängnis oder das »Höchstmaß«.

Die Meister dieser Dinge, die Kriwizkijs und Saslawskijs, kommen ziemlich oft auch selbst ins Gefängnis. Das bedeutet, daß jemand den Spieß gegen sie umgedreht hat.

Früher war Kriwizkij Stellvertretender Minister für Verteidigungsindustrie und Saslawskij Reporter bei der »Iswestija«. Saslawskij habe ich mehrmals geschlagen. Wofür? Dafür, daß er trickste und den Holzstamm am »dünnen« statt am »dicken« Ende packte, dafür, daß er alle Gespräche in der Gruppe dem Brigadier oder dessen Stellvertreter, Kriwizkij, weitergab. Kriwizkij zu schlagen hatte ich keine Gelegenheit – wir arbeiteten in unterschiedlichen Gruppen, aber ich haßte ihn: für eine besondere Rolle, die er vor dem Brigadier spielte, für das ständige Nichtstun bei der Arbeit, für das ewige »japanische« Lächeln auf seinem Gesicht.

———

»Wie ist der Brigadier zu euch?«

»Gut.«

»Zu wem in der Brigade habt ihr ein schlechtes Verhältnis?«

»Zu Kriwizkij und Saslawskij.«

»Warum?«

Ich erklärte es, so gut ich konnte.

»Na, das ist dummes Zeug. Dann schreiben wir: ein schlechtes Verhältnis haben Kriwizkij und Saslawskij, weil es mit ihnen während der Arbeit Streit gab.«

Ich unterschrieb …

Spät in der Nacht ging ich mit dem Begleitposten ins Lager, aber nicht in die Baracke, sondern in das flache Gebäude seitlich der Zone, in den Lagerisolator.

»Hast du Sachen in der Baracke?«

»Nein. Ich habe alles am Körper.«

»Um so besser.«

———

Es heißt, ein Verhör ist ein Kampf zweier Willen: des Untersuchungsführers und des Beschuldigten. Wahrscheinlich ist das so. Wie kann man aber vom Willen eines Menschen sprechen, der von ständigem Hunger, Kälte und schwerer Arbeit über viele Jahre entkräftet ist – wenn die Hirnzellen vertrocknet sind und ihre Fähigkeiten verloren haben? Die Wirkung eines langen, vieljährigen Hungers auf den Willen eines Menschen und auf sein Wesen ist eine völlig andere als ein Hungerstreik im Gefängnis oder Folter durch Hunger, bis man künstlich ernähren muß. Hier ist das Gehirn des Menschen noch nicht zerstört und sein Geist noch stark. Der Geist kann den Körper noch beherrschen. Hätten Untersuchungsführer der Kolyma Georgi Dimitroff* auf das Gerichtsverfahren vorbereitet, dann wüßte die Welt nichts vom Leipziger Prozeß.

———

»Ja, und jetzt?«

———

»Vor allem – nimm die Reste deines Verstandes zusammen, ahne, verstehe, bringe heraus – die Eingabe gegen dich kann nur von Saslawskij und Kriwizkij kommen. (Auf wessen Verlangen? Nach wessen Plan, nach welcher Kontrollziffer?) Schau, wie der Untersuchungsführer aufgemerkt, wie er mit dem Stuhl gequietscht hat, sobald du diese Namen genannt hast. Bleib fest – erhebe Einspruch! Einspruch gegen Kriwizkij und Saslawskij! Setz dich durch – und du bist in »Freiheit«. Bist zurück in der Baracke, in »Freiheit«. Gleich wird dieses Märchen vorbei sein, diese Freude des Alleinseins, der dunkle gemütliche Karzer, wohin Licht und Luft nur durch die Türritze dringen – und es beginnt: die Baracke, Ausrücken, Hacke, Schubkarre, grauer Stein, eisiges Wasser. Wo ist der richtige Weg? Wo die Rettung? Wo der Erfolg?«

———

»Ja, und jetzt? Wenn Sie wollen, rufe ich zehn Zeugen Ihrer Wahl aus Ihrer Brigade auf. Nennen Sie beliebige Namen. Ich schleuse sie durch mein Arbeitszimmer, und alle werden gegen Sie aussagen. Etwa nicht? Ich verbürge mich, daß es so ist. Wir sind doch beide erwachsene Leute.«

———

Die Strafzonen zeichnen sich durch die Musikalität ihrer Namen aus: Dshelgala, Solotistyj ... Die Orte für Strafzonen werden mit Bedacht ausgewählt. Das Lager Dshelgala liegt auf einem hohen Berg – die Bergwerksgruben sind unten, in der Schlucht. Das heißt, daß die Leute nach vielstündiger erschöpfender Arbeit die vereisten, in den Schnee gehauenen Stufen hinaufkriechen, sich an abgerissene eisbedeckte Weidengehölzer klammern, hochkriechen und die letzten Kräfte verausgaben werden, auf dem Rücken das

Brennholz – die tägliche Menge Holz zum Heizen der Baracke. Das verstand natürlich der liebe Chef, der den Platz für die Strafzone ausgewählt hat. Er verstand auch etwas anderes: daß man von oben, den Lagerberg hinunter, jene rollen oder werfen konnte, die sich sträuben, die nicht zur Arbeit gehen wollen oder können, und so wurde es auch gemacht beim morgendlichen »Ausrücken« in Dshelgala. Wer nicht ging, den packten die hochgewachsenen Aufseher an Armen und Beinen, holten Schwung und warfen ihn hinunter. Unten wartete ein Pferd, vor einen Schlepptrog gespannt. Die Verweigerer band man mit den Füßen an den Schlepptrog und schleifte sie zur Arbeitsstelle.

Der Mensch ist vielleicht auch darum zum Menschen geworden, weil er physisch kräftiger und widerstandsfähiger war als jedes Tier. Und das ist er auch geblieben. Menschen starben nicht daran, daß man ihre Köpfe über zwei Kilometer über die Wege von Dshelgala holpern läßt. Es wird ja nicht galoppiert mit dem Schlepptrog.

Dank dieser topographischen Besonderheit erreichte man in Dshelgala leicht das sogenannte »Ausrücken bis auf den Letzten« – wenn die Gefangenen selbst bemüht sind, hinunter zu schlittern, zu rutschen, ehe sie die Aufseher in den Abgrund werfen. Zum »Ausrücken bis auf den Letzten« setzte man an anderen Stellen gewöhnlich Hunde ein. Die Hunde von Dshelgala waren am Ausrücken nicht beteiligt.

———

Es war Frühling, und im Karzer zu sitzen war gar nicht so schlecht. Ich kannte damals den in den Fels, in den Dauerfrostboden gehauenen Karzer von Kadyktschan wie auch den Isolator im Bergwerk »Partisan«, wo die Aufseher absichtlich alles Moos herausgezupft hatten, das als Dichtung zwischen den Balken diente. Ich kannte den aus Winterlärche gezimmerten, vereisten, dampfenden Karzer der Mine »Spokojnyj« und den Karzer am Schwarzen See, wo statt des Fußbodens Eiswasser war und statt einer Pritsche eine schmale Bank. Meine Häftlingserfahrung war groß – ich konnte auch auf der schmalen Bank schlafen, träumte und fiel nicht ins eisige Wasser.

Die Lagerethik erlaubt die »Tufta«, das Betrügen der Leitung bei der Arbeit – bei den Vermessungen, den Berechnungen, in der Qualität der Ausführung. Bei jeder Zimmermannsarbeit kann man murksen, betrügen. Nur bei einem sollte man gewissenhaft sein – beim Bauen des Lagerisolators. Die Baracke für die Leitung kann schlampig gezimmert, doch das Gefängnis für die Häftlinge muß warm und solide sein. »Wir werden ja selber drin sitzen.« Und obwohl diese Tradition vor allem von den Ganoven kultiviert wird – einen rationalen Kern hat dieser Rat doch. Aber das ist Theorie. In der Praxis herrschen Keil und Moos überall, und der Lagerisolator ist keine Ausnahme.

Der Karzer in Dshelgala war von besonderer Bauweise – ohne Fenster, und erinnerte lebhaft an die bekannten »Kisten« des Butyrka-Gefängnisses. Ein Spalt in der Tür, die auf den Korridor ging, ersetzte das Fenster. Hier saß ich einen Monat auf Karzerration – dreihundert Gramm Brot und ein Becher Wasser. Zweimal in diesem Monat schob mir der Karzer-Gehilfe eine Schüssel Suppe zu.

————

Ein parfümiertes Taschentuch vor dem Gesicht, geruhte der Untersuchungsführer Fjodorow mit mir zu sprechen.

»Wollen Sie nicht eine Zeitung – sehen Sie, die Komintern ist aufgelöst. Das wird Sie interessieren.«

Nein, mich interessierte das nicht. Geraucht hätte ich gern.

»Entschuldigen Sie. Ich bin Nichtraucher. Sehen Sie – man wirft Ihnen vor, Hitlers Waffen zu loben.«

»Was bedeutet das?«

»Nun, daß Sie sich zustimmend zur Offensive der Deutschen geäußert haben.«

»Ich weiß davon fast nichts. Ich habe viele Jahre keine Zeitung gesehen. Sechs Jahre.«

»Nun, das ist nicht das Allerwichtigste. Sie haben einmal gesagt, die Stachanowbewegung* im Lager sei Betrug und Lüge.«

Im Lager gab es drei Arten von Rationen, der »Kesselverpflegung« für Häftlinge: die Stachanow-, die Bestarbeiter- und die Produktionsration – neben der Straf-, der Untersuchungs- und der Etappenration. Die Rationen unterschieden sich in der Menge an Brot und der Qualität der Speisen. Im benachbarten Bergwerk hatte der Grubenaufseher jedem Häftling eine Strecke – ein Tagwerk – ausgemessen und am Ende eine Machorka-Papirossa befestigt. Transportierst du den Grund bis zum Zeichen ab, gehört die Papirossa dir, Stachanowarbeiter.

»So ist das gewesen«, sagte ich. »Das ist eine Ungeheuerlichkeit, meine ich.«

»Dann haben Sie gesagt, daß Bunin* ein großer russischer Schriftsteller ist.«

»Er ist wirklich ein großer russischer Schriftsteller. Kann man mir dafür, daß ich das gesagt habe, eine Haftzeit geben?«

»Man kann. Er ist Emigrant. Ein feindlicher Emigrant.«

Das »Verfahren« kam in Schwung. Fjodorow war fröhlich und munter.

»Sehen Sie doch, wie wir mit Ihnen umgehen. Nicht ein grobes Wort. Beachten Sie – niemand schlägt Sie, wie im Jahr achtunddreißig. Keinerlei Druck.«

»Und dreihundert Gramm Brot am Tag?«

»Befehl, mein Lieber, Befehl. Ich kann nichts machen. Befehl. Untersuchungsverpflegung.«

»Und die fensterlose Zelle? Ich werde doch blind und bekomme keine Luft.«

»Wieso denn fensterlos? Das kann nicht sein. Von irgendwo kommt Licht herein.«

»Durch die Türritze unten.«

»Na also, na also.«

»Im Winter wäre sie vom Dampf verdeckt.«

»Aber jetzt ist ja nicht Winter.«

»Das ist auch wahr. Jetzt ist nicht mehr Winter.«

———

»Hören Sie«, sagte ich. »Ich bin krank. Entkräftet. Ich habe mich viele Male an die Sanitätsstelle gewandt, aber nie hat man mich von der Arbeit freigestellt.«

»Machen Sie eine Eingabe. Das wird für das Gerichtsverfahren und die Untersuchung von Bedeutung sein.«

Ich streckte die Hand nach dem nächstliegenden Füllfederhalter aus – eine Menge davon, aller Größen und Fabrikate, lag auf dem Tisch.

»Nein, nein, bitte mit einem einfachen Federhalter.«

»Gut.«

Ich schrieb: ich habe mich viele Male an die Ambulatorien der Zone gewandt – beinahe jeden Tag. Das Schreiben fiel mir sehr schwer – ich hatte darin nicht genügend Praxis.

Fjodorow strich den Zettel glatt.

»Machen Sie sich keine Sorgen. Alles wird nach dem Gesetz geschehen.«

Am selben Abend rasselten die Schlösser an meiner Zelle, und die Tür ging auf. In der Ecke auf dem Tisch des Diensthabenden brannte die »Kolymka« – ein vierstrahliges Benzinlämpchen aus einer Konservendose. Jemand in Halbpelz und Ohrenklappenmütze saß am Tisch.

»Komm her.«

Ich ging hin. Der Sitzende stand auf. Das war Doktor Mochnatsch, Kolyma-Veteran und Opfer des Jahres 1937. An der Kolyma hatte er bei den allgemeinen Arbeiten gearbeitet, dann war er zur ärztlichen Tätigkeit zugelassen worden. Er war in der Angst vor der Leitung erzogen. In seiner Sprechstunde im Ambulatorium der Zone war ich viele Male gewesen.

»Guten Tag, Doktor.«

»Guten Tag. Zieh dich aus. Atmen. Nicht atmen. Umdrehen. Bücken. Du kannst dich anziehen.«

Doktor Mochnatsch setzte sich an den Tisch, und beim schwankenden Licht der »Kolymka« schrieb er:

»Der Häftling Schalamow W. T. ist praktisch gesund. Während seines Aufenthalts in der ›Zone‹ hat er sich nicht ans Ambulatorium gewandt.

Der Leiter des Ambulatoriums Mochnatsch, Arzt.«

Dieser Text wurde mir einen Monat später im Gerichtsverfahren vorgelesen.

————

Die Untersuchung ging dem Ende zu, und ich konnte einfach nicht begreifen, was man mir zur Last legte. Der hungrige Körper schmerzte und war froh, daß er nicht arbeiten mußte. Womöglich schicken sie mich zurück ins Bergwerk? Ich verscheuchte diese beängstigenden Gedanken.

————

An der Kolyma kommt der Sommer schnell, überstürzt. Während eines Verhörs sah ich eine glühende Sonne, blauen Himmel, spürte den feinen Geruch der Lärche. Das schmut-

zige Eis lag noch in den Schluchten, aber der Sommer wartete nicht, bis das schmutzige Eis getaut war.

Das Verhör zog sich hin, wir »klärten« etwas, der Begleitposten hatte mich noch nicht weggeführt – und zu
Fjodorows Hütte wurde ein anderer Mann gebracht. Dieser andere Mann war mein Brigadier Nesterenko. Er kam
auf mich zu und sagte dumpf: »Ich war gezwungen, versteh
das, ich war gezwungen«, und verschwand in der Tür von
Fjodorows Hütte.

Nesterenko hatte eine Eingabe gegen mich geschrieben. Zeugen waren Saslawskij und Kriwizkij. Aber Nesterenko hatte wohl kaum je von Bunin gehört. Und wenn
Saslawskij und Kriwizkij Schurken waren, so hatte mich
Nesterenko vor dem Hungertod gerettet, indem er mich in
seine Brigade aufnahm. Ich war dort nicht schlechter und
nicht besser als jeder andere Arbeiter. Und ich hegte keinen Groll gegen Nesterenko. Ich hatte gehört, daß er die
dritte Haftzeit im Lager hatte, ein alter Solowki*-Häftling.
Er war ein sehr erfahrener Brigadier, er verstand nicht nur
die Arbeit, sondern auch die hungernden Menschen – er
fühlte nicht mit ihnen, aber er verstand sie. Dazu ist bei
weitem nicht jeder Brigadier in der Lage. In allen Brigaden gab es nach dem Abendessen einen Nachschlag – eine
kleine Kelle dünne Suppe, was übrig war. Gewöhnlich gaben die Brigadiere den Nachschlag denen, die an diesem
Tag am besten gearbeitet hatten –, dieses Verfahren wurde
von der Lagerleitung offiziell empfohlen. Die Zuteilung des
Nachschlags wurde öffentlich, beinahe feierlich begangen.
Der Nachschlag wurde zu Produktions- wie zu Erziehungs-
zwecken eingesetzt. Nicht immer hatte der, der mehr als die
anderen gearbeitet hatte, auch besser gearbeitet als alle anderen. Und nicht immer wollte der Beste die dünne Brühe
essen.

In der Brigade Nesterenko gab man den Nachschlag den Hungrigsten – selbstverständlich nach Ermessen und auf Kommando des Brigadiers.

————

Einmal hatte ich im Schurf einen riesigen Stein ausgegraben. Es überstieg sichtlich meine Kräfte, den riesigen Findling aus dem Schurf hinauszubefördern. Nesterenko sah das, sprang wortlos in den Schurf, hackte den Stein frei und stieß ihn nach oben ...

Ich wollte nicht glauben, daß er gegen mich eine Eingabe geschrieben hatte. Obwohl ...

————

Es hieß, aus dieser selben Brigade seien im letzten Jahr zwei Mann vor das Tribunal gekommen, Joshikow, und drei Monate später Issajew, ehemaliger Sekretär eines der sibirischen Gebietskomitees der Partei. Und die Zeugen waren immer dieselben – Kriwizkij und Saslawskij. Ich hatte diese Gespräche nicht beachtet.

————

»Unterschreiben Sie hier. Und dann hier.«

Ich mußte nicht lange warten. Am zwanzigsten Juni ging die Tür weit auf, und man führte mich auf die heiße braune Erde, in die blendende, sengende Sonne.

»Nimm die Sachen entgegen – Schuhe, Schirmmütze. Du gehst nach Jagodnoje.«

»Zu Fuß?«

Zwei Soldaten betrachteten mich aufmerksam.

»Der schafft es nicht«, sagte der eine. »Den nehmen wir nicht.«

»Was heißt, nehmt ihr nicht«, sagte Fjodorow. »Ich rufe bei der Operativgruppe an.«

Diese Soldaten waren keine echten Begleitposten, die im voraus bestellt, geordert werden. Die beiden Operativniki kehrten nach Jagodnoje zurück – achtzehn Werst durch die Tajga – und sollten mich unterwegs im Gefängnis von Jagodnoje abliefern.

»Und was meinst du selbst?«, sagte ein Operativnik. »Schaffst du es?«

»Ich weiß nicht.« Ich war vollkommen ruhig. Und hatte keinen Grund zur Eile. Die Sonne war zu heiß – sie versengte mir die Wangen, die vom grellen Licht und der frischen Luft entwöhnt waren. Ich setzte mich an einen Baum. Es war angenehm, im Freien zu sitzen und die kräftige staunenswerte Luft einzuatmen und den Duft der aufblühenden Heckenrose. Mir wurde schwindlig.

»Gehen wir.«

Wir gingen in den leuchtendgrünen Wald.

»Kannst du schneller laufen?«

»Nein.«

Wir waren unendlich viele Schritte gegangen. Die Zweige der Weidengehölze peitschten mir ins Gesicht. Über Baumwurzeln stolpernd, arbeitete ich mich mühsam auf eine Waldwiese durch.

»Hör zu, du«, sagte der ältere der Operativniki. »Wir wollen in Jagodnoje ins Kino. Um acht fängt es an. Im Klub. Jetzt ist es zwei Uhr mittags. Das ist unser erster freier Tag in diesem Sommer. Seit einem halben Jahr das erste Mal Kino.«

Ich schwieg.

Die Operativniki berieten sich.

»Ruh dich aus«, sagte der junge. Er knöpfte seine Tasche auf. »Hier hast du Weißbrot. Ein Kilo. Iß, ruh dich aus –

und dann gehen wir. Wenn das Kino nicht wäre – zum Teufel. Aber heute ist Kino.«

Ich aß das Brot, leckte mir die Krümel vom Handteller, legte mich an den Bach und trank mich vorsichtig an dem kalten und köstlichen Bachwasser satt. Und verlor endgültig die Kräfte. Es war heiß, ich wollte nur schlafen.

»Na? Kommst du?«

Ich schwieg.

Da begannen sie mich zu schlagen. Sie traten mich, und ich schrie und verbarg das Gesicht in den Händen. Übrigens schlugen sie nicht ins Gesicht – das waren erfahrene Leute.

Sie schlugen mich lange, sorgfältig. Und je mehr sie mich schlugen, desto klarer wurde, daß sich unser gemeinsamer Marsch ins Gefängnis nicht beschleunigen ließ.

Viele Stunden schleppten wir uns durch den Wald und kamen in der Abenddämmerung an der Trasse an – an der Chaussee, die sich durch das gesamte Kolymagebiet zog, der Chaussee zwischen Felsen und Sümpfen, der zweitausend Kilometer langen Straße, ganz »von Hacke und Schubkarre«, ohne jede Maschine gebaut.

————

Ich hatte fast das Bewußtsein verloren und konnte mich kaum bewegen, als ich beim Isolator von Jagodnoje abgeliefert wurde. Die Zellentür wurde aufgerissen, öffnete sich, und die erfahrenen Hände des Türdienstes DRÜCKTEN mich hinein. Man hörte nur den schnellen Atem von Menschen. Nach etwa zehn Minuten versuchte ich mich auf den Boden sinken zu lassen und legte mich an einer Säule unter die Pritsche. Noch etwas später krochen in der Zelle einsitzende Diebe zu mir heran – um mich zu durchsuchen, mir etwas abzunehmen, aber ihre Hoffnung auf Ausbeute war

vergeblich. Außer Läusen hatte ich nichts. Und zum gereiz-
ten Geheul der enttäuschten Ganoven schlief ich ein.

——

Am folgenden Tag wurde ich um drei Uhr zur Verhandlung
gerufen.

Es war sehr stickig. Keine Luft zum Atmen. Sechs Jahre
war ich rund um die Uhr an der frischen Luft gewesen, und
mir war unerträglich heiß in dem winzigen Zimmer des
Militärtribunals. Die größere Hälfte des Zwölf-Quadratme-
ter-Zimmerchens war dem Tribunal zugewiesen, das hinter
einer hölzernen Barriere saß, die kleinere den Angeklagten,
den Begleitposten und den Zeugen. Ich sah Saslawskij, Kriwizkij und Nesterenko. Grobe ungestrichene Bänke standen
entlang der Wand. Zwei Sprossenfenster, nach der Kolyma-
Mode, mit kleinen Scheiben wie auf Surikows Bild* von
Menschikows Hütte in Berjosowo. In diesen Rahmen wurde
Scherbenglas verwendet – das war auch die Konstruktions-
idee, die den schwierigen Transport, die Zerbrechlichkeit
und vieles andere berücksichtigte –, zum Beispiel Konser-
vengläser, in der Mitte senkrecht durchgesägt. Bei all dem
geht es natürlich um die Fenster in den Wohnungen der
Leitung und den Behörden. In den Häftlingsbaracken gab
es keinerlei Scheiben.

Das Licht drang matt und trübe durch solche Fenster,
und auf dem Tisch des Tribunalsvorsitzenden brannte eine
elektrische Lampe ohne Schirm.

Die Verhandlung war sehr kurz. Der Vorsitzende verlas
die knappe Anklage – Punkt für Punkt. Er vernahm die
Zeugen – ob sie ihre Aussagen in der Voruntersuchung bestätigen. Zu meiner Überraschung waren es nicht drei, sondern vier Zeugen – ein gewisser Schajlewitsch hatte den
Wunsch geäußert, sich an meinem Prozeß zu beteiligen. Die-

sen Zeugen hatte ich nie gesehen und nie im Leben mit ihm gesprochen – er war aus einer anderen Brigade. Das hinderte Schajlewitsch nicht, schnell das Geforderte herunterzurasseln: Hitler, Bunin ... Ich begriff, daß Fjodorow Schajlewitsch zur Sicherheit dazugenommen hatte – falls ich unerwartet Einspruch gegen Kriwizkij und Saslawskij erheben würde. Aber Fjodorow hatte sich umsonst gesorgt.

»Gibt es Fragen an das Tribunal?«

»Ja. Warum steht aus dem Bergwerk Dshelgala schon der dritte nach Artikel 58 Angeklagte vor dem Tribunal, und die Zeugen sind immer dieselben?«

»Ihre Frage hat nichts mit dem Verfahren zu tun.«

Ich war von der Härte des Urteils überzeugt – zu töten war in jenen Jahren Tradition. Und das Verfahren fand auch noch am Jahrestag des Kriegsbeginns statt, am 22. Juni. Nach etwa drei Minuten Beratung verkündeten die Mitglieder des Tribunals, es waren drei – »zehn Jahre plus fünf Jahre Aberkennung der staatsbürgerlichen Rechte.«

»Der nächste!«

Im Korridor gab es Bewegung, Stiefelgetrappel. Am nächsten Tag wurde ich ins Durchgangslager verlegt. Und es begann die von mir schon mehrfach erlebte Prozedur der Ausfertigung einer neuen Lagerakte – die endlosen Fingerabdrücke, Fragebögen und Photographieren. Jetzt hieß ich schon Soundso, Artikel achtundfünfzig, Punkt zehn, Haftzeit zehn Jahre plus fünf Aberkennung. Ich trug schon nicht mehr das Kürzel mit dem schrecklichen Buchstaben »T«. Das hatte beträchtliche Folgen und rettete mir vielleicht das Leben.

———

Ich wußte nicht, was aus Nesterenko, aus Kriwizkij geworden ist. Es hieß, daß Kriwizkij gestorben sei. Saslawskij kehrte nach Moskau zurück und wurde Mitglied des Schriftstellerverbands, auch wenn er im Leben nichts geschrieben hat als Denunziationen. Ich sah ihn aus der Ferne. Trotz allem geht es nicht um die Saslawskijs und Kriwizkijs. Gleich nach dem Urteil hätte ich die Denunzianten und falschen Zeugen umbringen können. Ich hätte sie bestimmt umgebracht, wenn ich nach dem Verfahren nach Dshelgala zurückgekehrt wäre. Aber die Lagerordnung sieht vor, daß erneut Verurteilte niemals in dasselbe Lager zurückkehren, aus dem sie vor Gericht gebracht wurden.

1960

Esperanto

Ein Wanderschauspieler, Häftling und Schauspieler, hat mich an diese Geschichte erinnert. Nach einem Auftritt der Lager-Kulturbrigade nannte der Hauptdarsteller, zugleich auch Regisseur und Theaterzimmermann, den Namen Skorossejew.

Es sengte mir das Hirn, und ich erinnerte mich an das Durchgangslager im Jahr neununddreißig, die Typhusquarantäne und uns, fünf Mann, die wir sämtliche Abtransporte, alle Etappen und alles »Durchstehen« im Frost durchgehalten, durchgestanden hatten und dennoch vom Lagernetz eingefangen und in die endlosen Weiten der Tajga ausgeworfen wurden.

Wir fünf hatten voneinander nichts erfahren, wußten nichts und wollten nichts wissen, bis die Etappe den Ort erreichte, wo wir arbeiten und leben mußten. Die Ankündigung der Etappe nahmen wir unterschiedlich auf: einer von uns wurde verrückt, weil er dachte, man führe ihn zur Erschießung, dabei führte man ihn ins Leben. Ein anderer trickste und hätte das Schicksal fast ausgetrickst. Der dritte – ich! – war ein Mensch aus der Goldmine, ein gleichgültiges Skelett. Der vierte ein Tausendkünstler und schon über siebzig. Der fünfte war – »Skorossejew*«, sagte er und hob sich auf die Zehenspitzen, um jedem in die Augen zu schauen. »Bald säe ich ... Sie verstehen?«

Mir war alles egal, und die Kalauer waren mir auf ewig ausgetrieben. Aber der Tausendkünstler hielt das Gespräch in Gang:

»Als was hast du gearbeitet?«

»Als Agronom beim Volkskommissariat für Landwirtschaft.«

Der Chef der Kohleschürfung, der die Etappe in Empfang nahm, blätterte in Skorossejews »Akte«.

»Bürger Natschalnik, ich kann auch noch ...«

»Ich setze dich als Wächter ein ...«

In der Schürfung war Skorossejew ein eifriger Wächter. Er verließ seinen Posten keinen Moment – er fürchtete, ein Kamerad könnte jeden Fehler nutzen und ihn denunzieren, verkaufen, den Chef aufmerksam machen. Lieber nichts riskieren.

Einmal war die ganze Nacht dichtes Schneetreiben. Skorossejews Ablösung war der Galizier Narynskij – ein kastanienblonder Kriegsgefangener aus dem Ersten Weltkrieg, der seine Haftstrafe für die Vorbereitung eines Komplotts zur Wiederherstellung Österreich-Ungarns erhalten hatte und ein wenig stolz war auf dieses ungewöhnliche, seltene Verfahren unter der Unmenge von »Trotzkisten« und »Schädlingen«. Als Narynskij von Skorossejew den Dienst übernahm, wies er lachend darauf hin, daß Skorossejew selbst im Schnee, im Schneetreiben nicht von seinem Posten gewichen war. Seine Hingabe wurde bemerkt. Skorossejew festigte seine Position.

Im Lager war ein Pferd verendet. Das war kein sehr großer Verlust – im Hohen Norden arbeiten die Pferde schlecht. Aber das Fleisch! Das Fleisch! Die Haut mußte abgezogen werden, der Kadaver war im Schnee gefroren. Es fanden sich keine Spezialisten und Freiwillige. Skorossejew erbot sich. Der Chef war verwundert und erfreut – Haut und Fleisch!

Die Haut für den Rechenschaftsbericht und das Fleisch in den Kessel. Von Skorossejew sprach die ganze Baracke, die ganze Siedlung. Fleisch, Fleisch! Der Pferdekadaver wurde ins Badehaus geschleppt, und Skorossejew taute den Kadaver auf, zog die Haut ab und weidete ihn aus. Die Haut erstarrte im Frost und wurde ins Lagerhaus getragen. Das Fleisch bekamen wir nicht zu essen, der Chef hat es sich im letzten Moment überlegt – wir hatten ja keinen Tierarzt, es gab ja keine Unterschrift im Protokoll! Der Pferdekadaver wurde in Stücke gehackt, ein Protokoll erstellt, ein Feuer gemacht und das Fleisch in Anwesenheit des Chefs und des Einsatzleiters verbrannt.

Die Kohle, nach der unsere Schürfung suchte, wurde nicht gefunden. Nach und nach verließen je fünf, zehn Mann das Lager in die Etappe. Den Berg hinauf, über den Tajgapfad verschwanden diese Leute für immer aus meinem Leben.

Dort, wo wir wohnten, war immerhin eine Schürfe und kein Bergwerk, und jeder verstand das. Jeder versuchte, möglichst lange hier zu bleiben. Jeder »setzte sich fest«, wie er konnte. Der eine fing an, ungewöhnlich eifrig zu arbeiten. Der andere – länger als sonst zu beten. Unruhe trat in unser Leben.

Begleitposten trafen ein. Von jenseits der Berge trafen Begleitposten ein. Um Männer zu holen? Nein, die Begleitposten nahmen nicht mit, sie nahmen niemanden mit!

In der Nacht wurde die Baracke durchsucht. Wir hatten keine Bücher, wir hatten keine Messer, hatten weder Tintenstifte noch Zeitungen noch Papier – was also suchen?

Sie konfiszierten freie Kleidung, zivile Kleidung – viele hatten zivile Kleidung –, denn in dieser Schürfe arbeiteten auch Freie, und es war eine Schürfe ohne Begleitposten. Verhinderung von Fluchten? Erfüllung eines Befehls? Eine Veränderung des Regimes?

Alles wurde ohne jedes Protokoll, ohne Notiz konfisziert. Konfisziert – und Schluß! Die Empörung war maßlos. Mir fiel wieder ein, wie vor zwei Jahren in Magadan die zivile Kleidung von Hunderten von Etappen konfisziert wurde, von Hunderttausenden Leuten. Zehntausende Pelzmäntel, von den unglücklichen Häftlingen in den Norden, den Hohen Norden mitgebracht, warme Mäntel, Pullover, teure Anzüge – teure darum, um irgendwann einmal bestechen, in einer entscheidenden Stunde das eigene Leben retten zu können. Doch der Weg der Rettung wurde im Magadaner Badehaus abgeschnitten. Berge ziviler Kleidung wurden im Hof des Magadaner Badehauses aufgeschichtet. Die Berge waren höher als der Wasserturm, höher als das Dach des Badehauses. Berge von warmer Kleidung, Berge von Tragödien, Berge von menschlichen Schicksalen, die jäh und schroff zerbrachen – so daß jeder, der das Badehaus verließ, zum Tod verurteilt war. Ach, wie hatten all diese Leute gekämpft, um ihre Habseligkeiten vor den Ganoven, vor der offenen Räuberei in den Baracken, Waggons und Etappen zu bewahren. Alles, was sie gerettet, vor den Ganoven versteckt hatten, wurde im Badehaus vom Staat konfisziert. Wie einfach! Das war vor zwei Jahren. Und heute – wieder.

Die freie Kleidung, die bis in die Bergwerke durchgedrungen war, ereilte es später. Ich erinnerte mich, wie ich nachts geweckt wurde, die Baracke wurde täglich durchsucht – täglich wurden Menschen mitgenommen. Ich saß auf der Pritsche und rauchte. Eine neue Durchsuchung – nach ziviler Kleidung. Ich hatte keine zivile Kleidung, alles war im Magadaner Badehaus geblieben. Aber meine Kameraden hatten zivile Kleidung. Das waren wertvolle Sachen, Symbol eines anderen Lebens, verdorben, zerrissen, ungeflickt – zum Flicken fehlten die Zeit wie die Kräfte –, aber doch von zu Hause.

Alle standen an ihren Plätzen und warteten. Der Untersuchungsführer saß an der Lampe und schrieb ein Protokoll, ein Durchsuchungs-, ein Sicherstellungsprotokoll, wie das in der Lagersprache heißt.

Ich saß auf der Pritsche und rauchte, ohne Aufregung, ohne Empörung. Mit dem einzigen Wunsch, daß die Durchsuchung bald zu Ende wäre und ich schlafen könnte. Aber plötzlich sah ich, wie unser Barackendienst, er hieß Praga, mit dem Beil den eigenen Anzug zerhackte, Laken in Stücke riß, Schuhe zerschnitt.

»Nur für Fußlappen. Nur als Fußlappen gebe ich sie her.«

»Nehmt ihm das Beil weg«, brüllte der Untersuchungsführer.

Praga warf das Beil auf den Boden. Die Durchsuchung stockte. Die Sachen, die Praga zerrissen, zerschnitten und vernichtet hatte, waren seine, gehörten ihm. Diese Sachen hatte man noch nicht im Protokoll verzeichnet. Als Praga sah, daß niemand ihn festhalten würde, verwandelte er seine gesamte zivile Kleidung in Lumpen. Vor meinen Augen und vor den Augen des Untersuchungsführers.

Das war vor einem Jahr. Und heute – wieder.

Alle waren aufgewühlt, aufgestachelt und schliefen lange nicht ein.

»Es gibt keinerlei Unterschied zwischen den Ganoven, die uns ausrauben, und dem Staat«, sagte ich. Und alle stimmten mir zu.

Der Wächter Skorossejew ging etwa zwei Stunden vor uns zum Dienst auf seine Schicht. In Zweierreihen, wie es der Tajgapfad zuließ, kamen wir böse und gekränkt beim Kontor an – ein naiver Gerechtigkeitssinn lebt sehr tief und vielleicht unausrottbar im Menschen. Man könnte meinen – wozu gekränkt sein? Sich ärgern? Sich empören? Das ist ja das tausendste Beispiel – diese verfluchte Durchsuchung.

Auf dem Grund der Seele brodelte etwas, stärker als der Wille, stärker als die Lebenserfahrung. Die Gesichter der Häftlinge waren dunkel vor Wut.

Auf der Vortreppe vor dem Kontor stand der Chef Wiktor Nikolajewitsch Plutalow selbst. Auch das Gesicht des Chefs war dunkel vor Wut. Unsere winzige Kolonne blieb vor dem Kontor stehen, und sofort wurde ich in Plutalows Kabinett gerufen.

»Du sagst also«, Plutalow setzte sich mühsam und unbequem auf den Hocker am Schreibtisch, sah mich finster an und biß sich auf die Lippen, »der Staat ist schlimmer als die Ganoven?«

Ich schwieg. Skorossejew! Als ungeduldiger Mensch tarnte Herr Plutalow seinen Denunzianten nicht, wartete nicht einmal zwei Stunden ab! Oder ging es hier um etwas anderes?

»Eure Gespräche gehen mich nichts an. Aber wenn man mir etwas anzeigt, oder wie heißt das bei euch? Petzt?«

»Petzt, Bürger Natschalnik.«

»Oder vielleicht pfeift?«

»Pfeift, Bürger Natschalnik.«

»Geh an die Arbeit. Ihr seid ja bereit, euch gegenseitig zu fressen. Politiker! Die Weltsprache. Alle verstehen sich. Ich bin der Chef – ich muß etwas tun, wenn man mir petzt ...«

Plutalow spuckte zornig aus.

Eine Woche verging, und ich fuhr mit der nächsten Etappe aus der Erkundung, der glücklichen Erkundung, in den großen Schacht, wo ich gleich am ersten Tag anstelle des Pferdes, mit der Brust gegen den Balken gestemmt, an die ägyptische Kreiswinde kam.

Skorossejew blieb in der Erkundung.

Eine Vorstellung der Lager-Laienkunst war im Gang, und der Wanderschauspieler, der Conférencier, kündigte eine Nummer an und lief in die Garderobe, eines der Krankenzimmer, um die Stimmung der unerfahrenen Mitwirkenden zu heben. »Die Vorstellung läuft gut! Gut läuft die Vorstellung«, flüsterte er jedem Teilnehmer ins Ohr. »Gut läuft die Vorstellung«, verkündete er laut, lief im Künstlerzimmer auf und ab und wischte sich mit einem schmutzigen Lappen den Schweiß von der heißen Stirn.

Alles war wie bei den Großen, und auch der Wanderschauspieler selbst war in der Freiheit ein großer Schauspieler gewesen. Auf der Bühne las jemand mit sehr bekannter Stimme Soschtschenkos* Erzählung »Limonade«. Der Conférencier beugte sich zu mir:

»Gib mir Feuer.«

»Hier.«

»Du wirst es nicht glauben«, sagte plötzlich der Konferencier, »wenn ich nicht wüßte, wer liest, würde ich denken, es ist diese Kanaille Skorossejew.«

»Skorossejew?« Ich begriff, an wessen Intonation mich die Stimme auf der Bühne erinnerte.

»Ja. Ich bin ja Esperantist. Verstanden? Die Weltsprache. Nicht irgendein »bejsick inglisch«. Meine Haftstrafe habe ich auch für Esperanto. Ich bin Mitglied der Moskauer Gesellschaft der Esperantisten*.«

»Artikel achtundfünfzig – sechs? Für Spionage?«

»Klar.«

»Zehn?«

»Fünfzehn.«

»Und Skorossejew?«

»Skorossejew ist Stellvertretender Vorsitzender der Gesellschaft. Er ist es, der alle verkauft, allen Verfahren angehängt hat …«

»So ein kleiner?«

»Ja ja.«

»Und wo ist er jetzt?«

»Ich weiß nicht. Ich würde ihn eigenhändig erwürgen. Ich bitte dich als Freund«, der Schauspieler und ich kannten uns zwei Stunden, nicht länger, »wenn du ihn siehst, wenn du ihn triffst, schlag ihn direkt in die Fresse. In die Fresse, und die Hälfte deiner Sünden ist dir vergeben.«

»Tatsächlich die Hälfte?«

»Ist dir vergeben, vergeben.«

Aber der Leser von Soschtschenkos Erzählung »Limonade« war schon von der Bühne abgetreten. Das war nicht Skorossejew, sondern ein Baron, lang und zart wie ein Großfürst aus dem Geschlecht der Romanows, ein Baron, Baron Mandel – ein Nachkomme Puschkins. Ich war enttäuscht, als ich den Nachkommen Puschkins sah, der Conférencier aber führte schon das nächste Opfer auf die Bühne. »Über grauer Meeresfläche bläst der Wind Gewölk zusammen ...«

»Hören Sie«, flüsterte der Baron, zu mir geneigt, »ist das etwa ein Gedicht? ›Winde wehen, Donner grollen‹*? Ein Gedicht ist etwas anderes. Ein schrecklicher Gedanke, daß zur selben Zeit, im selben Jahr, Tag und Stunde, Blok ›Beschwörung durch Feuer und Finsternis‹ geschrieben hat und Belyj ›Gold im Azur‹* ...«

Ich war neidisch auf das Glück des Barons – sich ablenken, sich in Gedichte flüchten, sich verstecken, verkriechen zu können. Ich war dazu nicht in der Lage.

Nichts war vergessen. Und viele Jahre waren vergangen. Ich fuhr nach Magadan nach meiner Befreiung und versuchte, mich tatsächlich zu befreien, dieses schreckliche Meer zu überqueren, über das man mich vor zwanzig Jahren an die Kolyma gebracht hatte. Und obwohl ich wußte, wie schwer das Leben auf meinen unendlichen Wanderschaften werden würde, – wollte ich auch nicht eine Stunde freiwillig auf der verfluchten Erde der Kolyma bleiben.

Mein Geld war knapp. Ein Auto, das ich anhielt – ein Rubel pro Kilometer –, brachte mich am Abend nach Magadan. Weißer Nebel hüllte die Stadt ein. Ich habe hier Bekannte. Wahrscheinlich. Aber Bekannte sucht man an der Kolyma am Tag, nicht in der Nacht. Nachts macht selbst einer bekannten Stimme niemand auf. Ich brauche ein Dach, eine Pritsche, Schlaf.

Ich stand am Busbahnhof und schaute auf den Boden, der ganz mit Körpern, Gepäckstücken, Säcken und Kisten bedeckt war. Im äußersten Fall ... Nur war es hier so kalt wie im Freien, vielleicht fünfzig Grad. Der eiserne Ofen wurde nicht geheizt, und die Tür ging ununterbrochen.

»Wir kennen uns wohl?«

In diesem grimmigen Frost freute ich mich sogar über Skorossejew. Und wir drückten einander in Handschuhen die Hand.

»Komm zu mir zum Übernachten, ich habe ein eigenes Haus. Ich bin ja schon lange frei. Habe auf Kredit gebaut. Sogar geheiratet.« Skorossejew lachte. »Trinken wir Tee ...«

Und es war so kalt, daß ich zustimmte. Lange schleppten wir uns über die Hügel und durch die tiefen Radspuren des nächtlichen Magadan, das von kaltem, trüb-weißem Nebel verhüllt war.

»Ja, ich habe ein Haus gebaut«, sagte Skorossejew, während ich rauchte und mich erholte, »auf Kredit. Ein staatlicher Kredit. Ich habe beschlossen, ein Nest zu bauen. Ein nördliches Nest.«

Ich trank mich am Tee satt. Legte mich hin und schlief ein. Doch ich schlief schlecht, trotz meines weiten Wegs. Etwas war schlecht gewesen am gestrigen Tag.

Als ich aufgewacht war, mich gewaschen und mir eine Papirossa angesteckt hatte, begriff ich, warum der gestrige Tag schlecht gewesen war.

»Ich gehe jetzt. Ich habe hier einen Bekannten.«

»Lassen Sie doch Ihren Koffer hier. Wenn Sie Ihre Bekannten gefunden haben, kommen Sie wieder.«

»Nein, ich mag nicht ein zweites Mal auf den Berg steigen.«

»Sie könnten bei mir wohnen. Immerhin alte Freunde.«

»Ja«, sagte ich. »Leben Sie wohl.« Ich knöpfte den Halbpelz zu, nahm den Koffer und wollte schon nach der Türklinke greifen. »Leben Sie wohl.«

»Und das Geld?«, sagte Skorossejew.

»Welches Geld?«

»Für das Bett, für die Übernachtung. Das war ja nicht umsonst.«

»Verzeihen Sie«, sagte ich. »Daran habe ich nicht gedacht.« Ich stellte den Koffer hin, knöpfte den Halbpelz auf, suchte in den Taschen nach Geld, zahlte und ging hinaus in den weißgelben Nebel des Tages.

1965

Die Sonderbestellung

Nach 1938 hatte Pawlow einen Orden erhalten und die Er-
nennung – zum Volkskommissar des Inneren der Tatarischen Republik. Der Weg war gewiesen – ganze Brigaden
standen beim Gräberausheben. Die Gicht und die Ganoven,
die Begleitposten und die Ernährungsdystrophie bemühten
sich nach Kräften. Die verspätete Einmischung der Medizin
rettete, wen oder, besser, was sie konnte – die geretteten
Menschen hörten für immer auf, Menschen zu sein. In
Dshelgala gingen damals von dreitausend gelisteten Personen ganze achtundneunzig zur Arbeit – die übrigen waren
von der Arbeit befreit oder wurden in den unendlichen
»Genesungspunkten« und »Genesungskommandos« bzw. als
vorübergehend befreit geführt.

In den großen Krankenhäusern wurde eine Verbesserung der Verpflegung eingeführt, und Trauts Wort, »für
den Erfolg der Behandlung müssen die Kranken ernährt
und gewaschen werden«, war sehr populär. In den großen
Krankenhäusern wurde Diät-Verpflegung eingeführt – verschiedene unterschiedliche »Kost«. Zwar war in den Lebensmitteln wenig Abwechslung, und oft unterschied sich
eine Kost kaum von der anderen, aber dennoch ...

Der Krankenhausverwaltung wurde erlaubt, für besonders schwer Kranke eine Sonderbestellung aufzugeben, aus-

serhalb des Krankenhausspeiseplans. Das Kontingent dieser Sonderbestellungen war gering – eine, zwei auf dreihundert Krankenbetten.

Das Unglück war nur: der Kranke, für den eine Sonderbestellung aufgegeben wurde – Plinsen, Fleischbuletten oder sonst etwas ebenso Märchenhaftes –, war schon in einem Zustand, daß er nichts essen konnte, vom einen oder anderen Gericht vom Löffel probierte und in seiner Todeserschöpfung den Kopf wegdrehte.

Traditionell durfte der Bettnachbar oder jener Kranke, der sich freiwillig um die Schwerkranken kümmert und dem Sanitäter hilft, diese königlichen Reste aufessen.

Das war ein Paradox, die Antithese der dialektischen Triade. Die Sonderbestellung wurde gestattet, wenn der Kranke schon nicht mehr imstande war, irgend etwas zu essen. Das einzig mögliche, der Praxis der Sonderbestellungen zugrunde liegende Prinzip lautete so: für den Ausgezehrtesten, für den schwersten Fall.

Darum wurde die Aufgabe einer Sonderbestellung zum schlechten Vorzeichen, zum Symbol des nahenden Todes. Die Kranken hätten Angst gehabt vor den Sonderbestellungen, doch das Bewußtsein der Empfänger war in diesem Moment schon verdunkelt, und den Schrecken empfanden nicht sie, sondern die Bezieher der ersten Stufe der Diätkost, die noch bei Verstand und Sinnen waren.

Jeden Tag stand der Leiter der Krankenhausabteilung vor dieser unangenehmen Frage, auf die jede Antwort unredlich aussah – für wen heute die Sonderbestellung aufgeben?

Neben mir lag ein junger, zwanzigjähriger Bengel, der an Ernährungsdystrophie starb, in jenen Jahren bezeichnete man sie als Polyavitaminose.

Die Sonderbestellung wurde zu jenem Gericht, das der zum Tode Verurteilte am Tag seiner Hinrichtung bestellen darf, zum letzten Wunsch, den die Gefängnisverwaltung erfüllen muß.

Der Junge verweigerte das Essen – Hafersuppe, Graupensuppe, Haferbrei, Graupenbrei. Als er den Griesbrei verweigerte, gab man ihm die Sonderbestellung.

»Alles, Mischa, verstehst du, alles was du willst, wird für dich gekocht. Verstehst du?« Der Arzt saß am Bett des Kranken.

Mischa lächelte schwach und glücklich.

»Na, was möchtest du? Fleischsuppe?«

»Nein ...«, Mischa schüttelte den Kopf.

»Fleischbuletten? Piroggen mit Fleisch? Pfannkuchen mit Konfitüre?«

Mischa schüttelte den Kopf.

»Na, sag selbst, sag ...«

Mischa krächzte etwas.

»Was? Was hast du gesagt?«

»Mehlklößchen.«

»Mehlklößchen?«

Mischa nickte bestätigend und ließ sich lächelnd ins Kissen sinken. Aus dem Kissen rieselte Strohmulm.

Am folgenden Tag wurden »Mehlklößchen« gekocht.

Mischa lebte auf, nahm den Löffel, fischte ein Klößchen aus der dampfenden Schüssel und leckte daran.

»Nein, ich mag nicht, es schmeckt nicht.«

Gegen Abend war er tot.

Der zweite Kranke mit Sonderbestellung war Wiktorow, mit Verdacht auf Magenkrebs. Er bekam einen ganzen Monat die Sonderbestellung, und die Kranken ärgerten sich, daß er nicht starb – man sollte die kostbare Ration jemand anderem geben. Wiktorow aß nichts und starb schließlich. Krebs wurde bei ihm nicht festgestellt, es war die ganz gewöhnliche Auszehrung – Ernährungsdystrophie.

Als für den Ingenieur Demidow, einen Kranken nach einer Mastoiditis-Operation, eine Sonderbestellung aufgegeben wurde, weigerte er sich:

»Ich bin nicht der schwerste Fall im Zimmer.« Er weigerte sich kategorisch, und nicht, weil die Sonderbestellung etwas Schreckliches war. Nein, Demidow fand sich nicht berechtigt, eine Ration zu erhalten, die anderen Kranken zugute kommen könnte. Die Ärzte hatten Demidow auf offiziellem Weg Gutes tun wollen.

Das also war die Sonderbestellung.

Das letzte Gefecht des Majors Pugatschow

Seit dem Anfang und Ende dieser Ereignisse ist wahrscheinlich viel Zeit vergangen – denn im Hohen Norden zählen Monate wie Jahre, so groß ist die Erfahrung, die menschliche Erfahrung, die man dort erwirbt. Das gesteht auch der Staat ein, wenn er den Arbeitskräften des Nordens die Gehälter heraufsetzt und die Vergünstigungen vervielfacht. In diesem Land der Hoffnungen und also Land der Gerüchte, Ahnungen, Mutmaßungen und Hypothesen umwächst jedes Ereignis schneller mit einer Legende, als der Eil-Kurier den Bericht oder Rapport des örtlichen Chefs über dieses Ereignis in irgendwelche »höchsten Sphären« zustellen konnte.

Jetzt wurde erzählt: Als sich ein hoher Chef auf der Durchreise beklagte, daß die Kulturarbeit im Lager auf beiden Beinen hinke, sagte der Kulturorganisator Major Pugatschow dem Gast:

»Seien Sie unbesorgt, Bürger Natschalnik, wir bereiten eine Veranstaltung vor, daß die ganze Kolyma davon sprechen wird.«

Man kann die Erzählung direkt mit dem Bericht des Chirurgen Braude beginnen, der aus dem Zentralkrankenhaus ins Gebiet der Kriegshandlungen abkommandiert wurde.

Man kann auch mit dem Brief von Jaschka Kutschen beginnen, eines Häftlings und Sanitäters, der im Krankenhaus lag. Sein Brief war mit der linken Hand geschrieben – Kutschens rechte Schulter war von einer Gewehrkugel durchschossen worden.

Oder mit der Erzählung von Doktor Potanina, die nichts gesehen und nichts gehört hatte und auf Reisen war, als es zu den unerwarteten Ereignissen kam. Ebendiese Reise stufte der Untersuchungsführer als »falsches Alibi« ein, als strafbare Unterlassung oder wie das sonst in der Sprache der Juristen heißt.

Die Verhaftungen der dreißiger Jahre waren Verhaftungen von zufälligen Leuten. Das waren Opfer der falschen und fürchterlichen Theorie, nach der sich der Klassenkampf mit dem erstarkenden Sozialismus verschärft. Die Professoren, Parteiarbeiter, Militärs, Ingenieure, Bauern und Arbeiter, die die Gefängnisse jener Zeit überfüllten, hatten eigentlich weiter nichts vorzuweisen als vielleicht persönliche Anständigkeit, möglicherweise Naivität – kurz, Eigenschaften, die die ahndende Arbeit der damaligen »Justiz« eher erleichterten als erschwerten. Das Fehlen einer einheitlichen verbindenden Idee schwächte die Moral der Häftlinge außerordentlich. Sie waren weder Gegner der Macht noch Staatsverbrecher und starben, ohne überhaupt zu begreifen, warum sie sterben mußten. Ihr Ehrgefühl und ihre Erbitterung konnten sich auf nichts stützen. Und sie starben isoliert in der weißen Wüste der Kolyma – am Hunger, der Kälte, der vielstündigen Arbeit, an Schlägen und Krankheiten. Sie hatten sofort gelernt, nicht füreinander einzutreten, einander nicht zu unterstützen. Das hatte die Leitung auch angestrebt. Die Seelen der am Leben Gebliebenen waren vollständig zerstört, und ihren Körpern fehlten die für die physische Arbeit nötigen Eigenschaften.

Zu ihrer Ablösung kamen nach dem Krieg Dampfer um Dampfer die Repatrianten – aus Italien, Frankreich und Deutschland geradewegs in den Hohen Nordosten.

Hier gab es viele Menschen mit anderen Fertigkeiten, mit im Krieg erworbenen Gewohnheiten – Menschen mit Mut und Risikofreude, die nur auf die Waffe vertrauten. Kommandeure und Soldaten, Flieger und Aufklärer ...

Die Lagerverwaltung, an die Engelsgeduld und Sklavendemut der »Trotzkisten« gewöhnt, machte sich nicht die geringsten Gedanken und erwartete nichts Neues.

Die Neulinge fragten die überlebenden »Aborigines«:

»Warum eßt ihr Suppe und Grütze in der Kantine, aber tragt das Brot in die Baracke? Warum eßt ihr die Suppe nicht mit Brot wie überall auf der Welt?«

Mit ihren schrundigen blauen Mündern lächelnd, die vom Skorbut gezogenen Zähne zeigend, antworteten die Einheimischen den naiven Neulingen:

»In zwei Wochen wird es jeder von euch verstehen und genauso machen.«

Wie ihnen erzählen, daß sie noch nie im Leben echten Hunger, vieljährigen, den Willen brechenden Hunger erlebt haben – und man nicht ankämpfen kann gegen den leidenschaftlichen, überwältigenden Wunsch, den Vorgang des Essens so lange wie möglich auszudehnen, die Brotration mit einem Becher heißem, geschmacklosen »ausgelassenen« Schneewasser in größter Seligkeit in der Baracke aufzuessen, aufzulutschen.

Aber nicht alle Neulinge schüttelten verächtlich den Kopf und wandten sich ab.

Major Pugatschow verstand auch noch etwas anderes. Ihm war klar, daß man sie zum Sterben hergebracht hatte – um diese lebendigen Toten abzulösen. Man hatte sie im Herbst hergebracht – vor dem Winter kann man nirgendwohin fliehen, im Sommer aber, wenn schon nicht ganz entkommen, so doch in Freiheit sterben.

Und den ganzen Winter wurde das Netz dieser in zwanzig Jahren beinahe einzigen Verschwörung gewoben.

Pugatschow hatte verstanden, daß den Winter überleben und anschließend fliehen nur kann, wer nicht bei den allgemeinen Arbeiten, in der Grube arbeitet. Nach ein paar Wochen Arbeit in der Brigade wird niemand mehr irgendwohin fliehen.

Die an der Verschwörung Beteiligten wechselten langsam, einer nach dem anderen, in die Versorgung. Soldatow wurde Koch, Pugatschow selbst Kulturorganisator, ein Feldscher, zwei Brigadiere, und der ehemalige Mechaniker Iwaschtschenko reparierte bei der Wachabteilung Waffen.

Doch ohne Begleitposten durfte niemand von ihnen »hinter den Stacheldraht«.

Es begann der blendende Kolyma-Frühling, ohne einen einzigen Regen, ohne Eisgang, ohne Vogelgezwitscher. Nach und nach verschwand der Schnee, von der Sonne verbrannt. Dort, wo die Sonnenstrahlen nicht hinreichten, blieb der Schnee in Felsspalten und Schluchten einfach liegen wie Barren von Silbererz – bis zum nächsten Jahr.

Und der festgelegte Tag war da.

An der Tür des winzigen Wachhäuschens – am Lagertor, eines Häuschens mit Ausgängen ins Lager und nach draußen, wo nach der Vorschrift immer zwei Aufseher Dienst tun, wurde geklopft. Der Diensthabende gähnte und schaute auf die Wanduhr. Es war fünf Uhr morgens. »Erst fünf«, dachte der Diensthabende.

Der Diensthabende löste den Riegel und ließ den Klopfenden ein. Das war der Häftling und Lagerkoch Soldatow, der die Schlüssel für den Lagerraum mit den Lebensmitteln holen kam. Die Schlüssel wurden bei der Wache aufbewahrt, und dreimal am Tag kam der Koch Soldatow diese Schlüssel holen. Anschließend brachte er sie zurück.

An sich sollte der Diensthabende diese Kammer in der Küche selbst aufschließen, doch der Diensthabende wußte, daß den Koch zu kontrollieren aussichtslos ist, daß Schlösser nicht helfen, wenn der Koch stehlen will, und vertraute dem Koch die Schlüssel an. Erst recht um fünf Uhr morgens.

Der Diensthabende hatte mehr als ein Jahrzehnt an der Kolyma gearbeitet, erhielt längst das doppelte Gehalt und hatte den Köchen Tausende Male die Schüssel ausgehändigt.

»Nimm ihn dir«, und der Diensthabende griff nach dem Lineal und beugte sich zum Linienziehen über den Morgenrapport.

Soldatow trat hinter den Rücken des Diensthabenden, nahm den Schlüssel vom Nagel, steckte ihn in die Tasche und packte den Diensthabenden von hinten an der Gurgel. Im selben Moment ging die Tür auf, und vom Lager her trat durch die Tür in die Wache Iwaschtschenko, der Mechaniker. Iwaschtschenko half Soldatow, den Diensthabenden zu erwürgen und seine Leiche hinter den Schrank zu ziehen. Den Revolver des Diensthabenden steckte Iwaschtschenko in die eigene Tasche. Durch das Fenster nach außen sah man, wie den Pfad entlang der zweite Diensthabende zurückkam. Eilig zog Iwaschtschenko den Mantel des Getöteten an, setzte die Mütze auf, schloß die Koppel und setzte sich an den Tisch, wie der Aufseher. Der zweite Diensthabende öffnete die Tür und trat in den dunklen Verschlag der Wache. Im selben Moment wurde er gepackt, erwürgt und hinter den Schrank geworfen.

Soldatow zog seine Kleider an. Waffe und Uniform hatten die beiden Verschwörer schon. Alles lief nach Programm, nach dem Plan von Major Pugatschow. Überraschend erschien auf der Wache die Frau des zweiten Aufsehers – ebenfalls die Schlüssel holen, die ihr Mann durch Zufall mitgenommen hatte.

»Die Alte erwürgen wir nicht«, sagte Soldatow. Und sie fesselten sie, stopften ihr ein Handtuch in den Mund und legten sie in die Ecke.

Eine Brigade kam von der Arbeit zurück. Auf diesen Fall hatte man sich eingestellt. Als der Begleitposten die Wache betrat, wurde er sofort von den beiden »Aufsehern« entwaffnet und gefesselt. Das Gewehr fiel den Flüchtigen in die Hände. Von diesem Moment an übernahm Major Pugatschow das Kommando.

Der Platz vor dem Tor wurde von zwei Eckwachtürmen gesichert, wo Posten standen. Die Posten hatten nichts Außergewöhnliches gesehen.

Etwas verfrüht trat eine Brigade zur Arbeit an, aber wer kann im Norden sagen, was früh oder spät ist. Es schien etwas verfrüht. Aber vielleicht auch etwas verspätet.

Die Brigade, zehn Mann, machte sich in Zweierreihen auf den Weg in die Gruben. Vorn und hinten, in sechs Meter Abstand vom Gefangenenverband, gingen vorschriftsgemäß Begleitposten in Militärmänteln, einer von ihnen mit einem Gewehr in der Hand.

Der Posten sah vom Wachturm, daß die Brigade von der Straße in den Pfad einbog, der am Gebäude der Wachabteilung vorbeiführte. Dort wohnten die Soldaten des Postendienstes – die gesamte Truppe von sechzig Mann.

Der Schlafraum der Begleitposten war hinten, und direkt an der Tür waren der Raum des Diensthabenden und die Gewehrständer. Der Wachhabende döste am Tisch und sah im Halbschlaf, daß ein Begleitposten eine Häftlingsbrigade am Fenster der Wache vorbeiführte.

»Das ist sicher Tschernenko«, dachte der Wachhabende, der den Begleitposten nicht erkannte. »Ich schreibe unbedingt einen Rapport über ihn.« Der Wachhabende war ein Meister der Intrige und würde keine Gelegenheit auslassen, jemandem auf gesetzlicher Grundlage eins auszuwischen.

Das war sein letzter Gedanke. Die Tür flog auf, und drei Soldaten rannten in die Kaserne. Zwei stürmten zur Tür des Schlafsaals, und der dritte erschoß den Wachhabenden aus nächster Nähe. Hinter den Soldaten kamen die Häftlinge hereingerannt, alle stürzten sich auf den Ständer – Gewehre und Maschinenpistolen waren in ihren Händen. Major Pugatschow riß die Tür zum Schlafsaal auf. Die Soldaten, noch in Unterwäsche und barfuß, wollten zur Tür stürzen, aber zwei MPi-Salven an die Decke hielten sie auf.

»Hinlegen«, kommandierte Pugatschow, und die Soldaten krochen unter die Pritschen. Der MPi-Schütze blieb als Wache an der Schwelle.

Ohne Eile zog die »Brigade« Militäruniformen an, packte Lebensmittel ein und versah sich mit Waffen und Patronen.

Pugatschow ließ an Lebensmitteln nur Schiffszwieback und Schokolade mitnehmen. Dafür nahmen sie so viel wie möglich an Waffen und Patronen.

Der Feldscher hängte sich die Tasche mit dem Verbandskasten über die Schulter.

Die Flüchtigen fühlten sich wieder als Soldaten.

Vor ihnen lag die Tajga – aber ist sie schrecklicher als die Stochod-Sümpfe*?

Sie erreichten die Trasse, und auf der Chaussee hob Pugatschow den Arm und hielt einen Lastwagen an.

»Aussteigen!«, er öffnete die Tür zur Fahrerkabine.

»Aber ich ...«

»Aussteigen, hörst du nicht!«

Der Chauffeur stieg aus. Ans Steuer setzte sich der Leutnant der Panzertruppen Georgadse, neben ihn Pugatschow. Die flüchtigen Soldaten kletterten in den Kasten, und das Fahrzeug jagte los.

»Hier müßte ein Abzweig sein.«

Das Fahrzeug bog ab in einen der ...

»Das Benzin ist alle!..«

Pugatschow fluchte.

Sie gingen in die Tajga, wie man ins Wasser taucht – verschwanden sofort im riesigen schweigsamen Wald. Die Karte im Blick, hielten sie am ersehnten Weg in die Freiheit fest, immer schnurstracks ausschreitend. Durch einen dieser erstaunlichen Windbrüche.

Die Bäume starben im Norden im Liegen wie die Menschen. Ihre mächtigen Wurzeln sahen aus wie die gigantischen Krallen eines Raubvogels, der sich an den Stein klammert. Von diesen gewaltigen Krallen nach unten, in den Dauerfrostboden sprossen Tausende kleine Fühler-Auswüchse. Jeden Sommer ging die Vereisung ein wenig zurück, und ein brauner Wurzelfühler kroch sofort in jeden Zentimeter getauter Erde und krallte sich fest.

Die Bäume erreichten ihre Reife hier mit dreihundert Jahren, langsam erhoben sie ihren schweren, mächtigen Körper auf diesen schwachen Wurzeln.

Vom Sturm gekippt, fielen die Bäume rücklings um, alle mit den Köpfen in dieselbe Richtung, und starben ausgestreckt auf einer Schicht von weichem dicken Moos von hellroter oder hellgrüner Farbe.

Sie machten sich fertig für die Nacht, schnell und routiniert.

Und nur Aschot und Malinin konnten gar nicht zur Ruhe kommen.

»Was habt ihr denn?«, fragte Pugatschow.

»Aschot will mir hier dauernd weismachen, daß Adam aus dem Paradies nach Ceylon vertrieben wurde.«

»Wie, nach Ceylon?«

»Das sagt man bei ihnen, den Mohammedanern«, sagte Aschot.

»Und was bist du, Tatare?«

»Ich bin kein Tatare, meine Frau ist Tatarin.«

»Das habe ich noch nie gehört«, sagte Pugatschow lächelnd.

»Ja ja, ich habe es auch nie gehört«, stimmte Malinin ein.

»Gut – jetzt schlaft!..«

Es war kalt, und Major Pugatschow wachte auf. Soldatow saß da, die MPi auf den Knien, ganz Aufmerksamkeit. Pugatschow legte sich auf den Rücken, suchte mit den Augen nach dem Polarstern – dem Lieblingsstern der Fußgänger. Die Sternbilder lagen hier anders als in Europa und in Rußland, die Karte des Sternenhimmels war ein wenig gedreht, und der Große Bär war zur Horizontlinie verrückt. In der Tajga war es schweigsam und streng; die gewaltigen knorrigen Lärchen standen weit voneinander entfernt. Der Wald war voll von dieser alarmierenden Stille, die jeder Jäger kennt. Diesmal war Pugatschow nicht der Jäger, sondern das Tier, dessen Spur man folgt – die Waldstille war für ihn dreifach alarmierend.

Das war seine erste Nacht in Freiheit, die erste freie Nacht nach den langen Monaten und Jahren des schrecklichen Kreuzwegs von Major Pugatschow. Er lag da und dachte zurück – wie das begann, was jetzt vor seinen Augen ablief wie ein spannender Film. Als spielte Pugatschow von eigener Hand den Kinofilm aller zwölf Leben so ab, daß statt des langsamen täglichen Kreisens die Ereignisse mit ungeheurer Schnelligkeit vorüberflogen. Und dann der

Schriftzug – »Ende des Films« – sie waren in Freiheit. Und der Beginn des Kampfs, des Spiels, des Lebens ...

Major Pugatschow erinnerte sich an das deutsche Lager, aus dem er 1944 geflohen ist. Die Front näherte sich der Stadt. Er arbeitete als Lastwagenfahrer innerhalb des riesigen Lagers, fuhr Müll ab. Er erinnerte sich, wie er mit Vollgas den einreihigen Stacheldraht durchbrach und die eilig eingerammten Pfähle ausriß. Die Schüsse der Posten, die Schreie, die rasante Fahrt durch die Stadt, in unterschiedliche Richtungen, das verlassene Fahrzeug, in den Nächten der Weg zur Frontlinie und der Empfang – das Verhör in der Sonderabteilung. Anklage wegen Spionage, und Urteil – fünfundzwanzig Jahre Gefängnis.

Major Pugatschow erinnerte sich, wie die Emissäre Wlassows* mit seinem »Manifest« kamen, wie sie die hungrigen, erschöpften, abgehärmten russischen Soldaten besuchten.

»Eure Macht hat sich längst von euch losgesagt. Jeder Kriegsgefangene ist ein Verräter in den Augen eurer Macht«, sagten die Wlassow-Leute. Und sie zeigten Moskauer Zeitungen mit Reden und Befehlen. Die Kriegsgefangenen hatten das schon gewußt. Nicht umsonst wurden nur den russischen Kriegsgefangenen keine Päckchen geschickt. Franzosen, Amerikaner, Engländer – die Kriegsgefangenen aller Nationalitäten erhielten Päckchen und Briefe, für sie gab es Landsmannschaften und Freundschaft; und die Russen hatten nichts, außer dem Hunger und ihrer Erbitterung gegen alles auf der Welt. Kein Wunder, daß viele Häftlinge aus deutschen Kriegsgefangenenlagern in die »Russische Befreiungsarmee« eintraten.

Major Pugatschow hatte den Wlassow-Offizieren nicht geglaubt – solange, bis er selbst die Rotarmisteneinheiten erreichte. Alles, was Wlassows Leute gesagt hatten, war wahr. Der Staat brauchte ihn nicht. Der Staat fürchtete ihn.

Dann kamen beheizte Güterwaggons mit Gittern und Begleitposten – der vieltägige Weg in den Fernen Osten, das Meer, der Schiffsbauch und die Goldbergwerke des Hohen Nordens. Und der Hungerwinter.

Pugatschow richtete sich auf und setzte sich hin. Soldatow winkte ihm zu. Eben Soldatow hatte die Ehre gebührt, diese Sache anzufangen, obwohl er als einer der letzten zur Verschwörung dazugestoßen war. Soldatow hatte keine Angst bekommen, nicht den Kopf verloren, sie nicht verraten. Ein feiner Kerl, Soldatow!

Zu seinen Füßen liegt der Fliegerhauptmann Chrustaljow, der ein ähnliches Schicksal hatte wie Pugatschow. Das von den Deutschen getroffene Flugzeug, Gefangenschaft, Hunger, Flucht – Tribunal und Lager. Jetzt dreht sich Chrustaljow um – die eine Wange ist röter als die andere, er hat darauf gelegen. Chrustaljow war der erste, mit dem Major Pugatschow vor Monaten über die Flucht gesprochen hatte. Darüber, daß der Tod besser ist als ein Häftlingsleben, daß es besser ist, mit der Waffe in der Hand zu sterben als müde von Hunger und Arbeit unter den Gewehrkolben, unter den Stiefeln der Begleitposten.

Chrustaljow wie der Major waren Menschen der Tat, und jene winzige Chance, um derentwillen heute das Leben der zwölf Leute aufs Spiel gesetzt wurde, war aufs gründlichste beraten worden. Der Plan war, einen Flugplatz und ein Flugzeug an sich zu bringen. Flugplätze gab es hier mehrere, und jetzt laufen sie durch die Tajga zum nächstgelegenen Flugplatz.

Chrustaljow war auch jener Brigadier, den die Flüchtigen nach dem Überfall auf die Wachabteilung holen ließen – Pugatschow wollte nicht ohne seinen engsten Freund fliehen. Und da schläft er jetzt, Chrustaljow, ruhig und fest.

Neben ihm Iwaschtschenko, der Waffenmeister, der die

Revolver und Gewehre der Wache reparierte. Iwaschtschenko hatte alles erkundet, was für den Erfolg notwendig war: wo die Waffen liegen, wer und wann in der Abteilung Dienst tut, wo die Munitionslager sind. Iwaschtschenko war ehemaliger Aufklärer.

Fest schlafend, aneinandergeschmiegt, Lewizkij und Ignatowitsch – beide Flieger, Kameraden von Hauptmann Chrustaljow.

Der Panzerfahrer Poljakow hat beide Arme auf die Rükken seiner Nachbarn ausgestreckt – des Giganten Georgadse und des kahlköpfigen Spaßvogels Aschot, dessen Nachname dem Major gerade nicht einfällt. Den Verbandskasten unter dem Kopf, schläft Sascha Malinin, der Lagerfeldscher, früher Sanitäter, der eigene Feldscher von Pugatschows Sonderkommando.

Pugatschow lächelte. Wahrscheinlich hatte jeder seine eigene Vorstellung von dieser Flucht gehabt. Doch darin, daß alles gut ging, darin, daß jeder den anderen auf Anhieb verstand, sah Pugatschow, daß nicht nur er richtig gelegen hatte. Jeder wußte, die Ereignisse laufen wie geplant. Da ist ein Kommandeur, da ist ein Ziel. Ein überzeugter Kommandeur und ein schwieriges Ziel. Da sind Waffen. Da ist Freiheit. Sie können einen ruhigen Soldatenschlaf schlafen selbst in dieser leeren blaß-lila Polarnacht mit dem sonderbaren sonnenlosen Licht, in dem die Bäume keinen Schatten haben.

Er hatte ihnen Freiheit versprochen, sie haben die Freiheit bekommen. Er führte sie in den Tod – sie hatten keine Angst vor dem Tod.

»Und keiner hat uns verraten«, dachte Pugatschow, »bis auf den letzten Tag.« Von der beabsichtigten Flucht wußten natürlich viele im Lager. Die Leute wurden über mehrere Monate ausgewählt. Viele, mit denen Pugatschow offen gesprochen hatte, hatten abgelehnt, aber keiner war mit einer Denunziation auf die Wache gerannt. Dieser Umstand versöhnte Pugatschow mit dem Leben. »So feine Kerle, so feine Kerle«, flüsterte er und lächelte.

Sie aßen etwas Schiffszwieback und Schokolade und gingen schweigend los. Ein kaum erkennbarer Pfad leitete sie.

»Ein Bärenpfad«, sagte Seliwanow, der sibirische Jäger.

Pugatschow und Chrustaljow waren bis zum Paß aufgestiegen, zum kartographischen Dreifuß, und sahen durchs Fernglas nach unten, auf zwei graue Bänder – den Fluß und die Chaussee. Der Fluß war wie jeder Fluß, die Chaussee aber war über eine große Strecke von einigen Dutzend Kilometern voller Lastwagen mit Menschen.

»Häftlinge wahrscheinlich«, meinte Chrustaljow.

Pugatschow schaute genau hin.

»Nein, das sind Soldaten. Sie sind hinter uns her. Wir müssen uns teilen«, sagte Pugatschow. »Acht Mann sollen in den Schobern übernachten, und wir vier schauen uns diese Schlucht an. Morgen früh kommen wir zurück, wenn alles gut geht.«

Sie machten einen Bogen um ein niedriges Gehölz und traten in das Bachbett. Es war Zeit für den Rückweg.

»Sieh doch – zu viele, laß uns lieber bachaufwärts.«

Schwer atmend stiegen sie rasch das Bachbett hinauf, und die Steine sprangen bergab, rasselnd und polternd direkt vor die Füße der Angreifer.

Lewizkij drehte sich um, fluchte und fiel. Eine Kugel hatte ihn direkt ins Auge getroffen.

Georgadse blieb an einem Felsblock stehen, drehte sich um und stoppte mit einer Salve aus der MPi die die Schlucht hochsteigenden Soldaten, nicht für lange – seine MPi verstummte, und es schoß nur ein Gewehr.

Chrustaljow und Major Pugatschow schafften es viel höher, bis hinauf auf den Paß.

»Geh du allein«, sagte der Major zu Chrustaljow, »ich schieße.«

Er schoß ohne Eile auf jeden, der sich zeigte. Chrustaljow kam zurück, er schrie:

»Sie kommen!«, und fiel hin. Hinter dem Felsblock hervor kamen Leute gerannt.

Pugatschow stürmte los, schoß auf die Laufenden und warf sich vom Paß des Hochplateaus in das enge Bachbett. Im Flug klammerte er sich an einen Weidenast, hielt sich fest und kroch seitwärts davon. Die Steine, die er im Fallen gestreift hatte, sprangen polternd weiter abwärts.

Er lief durch die Tajga, querfeldein, bis ihn die Kräfte verließen.

Über der Waldlichtung stieg die Sonne auf, und die Männer, die sich in den Schobern verborgen hielten, konnten gut die Gestalten der Unifomierten erkennen – von allen Seiten der Lichtung.

»Das ist wohl das Ende?«, sagte Iwaschtschenko und stieß Chatschaturjan mit dem Ellbogen an.

»Wieso das Ende?«, sagte Aschot und zielte. Ein Gewehrschuß knallte, auf dem Pfad fiel ein Soldat hin.

Sofort wurde von allen Seiten das Feuer auf die Schober eröffnet.

Die Soldaten stürmten auf Kommando durch den Sumpf zu den Schobern, Schüsse krachten, Stöhnen war zu hören.

Die Attacke wurde zurückgeschlagen. Einige Verwundete lagen zwischen den Erdhöckern im Sumpf.

»Sanitäter, hinrobben«, verfügte irgendein Chef.

Aus dem Krankenhaus hatte man vorsorglich den gefangenen Sanitäter Jaschka Kutschen mitgenommen, einen Bewohner des Westlichen Weißrußland. Ohne ein Wort kroch der Häftling Kutschen zu einem Verletzten und schwenkte die Sanitätertasche. Eine Kugel in die Schulter hielt Kutschen auf halbem Wege auf.

Furchtlos sprang der Chef der Wachabteilung hervor – eben jener Abteilung, die die Flüchtigen entwaffnet hatten. Er schrie:

»Hej, Iwaschtschenko, Soldatow, Pugatschow, ergebt euch, ihr seid umzingelt. Ihr habt keinen Ausweg.«

»Komm dir die Waffen holen«, schrie Iwaschtschenko aus dem Schober.

Und Bobyljow, der Chef der Wache, patschte durch den Sumpf auf die Schober zu.

Auf der Hälfte des Pfads knallte Iwaschtschenkos Schuß – die Kugel traf Bobyljow direkt in die Stirn.

»Bravo«, lobte Soldatow den Kameraden. »Der Chef ist ja darum so tapfer, weil ihm alles gleich ist: für unsere Flucht hätten sie ihn erschossen oder ins Lager gesteckt. Kommt, haltet euch!«

Von überall wurde geschossen. Die mitgebrachten MGs ratterten.

Soldatow spürte, wie es ihm beide Beine versengte, wie der Kopf des getöteten Iwaschtschenko an seine Schulter stieß.

Der andere Schober schwieg. Ein Dutzend Leichen lagen im Sumpf.

Soldatow schoß, bis ihm etwas auf den Kopf schlug, und er verlor das Bewußtsein.

Nikolaj Sergejewitsch Braude, Chefchirurg des großen Krankenhauses, wurde auf telefonische Anordnung Generalmajor Artemjews, eines der vier Generäle an der Kolyma und Chef der Wache sämtlicher Kolyma-Lager, überraschend in die Siedlung Litschan gerufen, zusammen mit

»zwei Feldschern, Verbandsmaterial und Gerät«, wie es im Telephonogramm hieß.

Braude packte schnell, ohne viel herumzurätseln, und der Anderthalbtonner, der altgediente kleine Krankenhauslaster, setzte sich in die gewiesene Richtung in Bewegung. Auf der Chaussee wurde das Krankenhausfahrzeug ständig von mächtigen »Studebakers« überholt, beladen mit bewaffneten Soldaten. Es waren nur vierzig Kilometer zu fahren, aber wegen der zahlreichen Halte, wegen eines Fahrzeugstaus irgendwo vor ihnen und wegen ständiger Überprüfung der Papiere kam Braude erst nach drei Stunden ans Ziel.

Generalmajor Artemjew erwartete den Chirurgen in der Wohnung des örtlichen Lagerchefs. Braude und Artemjew waren Kolyma-Veteranen, und das Schicksal hatte sie schon mehrfach zusammengeführt.

»Was ist denn hier los, Krieg?«, fragte Braude den General, als sie sich begrüßt hatten.

»Krieg oder nicht Krieg, aber in der ersten Schlacht gibt es achtundzwanzig Tote. Und die Verwundeten – Sie werden sehen.«

Und während sich Braude am Waschbecken wusch, das bei der Tür hing, erzählte ihm der General von der Flucht.

»Sie hätten ja«, sagte Braude und zündete sich eine Papirossa an, »Flugzeuge rufen können, nicht? Zwei, drei Geschwader, und bombardieren, bombardieren ... Oder gleich eine Atombombe.«

»Sie spotten«, sagte der Generalmajor. »Aber ich warte ohne jeden Scherz auf einen Befehl. Und noch gut – wenn sie mich aus der Wache entlassen, womöglich stellen sie mich vor Gericht. Alles schon vorgekommen.«

Ja, Braude wußte, daß alles schon vorgekommen war. Vor einigen Jahren hatte man im Winter dreitausend Mann zu Fuß in einen Hafen geschickt, wo ein Sturm die Lagerhäuser am Ufer vernichtet hatte. In der ganzen Etappe blieben von den dreitausend Mann etwa dreihundert am Leben. Und der stellvertretende Verwaltungschef, der die Verfügung über den Abmarsch der Etappe unterschrieben hatte, wurde geopfert und vor Gericht gestellt.

Bis zum Abend waren Braude und die Feldscher damit beschäftigt, Kugeln zu entfernen, zu amputieren, zu verbinden. Die Verwundeten waren alle Wachsoldaten – kein einziger Flüchtiger war darunter.

Am nächsten Abend wurden wieder Verletzte gebracht. Von Wachoffizieren umringt, trugen zwei Soldaten eine Trage mit dem ersten und einzigen Flüchtigen, den Braude zu sehen bekam. Der Flüchtige trug eine Militäruniform und unterschied sich von den Soldaten nur durch seine Unrasiertheit. Er hatte Brüche der Unterschenkel und der linken Schulter durch Schüsse und eine Kopfverletzung mit Schädigung des Schädelknochens. Der Flüchtling war ohne Bewußtsein.

Braude erwies ihm erste Hilfe und ließ den Verwundeten, auf Befehl Artemjews, mit Begleitposten zu sich ins große Krankenhaus bringen, wo die Voraussetzungen für eine schwere Operation vorhanden waren.

Alles war zu Ende. In der Nähe stand ein Militärlastwagen, mit einer Plane bedeckt – dort waren die Körper der getöteten Flüchtlinge gestapelt. Daneben ein zweites Fahrzeug mit den Körpern der getöteten Soldaten.

Man hätte die Armee nach Hause schicken können nach diesem Sieg, doch noch viele Tage fuhren Lastwagen mit Soldaten auf allen Abschnitten der zweitausendkilometerlangen Chaussee hin und her.

Der zwölfte – Major Pugatschow – fehlte.

Soldatow wurde lange kuriert und auskuriert – und anschließend erschossen. Übrigens war dies das einzige Todesurteil von sechzig verhängten Strafen – so viele Freunde und Bekannte der Flüchtigen kamen vor das Tribunal. Der Chef des örtlichen Lagers bekam zehn Jahre. Die Chefin der Sanitätsabteilung Doktor Potanina wurde vom Gericht freigesprochen; gleich nach Abschluß des Prozesses wechselte sie die Arbeitsstelle. Generalmajor Artemjew hatte es aus den Sternen gelesen – er verlor seinen Posten, wurde vom Dienst in der Wache entlassen.

––––––

Pugatschow war mit Mühe durch die schmale Öffnung in die Höhle hinuntergekrochen – das war eine Bärenhöhle, das Winterquartier des Tiers, das sie längst verlassen hat und durch die Tajga wandert. An den Wänden der Höhle und den Steinen ihres Bodens fand er Bärenhaare.

Wie schnell das alles zu Ende ging, dachte Pugatschow. Sie werden mit Hunden kommen und mich finden. Und ergreifen.

Und in der Höhle liegend erinnerte er sich an sein Leben – ein schweres Männerleben, ein Leben, das jetzt auf einem Bärenpfad in der Tajga endet. Er erinnerte sich an Menschen – an alle, die er geschätzt und geliebt hat, angefangen von der eigenen Mutter. Er erinnerte sich an seine Schullehrerin Marija Iwanowna, die eine Wattejacke trug, mit verschossenem, abgeschabten schwarzen Samt besetzt. Und viele, viele andere noch, mit denen ihn das Schicksal zusammengeführt hatte, rief er sich ins Gedächtnis.

Aber die besten, die würdigsten waren seine elf toten Kameraden. Keiner von jenen, den anderen Menschen in seinem Leben, hatte so viel an Enttäuschungen, Betrug und Lüge erlebt. Und in dieser nördlichen Hölle hatten sie die Kraft gefunden, an ihn, Pugatschow, zu glauben, und die

Hände nach der Freiheit auszustrecken. Und im Gefecht zu sterben. Ja, das waren die besten Leute in seinem Leben.

Pugatschow pflückte Preiselbeeren, die in Büschen direkt auf dem Fels am Eingang der Höhle wuchsen. Graublau und runzlig, platzten die vorjährigen Beeren in seinen Fingern, und er leckte die Finger ab. Die überreifen Beeren waren geschmacklos wie geschmolzener Schnee. Die Beerenschale klebte an seiner trockenen Zunge.

Ja, das waren die besten Leute gewesen. Und auch Aschots Nachnamen wußte er jetzt – Chatschaturjan.

Major Pugatschow rief sie sich alle ins Gedächtnis – einen nach dem anderen – und lächelte jedem zu. Dann schob er den Pistolenlauf in den Mund und drückte zum letzten Mal im Leben ab.

1959

Der Krankenhaus-Chef

»Warte, dich erwischen wir noch, dich kriegen wir noch dran«, drohte mir auf Ganovenart der Krankenhaus-Chef, Doktor Doktor, eine der unheilvollsten Figuren der Kolyma ... »Stell dich hin, wie es sich gehört.«

Ich stand »wie es sich gehört«, aber blieb ruhig. Einen ausgebildeten Feldscher mit Diplom wirft man nicht jedem Raubtier zum Zerreißen vor, liefert man nicht an Doktor Doktor aus – es war das Jahr siebenundvierzig, nicht siebenunddreißig, und ich, der ich Dinge gesehen hatte, die sich Doktor Doktor nicht einmal ausdenken konnte, blieb ruhig und wartete auf eins – daß der Chef sich entfernt. Ich war Oberfeldscher der chirurgischen Abteilung.

Die Hetze hatte kürzlich begonnen, nachdem Doktor Doktor in meiner Lagerakte die Vorstrafe mit dem Kürzel »KRTD« gefunden hatte; Doktor Doktor war Tschekist, ein Mann der Politabteilung, der nicht wenige »KRTD« in den Tod geschickt hatte, und jetzt tauchte in seinen Händen, in seinem Krankenhaus, als Absolvent seines Lehrgangs – ein Feldscher auf, der zu liquidieren war.

Doktor Doktor versuchte, die Hilfe des NKWD-Bevollmächtigten in Anspruch zu nehmen. Doch Bevollmächtigter war der Frontkämpfer Baklanow, ein junger Mann, aus dem Krieg. Die unsauberen Geschichten von Doktor

Doktor selbst – eigene Fischer brachten für ihn Fisch, Jäger erlegten Wild, die Selbstbedienung der Leitung war in vollem Gange, und Doktor Doktor fand bei Baklanow kein Mitgefühl.

»Aber aus Ihrem eigenen Lehrgang, er hat gerade abgeschlossen. Sie selbst haben ihn ja aufgenommen.«

»Das hat die Kaderabteilung verschlafen. Wie jetzt dahintersteigen.«

»Nun«, sagte der Bevollmächtigte. »Wenn er irgendeinen Verstoß, ein Vergehen ... kurz, dann kassieren wir ihn. Helfen wir Ihnen.«

Doktor Doktor beschwerte sich über die schlechten Zeiten und wartete geduldig. Auch Chefs können geduldig auf die Fehler ihrer Untergebenen warten.

Das zentrale Lagerkrankenhaus war groß, tausend Betten. Es gab gefangene Ärzte aus allen Fachgebieten. Die freie Leitung hatte darum gebeten und die Erlaubnis erhalten, in der chirurgischen Abteilung zwei Zimmer für Freie zu eröffnen – einen Männer- und einen Frauensaal für Frischoperierte. In meinem Saal lag eine junge Frau, die mit Blinddarmentzündung eingeliefert worden war; ihre Blinddarmentzündung wurde nicht operiert, sondern konservativ behandelt. Die junge Frau war forsch, Sekretärin der Komsomolorganisation der Bergwerksverwaltung, wie es scheint. Als man sie einlieferte, zeigte der galante Chirurg Braude der neuen Patientin die Abteilung und erzählte etwas von ... Brüchen und Spondylitis und zeigte ihr nacheinander sämtliche Abteilungen. Draußen herrschte sechzig Grad Frost, und auf der Transfusionsstation gab es keine Öfen – der Frost hatte das gesamte Fenster bereift, und Metall konnte man nicht mit den bloßen Händen berühren, doch der galante Chirurg riß die Tür zur Transfusionsstation auf, und alles fuhr zurück, in den Korridor.

»Und hier nehmen wir gewöhnlich die Frauen auf.«

»Wahrscheinlich ohne besonderen Erfolg«, sagte die Besucherin und blies sich in die Hände.

Der Chirurg wurde verlegen.

Und diese forsche junge Frau schneite bei mir in der Bereitschaft herein. Dort standen gefrorene Preiselbeeren, ein Schälchen Preiselbeeren, und wir sprachen bis spät in die Nacht. Doch irgendwann, gegen Mitternacht, wurde die Tür zur Bereitschaft aufgerissen – und Doktor Doktor trat ein. Ohne Kittel, in Lederjacke.

»In der Abteilung ist alles in Ordnung.«

»Das sehe ich. Und wer sind Sie?«, wandte sich Doktor Doktor an die junge Frau.

»Ich bin eine Kranke. Ich liege hier im Frauensaal. Ich wollte mir ein Fieberthermometer holen.«

»Morgen sind Sie nicht mehr hier. Ich liquidiere diesen Puff.«

»Puff? Wer ist denn das?«, sagte die junge Frau.

»Das ist der Krankenhaus-Chef.«

»Ach, das ist also Doktor Doktor. Ich weiß, ich weiß. Passiert dir was wegen mir? Wegen der Preiselbeeren?«

»Mir passiert nichts.«

»Na, für alle Fälle gehe ich morgen bei ihm vorbei. Ich werde ihm so den Marsch blasen, daß er begreift, wer er ist. Und wenn sie dich anrühren, ich gebe dir das Ehrenwort …«

»Mir passiert nichts.«

Die junge Frau wurde nicht entlassen, ihr Besuch bei dem Krankenhaus-Chef fand statt, und alles beruhigte sich bis zur ersten Vollversammlung, auf der Doktor Doktor einen Vortrag über den Verfall der Disziplin hielt.

»Da sitzt in der chirurgischen Abteilung ein Feldscher mit einer jungen Frau im Operationssaal«, Doktor Doktor verwechselte die Bereitschaft mit dem Operationssaal, »und ißt Preiselbeeren.«

»Mit wem denn?«, in den Reihen wurde geflüstert.

»Mit wem?«, rief jemand von den Freien.

Aber Doktor Doktor nannte keine Namen.

Der Blitz war eingeschlagen, aber ich verstand gar nichts. Der Oberfeldscher ist für die Verpflegung verantwortlich – der Krankenhaus-Chef hatte beschlossen, auf die einfachste Weise zuzuschlagen.

Die Fruchtspeise wurde nachgewogen, und es fehlten zehn Gramm. Mit großer Mühe konnte ich nachweisen, daß sie mit einer kleinen Kelle geschöpft und auf einen großen Teller ausgegeben wird – unweigerlich verschwinden zehn Gramm, weil sie »am Boden kleben«.

Der Blitz hatte mich gewarnt, auch wenn er ohne Donner war.

Am nächsten Tag folgte der Donnerschlag, ohne Blitz.

Einer der Stationsärzte hatte mich gebeten, für seinen Patienten – einen Sterbenden – einen Löffel von etwas Leckerem aufzuheben, und ich hatte es versprochen und den Verteiler eine halbe oder Viertelschüssel irgendeiner Suppe der Diätkost aufheben lassen. Das war nicht rechtmäßig, wurde aber immer und überall praktiziert, in jeder Abteilung. Zum Mittagessen stürmte ein ganzer Trupp hoher Chefs mit Doktor Doktor an der Spitze in die Abteilung.

»Und für wen ist das?« Auf dem Ofen wurde die halbe Schüssel der Diätsuppe gewärmt.

»Das hat Doktor Gussegow für seinen Patienten erbeten.«

»Der Patient, den Doktor Gussegow betreut, bekommt keine Diätverpflegung.«

»Doktor Gussegow herholen.«

Doktor Gussegow, ein Häftling und noch dazu nach »58 – 1a«, Vaterlandsverrat, war bleich vor Angst, als er vor den hellen Augen der Leitung erschien. Er war erst kürzlich, nach vielen Jahren der Eingaben und Bitten, ins Krankenhaus geholt worden. Und jetzt eine unglückliche Anordnung.

»Ich habe keine solche Weisung gegeben, Bürger Natschalnik.«

»Das heißt Sie, Herr Oberfeldscher, lügen. Führen uns irre«, tobte Doktor Doktor. »Wir haben dich erwischt, gib es zu. Haben dich drangekriegt.«

Doktor Gussegow tat mir leid, aber ich verstand ihn. Ich schwieg. Auch alle anderen Mitglieder der Kommission schwiegen – der Oberarzt, der Lagerchef. Nur Doktor Doktor wütete.

»Zieh den Kittel aus und ins Lager. Allgemeine Arbeiten! Du wirst mir im Isolator verfaulen!«

»Zu Befehl, Bürger Natschalnik.«

Ich zog den Kittel aus und verwandelte mich sofort in einen gewöhnlichen Häftling, den man in den Rücken stieß, den man anschrie – ich hatte ziemlich lange nicht im Lager gelebt ...

»Und wo ist die Baracke der Versorgung?«

»Du kriegst nicht die Baracke der Versorgung. Sondern den Isolator!«

»Es gibt noch keine Order.«

»Setz ihn vorläufig ohne Order rein.«

»Nein, ohne Order nehme ich ihn nicht. Der Lagerchef erlaubt das nicht.«

»Der Krankenhaus-Chef steht wohl über dem Lagerchef.«

»Ja, er steht über ihm, aber mein Chef ist nur der Lagerchef.«

In der Versorgungsbaracke konnte ich nicht lange sitzen – die Order war schnell ausgeschrieben, und ich ging in den

Lagerisolator, einen stinkenden Karzer, stinkend wie die Dutzende Karzer, in denen ich schon gesessen hatte.

Ich legte mich auf die Pritsche und lag so bis zum nächsten Morgen. Am Morgen kam der Arbeitsanweiser. Wir kannten uns schon von früher.

»Drei Tage haben sie dir gegeben mit Ausrücken zu allgemeinen Arbeiten. Geh raus, du bekommst Handschuhe und wirst in der Schubkarre Sand karren in der Baugrube für das neue Wachgebäude. Es war eine Komödie. Der Chef des Lagerpunkts hat erzählt. Doktor Doktor fordert Strafmine für immer ... Deine Verlegung ins Nummernlager*.

›Aber was für Bagatellen‹, sagten alle anderen. ›Wenn du für so ein Vergehen ins Straf- oder Nummernlager schickst, dann mußt du ja jeden. Und wir verlieren einen ausgebildeten Feldscher.‹

Die ganze Kommission wußte von Gussegows Ängstlichkeit, auch Doktor Doktor wußte davon, tobte aber nur noch mehr.

›Dann eben zwei Wochen allgemeine Arbeiten.‹

›Das geht auch nicht. Eine zu schwere Strafe. Eine Woche mit Ausrücken zur eigenen Arbeit im Krankenhaus‹, schlug der Bevollmächtigte Baklanow vor.

›Wo denken Sie hin? Ohne allgemeine Arbeiten, ohne Schubkarre ist das überhaupt keine Strafe. Wenn er bloß zum Übernachten in den Isolator geht, ist das alles nur pro forma.‹

›Na schön, einen Tag mit Ausrücken zu allgemeinen Arbeiten.‹

›Drei Tage.‹

›Gut.‹«

Und so übernehme ich nach vielen Jahren wieder die Griffe der Schubkarre, die Maschine des Sonderkollegiums* – das Urteil ist da, zwei Griffe, ein Rad.

Ich bin ein Schubkarrenveteran der Kolyma. In der Goldmine des Jahres achtunddreißig habe ich alle Feinheiten des Schubkarrenhandwerks gelernt. Ich weiß, wie man die Griffe drücken muß, damit die Kraft aus der Schulter kommt, ich weiß, wie man die leere Schubkarre zurückrollt – mit dem Rad voraus, die Griffe nach oben, damit das Blut abfließt. Ich weiß, wie man die Schubkarre mit einer Bewegung umkippt, wie man sie umdreht und auf den Steg stellt.

Ich bin Professor des Schubkarrenwesens. Ich schob die Schubkarre gern, bewies meine Klasse. Ich baute gern Stege und legte zum Ausgleichen Steinchen unter. Tagwerke wurden hier nicht gegeben. Einfach Schubkarre, Strafe – und basta. Es gab keinerlei Erfassung dieser Karzerarbeit. Einige Monate lang hatte ich das riesige Gebäude des dreistöckigen Zentralkrankenhauses nicht verlassen, war ohne frische Luft ausgekommen – ich scherzte, im Bergwerk habe ich für zwanzig Jahre im voraus frische Luft geschöpft und gehe nicht ins Freie. Jetzt aber atme ich frische Luft und rufe mir das Schubkarrenhandwerk ins Gedächtnis. Zwei Nächte und drei Tage war ich bei dieser Arbeit. Am Abend des dritten Tages besuchte mich der Lagerchef. In seiner gesamten Lagerpraxis an der Kolyma hatte er noch nie ein solches Strafmaß für ein Vergehen gesehen, wie Doktor Doktor es gefordert hatte, und der Lagerchef versuchte, etwas zu begreifen.

Er blieb am Steg stehen.

»Guten Tag, Bürger Natschalnik.«

»Heute endet deine *katorga*, du brauchst nicht mehr zurück in den Isolator.«

»Danke, Bürger Natschalnik.«

»Aber heute arbeite bis zum Schluß.«

»Zu Befehl, Bürger Natschalnik.«

Unmittelbar vor dem Zapfenstreich – vor dem Schlag ans Gleisstück – erschien Doktor Doktor. Bei ihm waren seine beiden Adjutanten, der Krankenhauskommandant Postel und Grischa Kobeko, der Zahntechniker im Krankenhaus.

Postel, ehemaliger NKWD-Mitarbeiter, ein Syphilitiker, der zwei oder drei Schwestern mit Syphilis angesteckt hatte, die dann in die »wensona« mußten, in die Venerologische Frauenzone in einer Waldaußenstelle, wo nur Syphilitikerinnen leben. Der schöne Grischa Kobeko war der Krankenhausdenunziant, ein Zuträger und Anstifter von Verfahren – eine würdige Gesellschaft für Doktor Doktor.

Der Krankenhaus-Chef trat an die Baugrube, und die drei Schubkarrenfahrer ließen die Arbeit stehen, richteten sich auf und gingen in Position »Stillgestanden«.

Doktor Doktor betrachtete mich mit größter Genugtuung.

»Da bist du ... Das ist genau die richtige Arbeit für dich. Verstanden? Das ist für dich genau die richtige Arbeit.«

Die Zeugen hatte Doktor Doktor wohl mitgebracht, um irgendetwas zu provozieren, wenigstens einen kleinen Verstoß. Die Zeiten haben sich geändert, sie haben sich geändert. Das versteht auch Doktor Doktor, und ich verstehe das auch. Chef und Feldscher – das ist nicht dasselbe wie Chef und einfacher Arbeiter. Ganz und gar nicht dasselbe.

»Ich kann jede Arbeit machen, Bürger Natschalnik. Ich könnte sogar Krankenhaus-Chef sein.«

Doktor Doktor stieß einen schmutzigen Fluch aus und entfernte sich Richtung Freiensiedlung. Der Schlag ans Gleisstück – und ich ging nicht ins Lager, nicht in die Zone, wie die beiden letzten Tage, sondern ins Krankenhaus.

»Grischka, Wasser!«, rief ich. »Und anständig zu essen nach der Wanne.«

Doch ich kannte Doktor Doktor schlecht. Kommissionen und Kontrollen brachen fast täglich über die Abteilung herein.

Und in Erwartung der Ankunft der obersten Leitung verlor Doktor Doktor den Verstand.

Doktor Doktor hätte mich noch gekriegt, doch die anderen freien Chefs zerstörten seine Karriere, stellten ihm ein Bein, verdrängten ihn von seinem guten Posten.

Überraschend wurde Doktor Doktor zum Urlaub aufs Festland geschickt, obwohl er niemals um Beurlaubung gebeten hatte. An seiner Stelle kam ein anderer Chef.

Die Abschiedsvisite. Der neue Chef ist schwerfällig und träge, er atmet schwer. Die chirurgische Abteilung liegt im zweiten Stockwerk – man ist schnell gegangen, außer Atem. Bei meinem Anblick konnte sich Doktor Doktor ein Vergnügen nicht versagen.

»Und das hier ist die Konterrevolution, von der ich dir unten erzählt habe«, sagte Doktor Doktor laut und zeigte mit dem Finger auf mich. »Ich war immer kurz davor, ihn zu entlassen, bin nicht dazu gekommen. Ich rate dir, das sofort, auf der Stelle zu tun. Die Krankenhausluft wird reiner sein.«

»Ich werde mich bemühen«, sagte der dicke Chef gleichgültig, und ich begriff, daß er Doktor Doktor nicht weniger haßte als ich.

1964

Der Antiquar

Von der Nacht war ich in den Tag versetzt worden – eine deutliche Beförderung, Bestätigung, ein Erfolg auf dem gefährlichen, aber rettenden Weg eines Krankensanitäters. Ich hatte nicht bemerkt, wer meinen Platz einnahm, zu jenen Zeiten blieben mir keine Kräfte für die Neugier, ich bemaß jede kleinste Bewegung, ob physisch oder psychisch – schließlich mußte ich ja wieder aufleben, und ich wußte, wie teuer unnötige Neugier zu stehen kommt.

Doch aus dem Augenwinkel sah ich im nächtlichen Halbschlaf ein bleiches, schmutziges Gesicht, dicht mit roten Stoppeln bewachsen, tiefe Höhlen um Augen von unbestimmter Farbe, gekrümmte erfrorene Finger, die den Henkel eines verrußten Kochgeschirrs umklammerten. Die Nacht in der Krankenhausbaracke war so dunkel und dicht, daß das Feuer des Benzinlämpchens, zuckend und wie vom Wind geschüttelt, Korridor, Decke, Wand, Tür und Boden nicht erhellen konnte und der Dunkelheit nur ein Stückchen der gesamten Nacht entriß: eine Ecke des Nachttischs und das über den Nachttisch gebeugte bleiche Gesicht. Der neue Nachtdienst trug denselben Kittel, in dem ich Dienst getan hatte, einen schmutzigen zerrissenen Kittel, einen gewöhnlichen Krankenkittel. Tags hing dieser Kittel im Krankensaal, und nachts wurde er vom diensthabenden Krankensanitäter über die Wattejacke gezogen. Der Flanell war ungewöhnlich dünn, durchscheinend – und riß dennoch nicht; die Kranken trauten sich nicht oder durften keine schroffe Bewegung machen, damit der Kittel nicht in Stücke ging.

Der Halbkreis des Lichtes schwankte, zuckte, wechselte. Es war, als ob die Kälte, nicht der Wind und nicht die Luftbewegung, sondern die Kälte selbst dieses Licht über dem Nachttisch des diensthabenden Sanitäters schwanken ließ. Im Lichtfleck schwankte das vom Hunger entstellte Gesicht, die schmutzigen gekrümmten Finger ertasteten auf dem Grund des Kochgeschirrs, was der Löffel nicht aufnahm. Die Finger, sogar erfrorene, gefühllose Finger, waren verläßlicher als der Löffel – ich verstand das Wesen dieser Bewegung, die Sprache dieser Geste.

All das mußte ich nicht wissen, ich war ja Tagessanitäter.

Doch ein paar Tage später – eine überstürzte Abreise, eine unerwartete Beschleunigung des Schicksals durch eine plötzliche Entscheidung – und ein Lastwagenkasten, der von jedem Ruck des Fahrzeugs erbebt, das durch das zugefrorene Bett eines namenlosen Flüßchens, über eine Tajga-Winterstraße nach Magadan, gen Süden kriecht. Im Lastwagenkasten zwei Männer – sie fliegen hoch und schlagen mit hölzernem Poltern am Boden auf, rollen hin und her wie Holzscheite. Der Begleitposten sitzt in der Kabine, und ich weiß nicht – schlägt ein Holzstück an mich oder ein Mensch. Während einer der Fütterungen kommt mir das gierige Schmatzen meines Nachbarn bekannt vor, und ich erkenne die gekrümmten Finger, das bleiche schmutzige Gesicht.

Wir sprachen nicht miteinander – jeder fürchtete sein Glück zu verscheuchen, sein Häftlingsglück. Der Wagen fuhr schnell, der Weg war binnen eines Tages gemacht.

Wir fuhren beide zum Feldscherlehrgang, im Auftrag des Lagers. Magadan, das Krankenhaus, der Lehrgang – all das war wie im Nebel, im weißen Nebel der Kolyma. Gibt es Wegmarken, Hinweise? Nehmen sie Artikel achtundfünfzig? Nur Punkt zehn. Und mein Nachbar im Lastwagenkasten? Gleichfalls zehn – »asa«. Kürzel: »antisowjetische Agitation«. Steht auf gleicher Stufe wie Punkt zehn.

Prüfung in Russischer Sprache. Diktat. Die Noten werden am selben Tag gegeben. Eine Fünf*. Schriftliche Arbeit in Mathematik – fünf. Mündlicher Test in Mathematik – fünf. Von der Subtilität der »Verfassung der UdSSR«* sind die künftigen Lehrgangsteilnehmer befreit – das wußten alle im voraus ... Ich lag auf der Pritsche, schmutzig, noch immer verdächtig verlaust – die Arbeit als Sanitäter hatte die Läuse nicht vernichtet, aber vielleicht kam mir das nur so vor, Verlaustheit ist eine der Lagerpsychosen. Du hast schon längst keine Läuse mehr, aber kannst dich nicht zwingen, dich an den Gedanken (den Gedanken?), an das Gefühl zu gewöhnen, daß du keine Läuse mehr hast; so ist es in meinem Leben schon zweimal und dreimal gewesen. Aber die Verfassung oder Geschichte oder Politökonomie – all das ist nicht für uns. Im Butyrka-Gefängnis, noch während der Untersuchung, hatte der diensthabende Kommandant geschrien: »Was fragt ihr nach der Verfassung? Eure Verfassung ist das Strafgesetzbuch.« Und der Kommandant hatte recht. Ja, das Strafgesetzbuch war unsere Verfassung. Das war lange her. Vor tausend Jahren. Das vierte Fach war Chemie. Note – drei.

Ach, wie waren die gefangenen Lehrgangsteilnehmer begierig auf Wissen, wo ihr Leben auf dem Spiel stand. Wie waren die ehemaligen Professoren an medizinischen Hochschulen begierig darauf, die rettende Wissenschaft Ignoranten und Dummköpfen einzubleuen, die sich niemals für Medizin interessiert hatten – vom Lagerarbeiter Silajkin bis zum tatarischen Schriftsteller Min Schabaj ...

Der Chirurg verzieht die dünnen Lippen und fragt:

»Wer hat das Penizillin erfunden?«

»Fleming!« Das antworte nicht ich, sondern mein Nachbar aus dem Kreiskrankenhaus. Die rötlichen Stoppeln sind rasiert. Die ungesunde bleiche Aufgeschwemmtheit der Wangen ist geblieben (er hat sich über die Suppe hergemacht – erfasse ich flüchtig).

Ich war verblüfft von den Kenntnissen des rothaarigen Lehrgangsteilnehmers. Der Chirurg musterte den triumphierenden »Fleming«. Wer bist du, Nachtsanitäter? Wer bist du?

————

»Was warst du denn in Freiheit?«

»Ich bin Hauptmann. Hauptmann der Pioniertruppen. Zu Beginn des Kriegs war ich Chef eines befestigten Gebiets. Die Befestigungen hatten wir in Eile gebaut. Im Herbst einundvierzig, als der Morgennebel sich verzog, sahen wir plötzlich in der Bucht das deutsche Panzerschiff »Graf von Spee«*. Das Panzerschiff schoß unsere Befestigungen aus nächster Nähe zusammen. Und ich bekam zehn Jahre.«

»Wenn du es nicht glaubst, nimms als Märchen.« Ich glaube es. Ich kenne die Gepflogenheiten.

————

Alle Lehrgangsteilnehmer lernten die Nächte hindurch, sie sogen das Wissen auf, absorbierten es mit aller Leidenschaft von zum Tode Verurteilten, denen man plötzlich die Hoffnung auf Leben gibt.

Aber Fleming, der eine Unterredung mit der Leitung hatte, wurde fröhlicher, schleppte zum Unterricht in der Baracke irgendeinen Roman an und blätterte über einem Stück gekochtem Fisch, den Resten eines fremden Festmahls, nachlässig im Buch.

Auf mein ironisches Lächeln sagte Fleming:

»Ganz gleich – wir lernen schon drei Monate, und alle, die sich im Lehrgang gehalten haben, alle bekommen ihren Abschluß, alle kriegen ihr Diplom. Warum soll ich mich verrückt machen? Gibs zu!..«

»Nein«, sagte ich. »Ich will lernen, Menschen zu heilen. Etwas Richtiges lernen.«

»Etwas Richtiges – ist leben.«

In dieser Stunde wurde klar, daß der Hauptmann nur Flemings Maske war, eine weitere Maske vor diesem bleichen Gefängnisgesicht. Nicht der Hauptmann selbst allerdings war die Maske – die Maske waren die Pioniertruppen. Fleming war Untersuchungsführer des NKWD im Hauptmannsrang. Wissen wurde abgeseiht, Tropfen für Tropfen angesammelt – über mehrere Jahre. Diese Tropfen maßen die Zeit wie eine Wasseruhr. Oder diese Tropfen fielen auf den kahlen Scheitel des Untersuchungshäftlings – die Wasseruhr der Leningrader Folterkammern der dreißiger Jahre. Sanduhren maßen die Zeit der Hofgänge der Häftlinge, Wasseruhren die Zeit der Geständnisse, die Zeit der Untersuchung. Das Eilige der Sanduhr, das Peinigende der Wasseruhr. Die Wasseruhren zählten nicht die Minuten, maßen nicht die Minuten ab, sondern die menschliche Seele, den menschlichen Willen, zerstörten ihn Tropfen für Tropfen, höhlten ihn wie einen Stein – wie im Sprichwort. Diese Untersuchungsführer-Folklore war sehr en vogue in den dreißiger, wenn nicht schon in den zwanziger Jahren.

Tropfen um Tropfen wurden Hauptmann Flemings Worte zusammengetragen, und der Schatz erwies sich als kostbar. Für kostbar hielt ihn auch Fleming selbst – und ob!

———

»Weißt du, was das größte Geheimnis unserer Zeit ist?«

»Was?«

»Die Prozesse der dreißiger Jahre. Wie sie vorbereitet wurden. Ich war ja damals in Leningrad. Bei Sakowskij*. Die Vorbereitung der Prozesse – das ist Chemie, Medizin, Pharmakologie. Unterdrückung des Willens mit chemischen Mitteln. Solche Mittel gibt es, soviel du willst. Und denkst du etwa, wenn es Mittel zur Unterdrückung des Willens gibt, wird man sie nicht anwenden? Die Genfer Konvention, ja?

Über chemische Mittel zur Unterdrückung des Willens zu verfügen und sie in der Untersuchung, an der »inneren Front« nicht einzusetzen – das wäre schon allzu human. An diesen Humanismus kann man im zwanzigsten Jahrhundert nicht glauben. Hier und nur hier liegt das Geheimnis der Prozesse der dreißiger Jahre, der öffentlichen Prozesse, offen auch für ausländische Korrespondenten, auch für jeden Feuchtwanger. In diesen Prozessen gab es keinerlei Doppelgänger. Das Geheimnis der Prozesse war das Geheimnis der Pharmakologie.«

——

Ich lag auf der kurzen unbequemen Doppelstockpritsche in der leeren, ganz von Sonnenstrahlen durchschossenen Häftlingsbaracke und hörte mir diese Bekenntnisse an.

——

Versuche hatte es auch früher gegeben – in den Schädlingsprozessen* zum Beispiel. Aber die Komödie um Ramsin* hat nur am Rande mit der Pharmakologie zu tun.

——

Tropfen um Tropfen sickerte Flemings Erzählung – tropfte da sein eigenes Blut auf meine entblößte Erinnerung? Was waren das für Tropfen – Blut, Tränen oder Tinte? Keine Tinte und keine Tränen.

»Natürlich gab es Fälle, in denen die Medizin machtlos war. Oder eine falsche Berechnung bei der Zubereitung der Lösungen. Oder Sabotage. Also – doppelte Sicherung. Den Regeln entsprechend.«

»Wo sind denn diese Ärzte jetzt?«

»Wer weiß? Auf dem Mond wahrscheinlich ...«

————

Das Waffenarsenal der Untersuchung ist auf dem neuesten Stand der Wissenschaft, dem neuesten Stand der Pharmakologie.

————

Das war nicht Schrank »A« – *venena* – Gifte, und nicht Schrank »B« – *heroica* – »stark wirksame« ... Wie sich zeigt, übersetzt man das lateinische Wort »Held« ins Russische als »stark wirksam«. Und wo wurden die Medikamente des Hauptmanns Fleming aufbewahrt? In Schrank »V« – dem Schrank der Verbrechen oder in Schrank »W« – Wunder.

Ein Mann, der mit Schrank »V« und Schrank »W« über die größten Errungenschaften der Wissenschaft verfügte, hörte erst im Feldscherlehrgang, daß der Mensch nur eine Leber besitzt, daß die Leber kein paariges Organ ist. Er hörte vom Blutkreislauf – dreihundert Jahre nach Harwey.

Das Geheimnis war in Labors, in unterirdischen Kabinetten und stinkenden Vivarien verschlossen, wo die Tiere genauso rochen wie die Häftlinge des schmutzigen Durchgangslagers Magadan im Jahr achtunddreißig. Das Butyrka-

Gefängnis strahlte im Vergleich zu diesem Durchgangslager in chirurgischer Sauberkeit, roch nach Operationssaal und nicht nach Vivarium.

Jede Entdeckung der Wissenschaft und Technik wird zuallererst auf ihre militärische Bedeutung geprüft – die militärische – selbst eine künftige, rein hypothetische. Und nur das, was die Generäle aussieben, was der Krieg nicht braucht, wird zur allgemeinen Nutzung freigegeben.

Medizin und Chemie und die Pharmakologie werden längst vom Militär kontrolliert. In den Instituten der Hirnforschung der ganzen Welt wurde schon immer die Erfahrung aus den Experimenten, den Beobachtungen angesammelt. Das Borgia-Gift war schon immer Waffe der praktischen Politik. Das zwanzigste Jahrhundert brachte einen außerordentlichen Aufschwung der pharmakologischen, chemischen Mittel, die die Psyche steuern.

Wenn man aber mit einer Arznei die Angst nehmen kann, kann man auch tausendmal das Umgekehrte erreichen – den menschlichen Willen mit Spritzen unterdrücken, mit reiner Pharmakologie und Chemie, ohne alle »Physik« wie dem Brechen der Rippen oder Mit-den-Absätzen-Zertrampeln, ohne Zähneeinschlagen oder Zigarettenausdrücken auf dem Körper des Untersuchungshäftlings.

————

Chemiker und Physiker – so nannten sich diese beiden Schulen der Untersuchung. Die Physiker stellten die rein physische Einwirkung in den Vordergrund und sahen in Schlägen ein Mittel der Offenlegung der moralischen Grundlage der Welt. Die offengelegte Tiefe des menschlichen Wesens – und als wie schäbig und kläglich erwies sich dieses menschliche Wesen. Durch Schläge konnte man nicht nur beliebige Aussagen erhalten. Unter der Knute wurde erfunden, wurden wissenschaftliche Entdeckungen gemacht, wurden Gedichte und Romane geschrieben. Die Angst vor Schlägen, die Magenskala der Brotration schufen Großes.

Schläge sind ein ziemlich gewichtiges, ein ziemlich wirkungsvolles psychologisches Mittel.

Viel Nutzen brachte auch das berühmte allgegenwärtige »Fließband«, wo die Untersuchungsführer wechselten, aber der Häftling nicht schlafen durfte. Siebzehn Tage ohne Schlaf, und der Mensch wird verrückt – wurde diese wissenschaftliche Beobachtung nicht in Untersuchungszimmern gemacht?

Doch auch die chemische Schule stand ihr nicht nach.

Die Physiker konnten die »Sonderkollegien«, konnten jede »Trojka*« mit Material versorgen, aber für öffentliche Prozesse war die Schule der physischen Einwirkung nicht geeignet. Die Schule der physischen Handlung (so heißt es wohl bei Stanislawskij*) hätte keine öffentlichen blutigen Vorstellungen geben können, konnte die »Schauprozesse« nicht vorbereiten, die die gesamte Menschheit in Furcht versetzten. Es waren die Chemiker, die die Vorbereitung solcher Spektakel leisten konnten.

——

Zwanzig Jahre nach jenem Gespräch füge ich Zeilen aus einem Zeitungsartikel in die Erzählung ein:

»Durch den Einsatz gewisser psychopharmakologischer Agenzien kann man beim Menschen beispielsweise die Angst auf eine bestimmte Zeit vollständig abstellen. Dabei, und das ist besonders wichtig, ist die Klarheit seines Bewußtseins nicht im geringsten beeinträchtigt ...

Später stieß man auf noch überraschendere Fakten. Menschen, bei denen die ›Beta‹-Phasen des Schlafs lange unterdrückt wurden, im gegebenen Fall bis zu siebzehn Nächte am Stück, zeigten diverse Störungen des psychischen Befindens und Verhaltens.«

Was ist das? Auszüge aus den Aussagen eines ehemaligen Chefs einer NKWD-Verwaltung im Gerichtsprozeß gegen die Richter?.. Der Abschiedsbrief Wyschinskijs oder Rjumins*? Nein, es sind Absätze aus einem wissenschaftlichen Artikel eines ordentlichen Mitglieds der Akademie der Wissenschaften der UdSSR. Aber all das – und hundertmal mehr! – ist doch in den dreißiger Jahren bei der Vorbereitung der »Schauprozesse« schon bekannt, erprobt und angewandt.

Die Pharmakologie war in diesen Jahren nicht das einzige Waffenarsenal der Untersuchung. Fleming nannte einen Namen, den ich gut kannte.

Ornaldo!

Und ob: Ornaldo war ein bekannter Hypnotiseur, der in den zwanziger Jahren viel in Moskauer Zirkussen auftrat, und nicht nur in Moskauer. Die Massenhypnose ist Ornaldos Spezialität. Es gibt Photographien von seinen berühmten Gastspielen. Bilder in Büchern über Hypnose. »Ornaldo« ist natürlich ein Pseudonym. Sein wirklicher Name ist N. A. Smirnow. Das ist ein Moskauer Arzt. Plakate rund um die Anschlagsäule – damals wurden Plakate auf runden Sockeln geklebt – Photographien. Swischtschow-Paolo hatte damals sein Photoatelier in der Stoleschnikow-Gasse. Im Schaufenster hing eine riesige Photographie von menschlichen Augen und die Unterschrift »Die Augen Ornaldos«. Ich erinnere mich bis heute an diese Augen, erinnere mich an meine Bestürzung, wenn ich Ornaldos Auftritte im Zirkus hörte oder sah. Der Hypnotiseur trat bis Ende der zwanziger Jahre auf. Es gibt Photos von Ornaldos Auftritten in Baku 1929. Später hörten die Auftritte auf.

»Ab Anfang der dreißiger Jahre war Ornaldo in geheimem Einsatz beim NKWD.«

Der Schauer eines enträtselten Geheimnisses lief mir über den Rücken.

Ohne jeden Anlaß sprach Fleming oft lobend von Leningrad. Genauer, er bekannte, daß er kein angestammter Leningrader sei. Tatsächlich war Fleming von den Ästheten aus dem NKWD der zwanziger Jahre aus der Provinz geholt worden, als würdige Ablösung der Ästheten. Ihm wurde Geschmack anerzogen – breiter als die gewöhnliche Schulbildung. Nicht nur Turgenjew* und Nekrassow, sondern auch Balmont* und Sologub*, nicht nur Puschkin, sondern auch Gumiljow*.

»›Und ihr, Filibuster und Hunde des Königs, die ihr euren Goldschatz im Hafen bewahrt.‹ Bringe ich nichts durcheinander?«

»Nein, alles richtig!«

»Weiter weiß ich nicht mehr. Bin ich – ein Hund des Königs? Ein Hund der Regierung?«

Und mit einem Lächeln, das ihm selbst und seiner Vergangenheit galt, erzählte er so andächtig, wie ein Puschkin-Spezialist davon erzählt, daß er die Gänsefeder in der Hand gehalten hat, mit der »Poltawa« geschrieben wurde – er hatte die Akten des »Gumiljow-Verfahrens« berührt und nannte es die Verschwörung der Lyzeumsschüler*. Man hätte denken können, er habe den Stein der Kaaba berührt; solche Glückseligkeit, solche Läuterung war in jedem seiner Gesichtszüge, daß ich unwillkürlich dachte – auch das ist ein Weg der Heranführung an die Poesie. Der erstaunliche, höchst seltene Pfad der Erkenntnis literarischer Werte im Kabinett des Untersuchungsführers. Die moralischen Werte der Poesie werden auf solchem Weg natürlich nicht erkannt.

»In Büchern lese ich vor allem die Anmerkungen, die Kommentare. Ich bin ein Mensch der Anmerkungen, der Kommentare.«

»Und den Text?«

»Nicht immer. Wenn ich Zeit habe.«

Für Fleming und seine Kollegen war die Annäherung an die Kultur – wie lästerlich das auch klingt – nur in der Untersuchungstätigkeit möglich. Eine Bekanntschaft mit Menschen des literarischen und öffentlichen Lebens, verzerrt und trotzdem in gewisser Hinsicht echt, authentisch, nicht durch tausend Masken verdeckt.

So war der Hauptinformant über die künstlerische Intelligenz jener Jahre und ständiger, nachdenklicher und qualifizierter Autor aller möglichen »Memoranden« und Berichte über das Schriftstellerleben – und dieser Name überrascht nur auf den ersten Blick – Generalmajor Ignatjew[*]. Fünfzig Jahre in Reih und Glied. Vierzig Jahre in der sowjetischen Aufklärung.

»Ich hatte dieses Buch ›Fünfzig Jahre in Reih und Glied‹ damals schon gelesen, als ich die Berichte kennenlernte und dem Autor selbst vorgestellt wurde. Oder er mir vorgestellt wurde«, sagte Fleming nachdenklich. »Kein schlechtes Buch, ›Fünfzig Jahre in Reih und Glied‹.«

Fleming war nicht sehr für Zeitungen, Zeitungsnachrichten, Radiosendungen zu haben. Internationale Ereignisse beschäftigten ihn wenig. Ganz anders die Ereignisse im Inland. Flemings stärkstes Gefühl war ein unklarer Groll gegen die düstere Kraft, die dem Gymnasiasten versprochen hatte, das Unerreichbare zu erreichen, ihn hoch erhoben und jetzt in den Abgrund gestürzt hatte, schamlos oder spurlos – ich konnte mir einfach das richtige Ende des berühmten Liedes aus meiner Kindheit nicht merken: »Es tost, es glüht der Brand von Moskau.«

Seine Heranführung an die Kultur war eigentümlich. Irgendwelche Schnellkurse, eine Exkursion in die Eremitage. Der Mensch entwickelte sich, und entwickelt hatte sich ein Untersuchungsführer und Ästhet, den das grobe Volk schockierte, das in den dreißiger Jahren in die »Organe« strömte, der hinweggefegt, vernichtet wurde von der »neuen Welle«, die sich zur groben physischen Kraft bekannte und nicht nur psychologische Feinheiten verachtete, sondern sogar die »Fließbänder« oder das »Durchstehen«. Die neue Welle hatte einfach nicht die Geduld für irgendwelche wissenschaftlichen Berechnungen, für hohe Psychologie. Ergebnisse waren, wie sich herausstellte, leichter durch gewöhnliches Schlagen zu erzielen. Die zögerlichen Ästheten wurden selbst »auf den Mond« geschossen. Fleming blieb durch Zufall am Leben. Die neue Welle hatte keine Zeit zu warten.

Der hungrige Glanz in Flemings Augen war erloschen, und die professionelle Aufmerksamkeit meldete sich wieder zu Wort ...

»Hör mal, ich habe dich angeschaut während der Konferenz. Du hast an etwas anderes gedacht.«

»Ich möchte mir nur alles merken, mir merken und beschreiben.«

Irgendwelche Bilder taumelten in Flemings Hirn, das sich schon erholt, schon beruhigt hatte.

————

In der neurologischen Abteilung, wo Fleming arbeitete, gab es einen riesigen Letten, der ganz offiziell die dreifache Ration bekam. Jedesmal, wenn sich der Riese ans Essen machte, setze sich Fleming ihm gegenüber, unfähig, seine Begeisterung vor dem gewaltigen Fressen zu bremsen.

Fleming trennte sich nie von seinem Kochgeschirr, demselben Kochgeschirr, das er aus dem Norden mitgebracht

hatte ... Das war ein Talisman. Ein Talisman von der Kolyma.

In der neurologischen Abteilung hatten die Ganoven
eine Katze gefangen, getötet und gekocht und Fleming
als diensthabenden Feldscher bewirtet – das traditionelle
»Stupfgeld«, das Bestechungsgeld, der Kalym der Kolyma.
Fleming aß das Fleisch und sagte nichts zu der Katze. Das
war die Katze aus der chirurgischen Abteilung.

Die Lehrgangsteilnehmer hatten Angst vor Fleming. Aber
vor wem hatten die Lehrgangsteilnehmer keine Angst? Im
Krankenhaus arbeitete er schon als Feldscher, als fester me-
dizinischer Mitarbeiter. Alle waren ihm feindlich gesonnen,
nahmen sich vor Fleming in acht, spürten in ihm nicht nur
den Mitarbeiter der Organe, sondern auch den Hüter eines
außerordentlich wichtigen, schrecklichen Geheimnisses.

Die Feindseligkeit wuchs, das Geheimnis verdichtete
sich nach einer plötzlichen Reise Flemings zu einem Treffen
mit einer jungen Spanierin. Sie war eine echte Spanierin,
Tochter eines Mitglieds der Regierung der Spanischen Republik. Eine Aufklärerin, die sich im Netz der Provokationen verfangen und eine Haftstrafe bekommen und die man
zum Sterben an die Kolyma befördert hatte. Aber Fleming,
so stellte sich heraus, war nicht vergessen von seinen alten
und fernen Freunden, seinen früheren Kollegen. Er sollte
bei der Spanierin etwas herausbekommen, etwas erhärten.
Aber die Kranke wartet nicht. Die Spanierin hatte sich erholt und war in die Frauenmine transportiert worden. Fleming unterbricht die Arbeit am Krankenhaus und fährt
überraschend zu einem Treffen mit der Spanierin, zwei
Tage treibt er sich herum auf der Tausendwerst-Autotrasse,
auf der die Fahrzeuge strömen und auf jedem Kilometer
Sicherungseinheiten der Operativniki stehen. Fleming hat
Glück, er kommt nach dem Treffen vollkommen wohlbe-

halten zurück. Sein Handeln hätte romantisch wirken können, im Namen einer Lager-Liebe vollbracht. Leider reist Fleming nicht der Liebe wegen, unternimmt er keine heroischen Schritte um der Liebe willen. Hier wirkt eine viel stärkere Kraft als die Liebe, eine höhere Leidenschaft, und diese Kraft wird Fleming unversehrt an allen Sicherungseinheiten des Lagers vorbeiführen.

Fleming sprach des öfteren vom Jahr fünfunddreißig – der plötzlichen Häufung von Morden. Dem Tod der Familie von Sawinkow. Der Sohn wurde erschossen, und seine Familie, Frau, zwei Kinder und die Mutter der Frau, wollten nicht aus Leningrad fort. Alle hinterließen Briefe – Abschiedsbriefe aneinander. Alle brachten sich um, und Flemings Gedächtnis hatte die Zeilen eines Kinderbriefchens bewahrt: »Liebe Oma, bald werden wir sterben.«

――――

Neunzehnhundertfünfzig endete Flemings Haft wegen der »NKWD-Sache«, aber nach Leningrad kehrte er nicht zurück. Er erhielt keine Erlaubnis. Seine Frau, die viele Jahre den »Wohnraum« gehalten hatte, fuhr aus Leningrad nach Magadan, kam aber nirgends unter und reiste wieder ab. Vor dem zwanzigsten Parteitag kehrte Fleming nach Leningrad zurück, in dasselbe Zimmer, in dem er vor der Katastrophe gewohnt hatte ...

Fieberhafter Einsatz. Tausendvierhundert Rente für langjährige Dienste. »In den Beruf« zurückzukehren gelang dem Fachmann für Pharmakologie, jetzt noch mit Feldscherausbildung, nicht. Wie sich zeigte, hatte man alle alten Mitarbeiter, alle Veteranen dieser Dinge, alle am Leben gebliebenen Ästheten in Pension geschickt. Bis auf den letzten Boten.

Fleming trat eine Stelle an – als Büchersortierer im Antiquariat auf dem Litejnyj Prospekt. Fleming hielt sich für

Fleisch vom Fleische der russischen Intelligenz, auch wenn er mit der Intelligenz in so eigenartiger Verwandtschaft und Verbindung stand. Fleming wollte sein Schicksal nicht völlig trennen vom Schicksal der russischen Intelligenz, vielleicht aus dem Gefühl, daß nur die Verbindung zum Buch ihm die Qualifikation erhält, falls er es schafft, noch bessere Zeiten zu erleben.

Zu Konstantin Leontjews* Zeiten wäre der Hauptmann der Pioniertruppen ins Kloster gegangen. Aber auch die Welt der Bücher, eine gefährliche und erhabene Welt, der Dienst am Buch hat eine fanatische Färbung – wie jede Buchliebhaberei enthält er jedoch ein moralisches Moment der Reinigung. Der ehemalige Verehrer Gumiljows und Kenner der Kommentare zu Gumiljows Gedichten und seinem Schicksal wird ja nicht als Wachmann gehen. Als Feldscher – in seinem neuen Beruf? Nein, lieber Antiquar.

»Ich setze mich ein, setze mich die ganze Zeit ein. Etwas Rum?«

»Ich trinke nicht.«

»Ach, wie dumm, wie schade, daß du nicht trinkst. Katja, er trinkt nicht! Verstehst du? Ich setze mich ein. Ich werde noch an meine Arbeit zurückkehren.«

»Wenn du an deine Arbeit zurückkehrst«, sagte mit blauen Lippen Katja, seine Frau, »dann hänge ich mich auf, dann gehe ich gleich morgen ins Wasser.«

»Ich mache Witze. Ich mache die ganze Zeit Witze. Ich setze mich ein. Ich setze mich die ganze Zeit ein. Mache Eingaben, ziehe vor Gericht, fahre nach Moskau. Man hat mich ja wieder in die Partei aufgenommen. Aber wie?«

Fleming zog einen Haufen zerdrückter Blätter aus dem Jacket.

»Lies. Das ist die Aussage von Drabkina*. Sie war bei mir an der Igarka.

Ich überflog die umfangreiche Aussage der Autorin von »Schwarzer Zwieback«.

»Als Chef des Lagerpunkts behandelte er die Gefangenen gut, wofür er auch bald verhaftet und verurteilt wurde ...«

Ich blätterte in den schmutzigen, klebrigen, von den unachtsamen Fingern der Leitung viele Male durchgeblätterten Erklärungen Drabkinas ...

Und Fleming, zu meinem Ohr gebeugt und nach Rum riechend, erklärte mir heiser, er sei ja im Lager »Mensch« gewesen – hier bestätigt es sogar Drabkina.

»Brauchst du das alles?«

»Ja. Ich fülle mein Leben damit aus. Und vielleicht, weiß der Teufel. Trinken wir?«

»Ich trinke nicht.«

»Wie schade. Für langjährige Dienste. Tausendvierhundert. Aber ich brauche etwas anderes ...«

»Sei still, oder ich hänge mich auf«, schrie Katja, seine Frau.

»Sie ist herzkrank«, erklärte Fleming.

»Nimm dich zusammen. Schreib. Du kannst dich ausdrücken. Deinen Briefen nach. Und eine Erzählung, ein Roman – das ist doch ein vertraulicher Brief.«

»Nein, ich bin kein Schriftsteller. Ich setze mich ein ...«

Und, mein Ohr mit Spucke bespritzend, flüsterte er etwas vollkommen Ungereimtes, als hätte es gar keine Kolyma gegeben, als hätte Fleming im Jahr siebenunddreißig selbst siebzehn Tage auf dem »Fließband« der Untersuchung gestanden und seine Psyche einen merklichen Schaden genommen.

»Heute werden viele Memoiren veröffentlicht. Erinnerungen. Zum Beispiel ›Im Reiche der Ausgestoßenen‹ von Jakubowitsch*. Sollen sie sie herausbringen.«

»Hast du deine Erinnerungen aufgeschrieben?«

»Nein. Ich will ein Buch zur Veröffentlichung empfehlen – weißt du welches. Ich bin in den Lenisdat* gegangen, dort sagt man, nicht deine Sache ...«

»Was denn für ein Buch?«

»Die Aufzeichnungen von Sanson*, dem Pariser Henker. Das wären Memoiren!«

»Des Pariser Henkers?«

»Ja. Ich erinnere mich – Sanson hatte Charlotte Corday geköpft, er schlug sie auf die Wangen, und die Wangen am abgeschlagenen Kopf wurden rot. Und dann noch: damals gab es ›Opferbälle‹*. Gibt es bei uns ›Opferbälle‹?«

»Der ›Opferball‹ – das gehört in den Thermidor* und nicht einfach in die Postterror-Zeit. Und Sansons Aufzeichnungen sind Fälschungen.«

»Als ob es darum ginge, Fälschung oder nicht. Das Buch hat es gegeben. Trinken wir Rum. Ich habe viele Getränke ausprobiert, und am besten ist Rum. Rum. Jamaika-Rum.«

Seine Frau rief zum Essen – Berge irgendwelcher fetten Speisen, die von dem gefräßigen Fleming fast augenblicklich verschlungen wurden. Die unbezähmbare Freßgier blieb Fleming für immer erhalten, als psychisches Trauma, sie blieb ihm, wie Tausenden anderen ehemaligen Häftlingen auch, fürs ganze Leben.

Das Gespräch brach irgendwie ab, und in der beginnenden städtischen Dämmerung hörte ich neben mir das bekannte Schmatzen von der Kolyma.

Ich dachte an die Lebenskraft, die sich in einem gesunden Magen und Darm verbirgt, in der Fähigkeit zu verschlingen – das auch war an der Kolyma Flemings schützender Lebensreflex gewesen. Skrupellosigkeit und Gier. Die Skrupellosigkeit der Seele, die er am Tisch des Untersuchungsführers erworben hatte, war auch eine Vorbereitung, ein eigenartiger Dämpfer für diesen Verfall an der Kolyma, an der sich für Fleming keinerlei Abgrund auftat – er hatte alles schon vorher gewußt, und das rettete ihn – milderte seine moralischen Qualen, wenn es diese Qualen gab! Fleming erfuhr keinerlei neue seelische Traumata – er hatte Schlimmeres gesehen, er blickte gleichgültig auf den Tod aller rings um ihn und war bereit, nur um sein eigenes Leben zu kämpfen. Das Leben war gerettet, doch in Flemings Seele war eine drückende Spur geblieben, die er verwischen, durch eine Beichte läutern mußte. Durch eine Beichte – einen Lapsus linguae, eine halbe Andeutung, ein laut geführtes Selbstgespräch, ohne Bedauern, ohne Verurteilung. »Ich hatte einfach Pech«. Und dennoch war Flemings Erzählung eine Beichte.

————

»Schau mal hier!?«

»Dein Parteibuch?«

»M-hm. Ganz neu. Aber es war alles nicht einfach, nicht einfach. Vor einem halben Jahr hat das Gebietskomitee meine Wiederaufnahme in die Partei erörtert. Sie sitzen, lesen die Unterlagen. Der Gebietssekretär, dieser Tschuwasche, sagt so tot und grob: ›Alles klar. Schreiben Sie den Beschluß: Wiederaufnahme nach unterbrochener Mitgliedschaft.‹

Es überlief mich heiß: ›nach unterbrochener Mitgliedschaft‹. Ich dachte, wenn ich jetzt nicht Einspruch erhebe gegen den Beschluß, wird man mir in Zukunft immer sagen – und warum haben Sie geschwiegen, als Ihre Sache erörtert wurde? Dafür werden Sie doch persönlich zur Verhandlung geladen, damit Sie sich rechtzeitig äußern, etwas sagen können ...‹ Ich hebe die Hand.

›Was hast du?‹ So tot und grob.

Ich sage: ›Ich bin nicht einverstanden mit dem Beschluß. Denn man wird von mir überall, bei jeder Arbeit, eine Erklärung für diese Unterbrechung verlangen.‹

›Was hast du es eilig‹, sagt der Erste Gebietssekretär. ›Du bist so flott, weil du die materielle Basis hast – wieviel bekommst du für langjährige Dienste?‹

Er hat recht, aber ich unterbreche den Sekretär und sage: ich bitte um die volle Rehabilitierung ohne Unterbrechung der Mitgliedschaft.

Der Gebietssekretär sagt plötzlich: ›Was machst du solchen Druck? Was ereiferst du dich? Deine Hände sind doch bis zu den Ellbogen voller Blut!‹

In meinem Kopf begann es zu rauschen. ›Und Ihre‹, sage ich, ›Ihre sind nicht voller Blut?‹

Der Gebietssekretär sagt: ›Wir waren nicht hier.‹

›Und dort‹, sage ich, ›wo Sie waren im Jahr siebenunddreißig – dort sind sie nicht voller Blut?‹

Der Erste Sekretär sagt: ›Genug geschwatzt. Wir können die Abstimmung wiederholen. Geh raus.‹

Ich ging auf den Korridor, und sie verkündeten mir ihren Beschluß: ›Wiederaufnahme in die Partei abgelehnt.‹

Ich habe mich in Moskau ein halbes Jahr eingesetzt. Sie haben den Beschluß aufgehoben. Aber nur diese, die allererste Formulierung angenommen: ›Wiederaufnahme nach unterbrochener Mitgliedschaft.‹

Der, der meine Sache im Komitee der Parteikontrolle vorgetragen hat, sagte, ich hätte nicht schimpfen dürfen im Gebietskomitee.

Ich bemühe mich dauernd, ziehe vor Gericht, fahre nach Moskau und versuche etwas zu erreichen. Trink!«

»Ich trinke nicht.«

»Das ist kein Rum, das ist Kognak. Mit fünf Sternen. Für dich.«

»Nimm die Flasche weg.«

»Du hast recht, ich tue sie weg, bringe sie weg, nehme sie mit. Nimms mir nicht krumm.«

»Ich nehme es dir nicht krumm.«

Ein Jahr verging, und ich bekam von dem Antiquar einen letzten Brief. »Während meiner Abwesenheit von Leningrad ist plötzlich meine Frau gestorben. Nach einem halben Jahr kam ich zurück und fand den Grabhügel, das Kreuz und ein Amateurphoto – sie im Sarg. Verurteile mich nicht für meine Schwäche, ich bin ein vernünftiger Mensch, aber ich kann nichts machen – ich lebe wie im Traum und habe das Interesse am Leben verloren.

Ich weiß, das geht vorbei – aber es braucht Zeit. Was hat sie im Leben gesehen? Den Weg durch die Gefängnisse nach Auskünften, für Übergaben? Die Verachtung durch die Gesellschaft, die Fahrt zu mir nach Magadan, – ein Leben in Armut und jetzt das Finale. Verzeih, ich schreibe Dir später mehr. Ja, ich bin gesund, aber ist die Gesellschaft gesund, in der ich lebe?

Gruß.«

1956

Lend-Lease

Die frischen Traktorspuren im Sumpf waren Spuren eines prähistorischen Tiers – alles andere, nur keine Lieferung amerikanischer Lend-Lease-Technik.

Wir Häftlinge hatten von diesen Geschenken aus Übersee gehört, die die Gemüter der Lagerleitung in Wallung brachten. Um die getragenen Strickanzüge, die Pullover und Westen aus zweiter Hand, jenseits des Ozeans für die Kolyma-Häftlinge gesammelt, lieferten sich die Magadaner Generalsgattinnen beinahe Prügeleien. In den Aufstellungen liefen diese wollenen Schätze unter der Formel »aus zweiter Hand«, was natürlich viel ausdrucksvoller war als das Adjektiv »gebraucht« oder alle möglichen Altkl. – »Altkleider«, als die sie das Lagerohr kennt. »Aus zweiter Hand« hatte eine geheimnisvolle Unbestimmtheit – als hätte jemand den Anzug in der Hand gehabt oder zu Hause im Schrank, und plötzlich ist er »aus zweiter Hand«, ohne auch nur eine seiner zahlreichen Qualitäten eingebüßt zu haben, an die nicht einmal zu denken war, hätte man im Dokument das Wort »gebraucht« verwendet.

Die Lend-Lease-Wurst war keineswegs aus zweiter Hand, aber wir sahen diese märchenhaften Konserven nur von fern. Lend-Lease-Schweinefleisch, die bauchigen Büchsen – dieses Gericht kannten wir gut. Das nach einer sehr komplizier-

274

ten Substitutionstabelle berechnete und abgemessene Büchsenfleisch, von den gierigen Händen der Leitung gestohlen und noch einmal neu berechnet, noch einmal bemessen, bevor es in den Kessel kam und dort zerkocht wurde, sich in geheimnisvolle Fasern verwandelte, die an alles mögliche erinnerten, nur nicht an Fleisch – das Lend-Lease-Büchsenfleisch erregte nur unser Auge, nicht den Geschmackssinn. Lend-Lease-Büchsenfleisch, in den Lagerkessel gesteckt, hatte keinerlei Geschmack. Die Mägen der Lagerhäftlinge zogen Einheimisches vor – wie faules altes Rentierfleisch, das auch in sieben Lagerkesseln nicht zerkocht. Rentierfleisch verschwindet nicht, wird nicht ephemer wie das Büchsenfleisch.

Lend-Lease-Hafergrütze – die billigten wir, aßen wir. Sowieso kam nicht mehr heraus als zwei Eßlöffel Brei pro Portion.

Aber auch Technik kam über Lend-Lease, Technik, die man nicht essen konnte: unhandliche Tomahawk-Beilchen und äußerst handliche Schaufeln mit unrussischen, Kraft sparenden, kurzen Stielen. Die Schaufeln wurden augenblicklich auf lange Stiele nach einheimischem Muster gezogen – die Schaufel selbst wurde plattgedrückt, damit sie mehr Erde faßte, aufnahm.

Glyzerin in Fässern! Glyzerin! Der Wächter schöpfte gleich in der ersten Nacht mit dem Kochgeschirr einen Eimer flüssiges Glyzerin ab, verkaufte es in derselben Nacht den Lagerinsassen als »amerikanischen Honig« und bereicherte sich.

Und dann kamen durch Lend-Lease noch riesige schwarze Fünfzigtonner mit Anhänger und Eisenwänden, die »Diamonds*«; und Fünftonner, die jeden Berg leicht nahmen, die »Studebakers« – bessere Zugmaschinen gab es nicht an der Kolyma. Mit diesen »Studebakers« und »Diamonds« transportierte man Tag und Nacht auf der ganzen Tausendwerst-Trasse amerikanischen Lend-Lease-Weizen in schönen weißen Leinensäcken mit dem amerikanischen Adler. Aufgeblähte, nach nichts schmeckende Brotrationen wurden aus dem Weizenmehl gebacken. Dieses Lend-Lease-Brot besaß eine erstaunliche Eigenschaft. Alle, die dieses Lend-Lease-Brot aßen, gingen nicht mehr aufs Klosett – einmal in fünf Tagen stieß der Magen etwas aus, das man Ausstoß nicht nennen konnte. Magen und Darm des Lagerinsassen nahmen dieses wunderbare Weißbrot mit einer Beimischung von Mais, Knochenmehl und noch etwas anderem, anscheinend einfacher menschlicher Hoffnung, restlos in sich auf – und noch ist die Zeit nicht gekommen, um die eben durch diesen Weizen aus Übersee Geretteten zu zählen.

Die »Studebakers« und »Diamonds« fraßen viel Benzin. Aber auch das Benzin kam durch Lend-Lease, farbloses Flugbenzin. Die einheimischen »GAS*«-Fahrzeuge wurden umgerüstet auf Holzantrieb, und zwei Öfchen, in der Nähe des Motors aufgestellt, wurden mit Tankholz geheizt. Das Wort »Tankholz« kam auf und einige Tankholzkombinate, zu deren Leitung man auf Vertragsbasis Parteimitglieder einsetzte. Die technische Leitung dieser Tankholzkombinate wurde von einem Leitenden Ingenieur, einem einfachen Ingenieur, einem Arbeitsnormer, einem Planer und Buchhaltern besorgt. Wie viele Arbeiter – zwei oder drei pro Schicht sägten in jedem solchen Tankholzkombinat an der Kreissäge Tankholz –, daran erinnere ich mich nicht. Vielleicht auch drei. Die Technik kam durch Lend-Lease – und zu uns kam ein Traktor und brachte das neue Wort »Bulldozer« in unsere Sprache.

Das prähistorische Tier wurde von der Kette gelassen – auf seine Raupenketten gestellt, ein amerikanischer Bulldozer mit spiegelblankem breiten Schild, dem vorgehängten

Schwenk- oder Planierschild. Einem Spiegel, der Himmel, Bäume und Sterne reflektierte, der die schmutzigen Häftlingsgesichter reflektierte. Und selbst der Begleitposten trat an das Wunder aus Übersee heran und sagte, man könne sich vor diesem Eisenspiegel rasieren. Aber wir brauchten uns nicht zu rasieren, so ein Gedanke konnte uns gar nicht kommen.

In der Frostluft hörte man lange die Seufzer, das Ächzen des neuen amerikanischen Tiers. Der Bulldozer hustete im Frost, er war böse. Und dann schnaufte er, knurrte er und setzte sich beherzt in Bewegung, drückte Erdhöcker platt, glitt leicht über Baumstümpfe – Hilfe aus Übersee.

Jetzt brauchten wir die bleischweren Stämme der Dahurischen Lärche nicht mehr zu rücken – Bau- und Brennholz lagen im Wald über den Berghang verstreut. Das per Hand zu den Stadeln Schleppen, eben das bezeichnet das fröhliche Wort »Rückung«, übersteigt an der Kolyma alle Kräfte, alles Erträgliche. Über Erdhöcker, über schmale gewundene Pfade, am Berghang geht das Rücken per Hand über die menschlichen Kräfte. In alten Zeiten, bis zum Jahr achtunddreißig, schickte man Pferde, aber Pferde ertragen den Norden schlechter als Menschen, sie haben sich als schwächer erwiesen als die Menschen, hielten dieses Rücken nicht aus und starben. Jetzt war uns (tatsächlich uns?) der Planierschild des Bulldozers aus Übersee zu Hilfe gekommen.

Daß man uns anstelle des schweren, alle Kräfte übersteigenden Rückens, das alle haßten, irgendeine leichte Arbeit geben würde, hätte niemand von uns zu denken gewagt. Man würde uns einfach die Norm erhöhen beim Holzfällen, wir würden sowieso etwas anderes tun müssen – ebenso erniedrigend, ebenso verächtlich, wie alle Lagerarbeit. Unsere erfrorenen Finger würde der amerikanische Bulldozer nicht heilen. Aber vielleicht – das amerikanische Solidol*!

Ach, Solidol, Solidol. Das Faß, in dem das Solidol ankam, wurde sofort von einer Menge von *dochodjagi* gestürmt – sofort war der Boden mit einem Stein ausgeschlagen.

Den Hungrigen hatte man gesagt, das sei Lend-Lease-Butter, und es war kaum noch das halbe Faß übrig, als ein Posten aufgestellt wurde und die Leitung die Menge der *dochodjagi* durch Schüsse vom Faß vertrieb. Die Glücklichen schluckten diese Lend-Lease-Butter – sie glaubten nicht, daß das einfach Solidol war, denn das heilkräftige amerikanische Brot war ebenfalls geschmacklos, hatte auch diesen sonderbaren Eisengeschmack. Und alle, die an das Solidol herangekommen waren, leckten sich einige Stunden die Finger, schluckten kleinste Teilchen dieses überseeischen Wunders, das im Geschmack an junges Gestein erinnerte. Denn auch Gestein wird nicht als Gestein geboren, sondern als weiches, butterartiges Geschöpf. Als Geschöpf, nicht als Stoff. Zu Stoff wird das Gestein im Alter. Der junge flüssige Kalksteintuff in den Bergen bezauberte das Auge der Flüchtigen und der geologischen Schürfarbeiter. Es brauchte Willensanstrengung, um sich von diesen Mehlbreigestaden, diesen Milchströmen des flüssigen jungen Gesteins loszureißen. Aber dort waren Berg, Fels, Klamm, hier dagegen – die Lieferung durch Lend-Lease, ein Erzeugnis menschlicher Hände …

Denen, die die Hand ins Faß getaucht hatten, geschah nichts Schlimmes. Magen und Darm, an der Kolyma trainiert, wurden mit dem Solidol fertig. Und bei den Resten wurde ein Posten aufgestellt, denn Solidol ist Nahrung für Maschinen, aus der Sicht des Staates hundertmal wichtigere Geschöpfe als die Menschen.

Und jetzt war eines dieser Geschöpfe zu uns gekommen über den Ozean – ein Symbol des Siegs, der Freundschaft und von noch etwas anderem.

Dreihundert Mann waren unendlich neidisch auf den Häftling, der am Steuer des amerikanischen Traktors saß, Grinka Lebedjew. Unter den Gefangenen gab es auch bessere Traktorfahrer als Lebedjew, aber das waren alles Achtundfünfziger oder Kürzelträger – Grinka Lebedjew war ein *bytowik*, Vatermörder, genauer gesagt. Jeder der dreihundert sah sein irdisches Glück: schnurrend, am Steuer des gutgeölten Traktors sitzend, zum Holzeinschlag rollen.

Der Holzeinschlag entfernte sich immer weiter. Die Gewinnung von Bauholz findet an der Kolyma in den Bachbetten statt, wo in tiefen Schluchten, sich nach der Sonne streckend, die Bäume im Dunkeln, vor Wind geschützt, Höhe erlangen. Im Wind, im Licht, auf dem sumpfigen Berghang stehen Zwerge, verkrüppelt, verstümmelt und gequält von dem ewigen Sich-Drehen nach der Sonne, dem ewigen Kampf um ein Stückchen getauten Grund. Die Bäume an den Berghängen sehen nicht aus wie Bäume, sondern wie Mißgeburten, wie Stücke aus dem Kuriositätenkabinett. Und nur in den dunklen Spalten entlang der Betten der Bergflüßchen erlangen die Bäume Wuchs und Kraft. Die Holzgewinnung gleicht der Gewinnung des Goldes und wird an denselben Goldbächen betrieben, ebenso ungestüm und eilig – ein Bach, eine Rinne, Waschgerät, eine provisorische Baracke, ein ungestümer räuberischer Anfall, der das Flüßchen und das Land – auf dreihundert Jahre ohne Wald und auf ewig ohne Gold zurückläßt.

Irgendwo gibt es ein Forstrevier, aber von was für einem Waldbau kann, bei einer Reifezeit der Lärche von dreihundert Jahren, die Rede sein – an der Kolyma mitten im Krieg, wo die Antwort auf Lend-Lease in einem ungestümen Anfall von Goldfieber besteht, gezügelt, übrigens, durch die Wachtürme der Zonen.

Viel Bauholz und auch aufbereitetes, zerlegtes Brennholz

blieb auf den Einschlagflächen liegen. Im Schnee versanken viele »dicke« Stammenden, die, kaum auf die zarten spitzen Häftlingsschultern geladen, auf die Erde fielen. Die schwachen Häftlingsarme, Dutzende Arme sind nicht imstande, einen Zweimeterstamm auf eine Schulter zu laden (so eine Schulter gibt es gar nicht) und diesen eisenschweren Stamm ein paar Dutzend Meter über Erdhöcker, Wagenspuren und Löcher fortzuschleppen. Viel Holz blieb liegen, weil das Rücken über unsere Kräfte ging, und der Bulldozer sollte uns helfen.

Aber für seine erste Fahrt auf dem Boden der Kolyma, auf russischem Boden, wurde dem Bulldozer eine vollkommen andere Arbeit übertragen.

Wir sahen, wie der schnurrende Bulldozer nach links abdrehte und sich auf die Terrasse zu erheben begann, auf den Felsvorsprung, wo der alte Weg vorbei am Lagerfriedhof verlief, über den man uns Hunderte Male zur Arbeit getrieben hatte.

Ich hatte nicht darüber nachgedacht, warum man uns die letzten Wochen auf einem anderen Weg zur Arbeit führte und nicht den bekannten, von den Stiefelabsätzen der Begleitposten und den Gummi*tschuni* der Häftlinge getretenen Pfad. Der neue Weg war doppelt so lang wie der alte. Auf Schritt und Tritt gab es Steigungen und Gefälle. Wir waren müde, ehe wir am Einsatzort ankamen. Aber niemand fragte, warum wir einen anderen Weg geführt wurden.

So muß es sein, das ist Befehl, und wir krochen auf allen vieren und klammerten uns an die Steine, schlugen uns die Finger am Stein blutig.

Erst jetzt sah und begriff ich, worum es ging. Und ich dankte Gott, daß er mir die Zeit und die Kraft gegeben hat, all das zu sehen.

Der Holzeinschlag war vorangeschritten. Der Berghang

war bloßgelegt, der Schnee, noch nicht tief, vom Wind verblasen. Die Baumstümpfe waren bis auf den letzten ausgerissen – an die großen legte man eine Ladung Ammonal*, und der Stumpf ging hoch. Die kleineren Stümpfe wurden mit Brecheisen herausgezogen. Noch kleinere – einfach mit den Händen, wie Krummholzbüsche ...

Der Berg war bloßgelegt und in eine gigantische Bühne für ein Schauspiel verwandelt, für ein Lagermysterium.

Das Grab, das Häftlingsmassengrab, eine steinerne Grube, schon im Jahr achtunddreißig bis oben hin mit unverweslichen Toten vollgestopft, war aufgegangen. Die Toten krochen über den Berghang und enthüllten das Geheimnis der Kolyma.

An der Kolyma übergibt man die Körper nicht der Erde, sondern dem Stein. Der Stein bewahrt und enthüllt Geheimnisse. Stein ist verläßlicher als Erde. Der Dauerfrostboden bewahrt und enthüllt Geheimnisse. Jeder unserer Nächsten, der an der Kolyma gestorben ist, jeder Erschossene, Totgeschlagene, von Hunger Ausgezehrte läßt sich noch identifizieren, selbst nach Dutzenden Jahren. An der Kolyma gab es keine Gasöfen. Die Leichen warten im Fels, im ewigen Eis.

Im Jahr achtunddreißig standen in den Goldbergwerken ganze Brigaden beim Ausheben solcher Gräber, unaufhörlich bohrend, sprengend und die riesigen, grauen, harten, kalten Steingruben vertiefend. Gräberschaufeln war im Jahr achtunddreißig leichte Arbeit, dort gab es kein »Tagwerk«, keine Norm, die auf den Tod des Menschen berechnet war, auf einen Vierzehnstundentag berechnet war. Gräber schaufeln war leichter, als in Gummi*tschuni* am nackten Fuß im Eiswasser beim Goldabbau zu stehen – der »Hauptproduktion« des »ersten Metalls«.

Diese Gräber, riesige Steingruben, wurden bis oben mit

Toten gefüllt. Unverwesliche Tote, nackte Skelette, von Haut umspannt, von schmutziger, zerkratzter, von Läusen zerbissener Haut.

Der Stein, der Norden stemmte sich mit allen Kräften gegen diese Arbeit des Menschen und ließ die Toten nicht in sich ein. Der Stein, gewichen, besiegt und erniedrigt, versprach, nichts zu vergessen, versprach zu warten und das Geheimnis zu hüten. Die harten Winter, die heißen Sommer, Winde und Regen – hatten dem Stein in sechs Jahren die Toten genommen. Die Erde hatte sich aufgetan und zeigte ihre unterirdischen Kammern, denn die unterirdischen Kammern der Kolyma bergen nicht nur Gold, nicht nur Zinn, nicht nur Wolfram, nicht nur Uran, sondern auch unverwesliche menschliche Körper.

Diese menschlichen Körper krochen über den Hang, vielleicht in der Absicht aufzuerstehen. Ich hatte auch schon früher von unten – von der anderen Seite des Bachs – diese wandernden, an den Baumstümpfen, den Steinen hängenden Gegenstände gesehen, sie durch den schütteren ausgeholzten Wald gesehen und für Stämme gehalten, noch nicht gerückte Stämme.

Jetzt war der Berg entblößt und sein Geheimnis enthüllt. Das Grab hatte sich aufgetan, und die Toten krochen über den Steinhang. Neben dem Traktorweg war – von wem? aus der Baracke wurden zu solchen Arbeiten keine Leute geholt – ein riesiges neues Massengrab ausgehauen, herausgeschlagen. Sehr groß. Wenn ich und meine Kameraden – wenn wir erfrieren und sterben, wird sich ein Platz für uns in diesem neuen Grab finden, Umzug für Tote.

Der Bulldozer schob diese steifgefrorenen Leichen zusammen, Tausende Leichen, Tausende skelettgleiche Tote. Alles war unvergänglich: die gekrümmten Finger, die eiternden Zehen – nur noch Stümpfe infolge der Erfrierungen –, die bis aufs Blut zerkratzte trockene Haut und die in hungrigem Glanz funkelnden Augen.

Mit meinem müden, zerquälten Hirn versuchte ich zu begreifen – woher in diesen Gegenden ein so riesiges Grab? Denn hier, schien mir, gab es keine Goldgrube – ich war ein Kolyma-Veteran. Dann aber dachte ich, daß ich nur ein Stückchen dieser Welt kannte, das umschlossen ist von einer Stacheldrahtzone mit Wachtürmen, die an die Zeltdachperiode* im Moskauer Städtebau erinnern. Die Moskauer Hochhäuser sind die Wachtürme, die die Moskauer Häftlinge bewachen – so sehen diese Gebäude aus. Und was war zuerst da – die Kreml-Wachtürme oder die Lagertürme, die der Moskauer Architektur als Vorbild dienten? Der Turm der Lagerzone – das war die zentrale Idee der Zeit, von der Bausymbolik glänzend ausgedrückt.

Ich dachte, daß ich nur ein Stückchen dieser Welt kannte, einen winzigen, kleinen Teil, daß zwanzig Kilometer weiter die Hütte von Geologen stehen konnte, die nach Uran suchen, oder ein Goldbergwerk für dreißigtausend Häftlinge. In den Falten der Berge läßt sich sehr viel verstecken.

Und dann erinnerte ich mich an das gierige Feuer des Weidenröschens, an die grimmige Blüte der sommerlichen Tajga, die versucht, jedes menschliche Werk – gut wie schlecht – im Gras, im Laub zu verbergen. Daß das Gras noch vergeßlicher ist als der Mensch. Und wenn ich vergesse – wird das Gras vergessen. Doch der Stein und der Dauerfrostboden vergessen nicht.

Grinja Lebedjew, der Vatermörder, war ein guter Traktorist und lenkte den gut geschmierten überseeischen Traktor sicher. Grinja Lebedjew machte seine Sache sorgfältig: mit dem Bulldozerschild funkelnd, schob er die Leichen zum Grab, stieß sie in die Grube und kam zurück zum Rücken.

Die Leitung hatte beschlossen, daß die erste Fahrt, die

erste Arbeit des Lend-Lease-Bulldozers nicht die Arbeit im Wald sein würde, sondern etwas wesentlich Wichtigeres.

Die Arbeit war beendet. Der Bulldozer hatte einen Haufen Steine und Schotter auf das neue Grab geschaufelt, und die Toten waren unter den Steinen verborgen. Aber nicht verschwunden.

Der Bulldozer näherte sich uns. Grinja Lebedjew, *bytowik*, Vatermörder, schaute uns – die Kürzelträger, die Achtundfünfziger – nicht an. Grinja Lebedjew hatte einen staatlichen Auftrag übertragen bekommen, und er hatte diesen Auftrag gemeistert. Dem steinernen Gesicht Grinja Lebedjews war der Stolz eingemeißelt, das Bewußtsein einer erfüllten Pflicht.

Der Bulldozer donnerte an uns vorüber – auf dem Spiegelschild war kein einziger Kratzer, kein einziger Fleck.

1965

Sentenz

Für Nadeshda Jakowlewna Mandelstam*

Menschen tauchten auf aus dem Nichts – einer nach dem anderen. Ein Unbekannter legte sich neben mich auf die Pritsche, wälzte sich nachts an meine knochige Schulter, gab mir seine Wärme – ein paar Tropfen Wärme – und erhielt dafür meine. Es gab Nächte, in denen mich gar keine Wärme erreichte durch die Fetzen der Steppjacke, der Wattejacke, und am Morgen sah ich meinen Nachbarn an wie einen Toten und wunderte mich ein wenig, daß der Tote lebt, auf einen Anschnauzer aufsteht, sich anzieht und demütig dem Kommando folgt. Ich hatte wenig Wärme. Wenig Fleisch war auf meinen Knochen geblieben. Dieses Fleisch reichte nur noch für Bitterkeit – das letzte der menschlichen Gefühle. Nicht Gleichgültigkeit, sondern Bitterkeit war das letzte menschliche Gefühl – das, welches den Knochen am nächsten ist. Der aus dem Nichts aufgetauchte Mensch verschwand am Tag – die Kohleschürfe hatte viele Abschnitte – und verschwand für immer. Ich kannte die Leute nicht, die neben mir schliefen. Ich stellte ihnen niemals Fragen, und nicht, weil ich ein arabisches Sprichwort befolgt hätte: frag nicht, dann wird man dich nicht belügen. Mir war ganz egal, ob man mich belog oder nicht, ich war jenseits der Wahrheit, jenseits der Lüge. Die Ganoven haben dafür eine harte, prägnante, grobe Redensart, voller tiefster Verachtung für den Fragenden: wenn du es nicht glaubst, nimms als Märchen. Ich fragte nicht und bekam keine Märchen zu hören.

Was blieb bis zum Schluß bei mir? Die Erbitterung. Und mit dieser Erbitterung in mir gedachte ich zu sterben. Doch der Tod, ganz kürzlich so nah, rückte allmählich von mir ab. Nicht durch Leben wurde der Tod ersetzt, sondern durch ein Halbbewußtsein, eine Existenz, für die es keine Formeln gibt und die man nicht Leben nennen kann. Jeder Tag, jeder Sonnenaufgang brachte die Gefahr eines neuen, des Todesstoßes. Doch der Stoß blieb aus. Ich arbeitete als Wassersieder, die leichteste aller Arbeiten, leichter als Wächter, aber ich schaffte es nicht, das Holz für den Titan zu hacken, den Siedekessel Marke »Titan«. Man hätte mich rauswerfen können, aber wohin? Die Tajga war fern, unsere Siedlung, eine »Außenstelle« in der Sprache der Kolyma, war wie eine Insel in der Tajgawelt. Ich konnte kaum meine Füße schleppen, die Entfernung von zweihundert Metern vom Zelt bis zur Arbeit schien mir unendlich, und ich setzte mich mehrmals zum Ausruhen hin. Ich erinnere mich noch heute an jede Vertiefung, jede Grube, jede tiefe Radspur auf diesem Todespfad; den Bach, vor dem ich mich auf den Bauch legte und das kalte, köstliche, heilende Wasser schlürfte. Die Schrotsäge, die ich mal auf der Schulter schleppte, mal hinter mir her schleifte, empfand ich als ungeheure Last.

Ich schaffte es nie, das Wasser rechtzeitig aufzukochen, den Titan zum Mittagessen zum Kochen zu bringen.

Doch keiner der Arbeiter – Freie, alles ehemalige Häftlinge – achtete darauf, ob das Wasser gekocht hatte oder nicht. Die Kolyma hatte uns gelehrt, Trinkwasser nur nach der Temperatur zu unterscheiden. Heiß und kalt, und nicht abgekocht oder unabgekocht.

Der dialektische Sprung, der Übergang von Quantität zu Qualität war uns egal. Wir waren keine Philosophen. Wir waren Arbeiter, und unserem heißen Trinkwasser fehlten diese wichtigen Qualitäten des Sprungs.

Ich aß, gleichgültig bemüht, alles zu essen, was mir unter die Augen kam – Speiseabfälle und -reste, vorjährige Beeren im Sumpf. Die Suppe von gestern oder vorgestern aus dem »freien« Kessel. Nein, von der gestrigen Suppe blieb bei unseren Freien nichts übrig.

In unserem Zelt gab es zwei Gewehre, zwei Schrotbüchsen. Die Rebhühner hatten keine Scheu vor den Menschen und wurden in der ersten Zeit gleich vom Zelt aus geschossen. Die Beute wurde vollständig in der Asche des Lagerfeuers gebacken oder sorgsam gerupft und gekocht. Daunen und Federn fürs Kissen – auch ein Geschäft, sicheres Geld, ein Zubrot für die freien Herren der Gewehre und Tajgavögel. Die ausgenommenen, gerupften Rebhühner wurden in Konservendosen gekocht – in über ein Feuer gehängten Dreiliterdosen. Von diesen geheimnisvollen Vögeln fand ich niemals irgendwelche Überreste. Die hungrigen freien Mägen zerkleinerten, zermahlten, lutschten selbst die Vogelknochen restlos aus. Auch eines der Wunder der Tajga.

Ich habe niemals ein Stückchen von diesen Rebhühnern probiert. Für mich waren die Beeren, die Graswurzeln, die Brotration da. Und ich blieb am Leben. Immer gleichgültiger, ohne Erbitterung schaute ich auf die kalte rote Sonne, auf die Berge, die Bergtundra, wo alles: Felsen, Bachwindungen, Lärchen, Pappeln – eckig und unfreundlich war. An den Abenden stieg vom Fluß kalter Nebel auf, und es gab keine Stunde rund um den Tajga-Tag, in der mir warm gewesen wäre.

In den erfrorenen Fingern und Zehen saß ein ziehender, dumpfer Schmerz. Die hellrosa Haut der Finger blieb auch rosa und leicht verletzlich. Die Finger waren ewig in schmutzige Lappen gewickelt und schützten die Hand vor einer neuen Wunde, vor Schmerz, nicht aber vor einer Infektion. Aus den großen Zehen beider Füße sickerte Eiter, und der Eiter nahm kein Ende.

Ein Schlag gegen ein Gleisstück weckte mich. Ein Schlag an das Gleisstück beendete den Arbeitstag. Nach dem Essen legte ich mich gleich auf die Pritsche, natürlich ohne mich auszuziehen, und schlief ein. Das Zelt, in dem ich schlief und wohnte, sah ich wie durch einen Nebel, irgendwo bewegten sich Menschen, brach lautes unflätiges Gekeife, brachen Raufereien aus und – ein Augenblick der Stille vor einem gefährlichen Schlag. Die Raufereien endeten schnell, von allein, niemand bändigte, trennte die Streitenden, die Motoren der Rauferei soffen einfach ab – und die kalte Nachtstille trat ein mit dem bleichen hohen Himmel in den Löchern der Zeltplane, mit dem Schnarchen, Röcheln, Stöhnen, Husten, dem bewußtlosen Fluchen der Schlafenden.

Eines Nachts nahm ich wahr, daß ich dieses Stöhnen und Röcheln hörte. Die Empfindung kam plötzlich, wie eine Erleuchtung, und sie machte mich nicht froh. Später, als ich mich an diesen Moment des Staunens erinnerte, begriff ich, daß das Bedürfnis nach Schlaf, nach Vergessen, nach Bewußtlosigkeit nachgelassen hatte – ich hatte mich ausgeschlafen, wie Moissej Moissejewitsch Kusnezow sagte, unser Schmied, der Schlaueste der Schlauen.

Es kam ein hartnäckiger Schmerz in den Muskeln. Was ich damals noch für Muskeln hatte, weiß ich nicht, doch der Schmerz darin war da, erbitterte mich, hinderte mich daran, den Körper zu vergessen. Dann kam etwas anderes als Bitterkeit oder Erbitterung, etwas, das zusammen mit der Bitterkeit existierte. Es kamen Gleichgültigkeit – Furchtlosigkeit. Ich begriff, daß es mir ganz gleich war, ob man mich schlagen würde oder nicht, mir das Mittagessen und die Brotration geben würde oder nicht. Und obwohl ich im Schurf, in der unbegleiteten Außenstelle, nicht geschlagen wurde – geschlagen wird nur in den Bergwerken –, maß ich, in Erinnerung an das Bergwerk, meinen Mut mit dem Maßstab der Bergwerke. Mit dieser Gleichgültigkeit, mit dieser Furchtlosigkeit war eine kleine Brücke geschlagen hinaus aus dem Tod. Das Bewußtsein, daß sie hier nicht schlagen werden, daß man hier nicht schlägt und nicht schlagen wird, gebar neue Kräfte, neue Gefühle.

Nach der Gleichgültigkeit kam die Angst – eine nicht sehr starke Angst, die Furcht, dieses rettende Leben, diese rettende Arbeit des Sieders, den hohen kalten Himmel und den ziehenden Schmerz in den abgemagerten Muskeln zu verlieren. Ich begriff, daß ich Angst hatte, von hier ins Bergwerk geschickt zu werden. Ich hatte Angst, und basta. Mein ganzes Leben lang habe ich niemals das Gute gegen Besseres tauschen wollen. Das Fleisch auf meinen Knochen nahm von Tag zu Tag zu. Neid – so hieß das nächste Gefühl, das zu mir zurückkehrte. Ich beneidete meine toten Kameraden – die Leute, die im Jahr achtunddreißig umgekommen waren. Ich beneidete auch meine lebenden Nachbarn, die etwas kauten, die Nachbarn, die sich eine Papirossa ansteckten. Den Chef, den Einsatzleiter und den Brigadier beneidete ich nicht – das war eine andere Welt.

Die Liebe kam nicht zu mir zurück. Ach, wie fern ist die Liebe vom Neid, von der Angst, von der Bitterkeit. Wie wenig brauchen die Menschen die Liebe. Die Liebe kommt, wenn alle menschlichen Gefühle zurückgekehrt sind. Die Liebe kommt als letzte, kehrt als letztes zurück – und kehrt sie überhaupt zurück? Aber nicht nur Gleichgültigkeit, Neid und Angst waren Zeugen meiner Rückkehr ins Leben.

Das Mitleid mit den Tieren kam schneller zurück als das Mitleid mit den Menschen.

Als Schwächster in dieser Welt der Schürfen und Erkundungsgräben arbeitete ich mit dem Topographen – schleppte Meßlatte und Theodolit* hinter dem Topographen her. Manchmal schnallte der Topograph sich zum schnelleren Vorwärtskommen den Theodoliten auf den eigenen Rükken, und mir blieb nur die ganz leichte, mit Ziffern bemalte Meßlatte. Der Topograph war selbst Häftling. Um den Mut zu behalten – in jenem Sommer gab es viele Flüchtlinge in der Tajga – schleppte der Topograph ein Kleinkalibergewehr, das er von der Leitung erbeten hatte. Doch das Gewehr störte uns bloß. Und nicht nur, weil es ein zusätzliches Gepäckstück auf unserer beschwerlichen Reise war. Wir hatten uns zum Ausruhen auf eine Lichtung gesetzt, der Topograph spielte mit dem Gewehr und zielte auf einen rotbrüstigen Dompfaff, der aufgeflogen war, um die Gefahr aus der Nähe zu betrachten und abzulenken. Wenn nötig – sein Leben zu opfern. Das Dompfaffenweibchen saß irgendwo auf den Eiern – nur so war die Tollkühnheit des Vögelchens zu erklären. Der Topograph legte an, und ich schob den Lauf zur Seite.

»Nimm das Gewehr weg!«

»Wieso denn? Bist du verrückt geworden?«

»Laß den Vogel, und basta.«

»Ich melde es dem Chef.«

»Zum Teufel mit dir und deinem Chef.«

Aber der Topograph wollte sich nicht streiten und sagte dem Chef nichts. Ich begriff: etwas Wichtiges war zu mir zurückgekehrt.

Seit Jahren hatte ich keine Zeitungen und Bücher gesehen und längst gelernt, diesen Verlust nicht zu bedauern. All meine fünfzig Zeltnachbarn, Nachbarn im zerrissenen

Segeltuchzelt, fühlten genauso – in unserer Baracke war keine einzige Zeitung, kein einziges Buch aufgetaucht. Die oberste Leitung – der Einsatzleiter, der Chef der Schürfung, der Gehilfe – kam ohne Bücher in unsere Welt herab.

Meine Sprache, die grobe Grubensprache, war arm, arm wie die Gefühle, die um die Knochen noch lebten. Wecken, Ausrücken, Mittagessen, Feierabend, Zapfenstreich, Bürger Natschalnik, darf ich sprechen, Schaufel, Schürfgrube, zu Befehl, Bohrstange, Hacke, draußen ist es kalt, Regen, die Suppe ist kalt, die Suppe ist heiß, Brot, Ration, laß mir was zu rauchen – mit zwei Dutzend Wörtern kam ich schon seit Jahren aus. Die Hälfte dieser Wörter waren Flüche. In meiner Jugend, in meiner Kindheit gab es einen Witz, wo ein Russe von einer Reise ins Ausland berichtet und mit nur einem Wort in unterschiedlichen Intonationen auskommt. Der Reichtum der russischen Flüche, ihre unerschöpfliche Grobheit eröffnete sich mir nicht in der Kindheit und nicht in der Jugend. Der Witz mit dem Schimpfwort wirkte hier wie die Sprache einer Pensionatsschülerin. Doch ich suchte nicht nach anderen Worten. Ich war glücklich, nicht nach irgendwelchen anderen Worten suchen zu müssen. Ob diese anderen Worte existierten, wußte ich nicht. Diese Frage konnte ich nicht beantworten.

Ich war erschrocken, überwältigt, als in meinem Hirn, hier – ich erinnere mich deutlich daran, unter dem rechten Scheitelbein –, ein Wort entstand, das vollkommen untauglich war für die Tajga, ein Wort, das ich selbst nicht verstand, ebensowenig wie meine Kameraden. Ich brüllte dieses Wort, auf der Pritsche stehend, an den Himmel gewandt, an die Unendlichkeit:

»Sentenz! Sentenz!«

Und lachte los.

»Sentenz!«, brüllte ich geradewegs in den nördlichen

Himmel, in die zweifache Himmelsröte, ich brüllte, ohne die Bedeutung des in mir entstandenen Worts noch zu verstehen. Doch wenn dieses Wort zurückgekehrt, neu erworben ist – um so besser, um so besser! Eine große Freude erfüllte mein ganzes Wesen.

»Sentenz!«

»Ein Spinner!«

»Wirklich ein Spinner! Bist du Ausländer, oder was?«, fragte giftig der Bergingenieur Wronskij, derselbe Wronskij. »Drei Tabakkrümel«.

»Wronskij, gib mir was zu rauchen.«

»Nein, ich habe nichts.«

»Gib wenigstens drei Tabakkrümel.«

»Drei Tabakkrümel? Bitte sehr.«

Aus dem machorkagefüllten Tabaksbeutel wurden mit dem schmutzigen Fingernagel drei Tabakkrümel gezogen.

»Ausländer?« Die Frage überführte unser Schicksal in die Welt der Provokationen und Denunziationen, Untersuchungen und Haftverlängerungen.

Aber Wronskijs provozierende Frage war mir egal. Der Fund war zu gewaltig.

»Sentenz!«

»Wirklich ein Spinner.«

Bitterkeit ist das letzte Gefühl, mit dem der Mensch ins Nichts geht, in die tote Welt. Wirklich tot? Selbst der Stein erschien mir nicht tot, ganz zu schweigen vom Gras, den Bäumen, dem Fluß. Der Fluß war nicht nur Verkörperung des Lebens, nicht nur Symbol des Lebens, sondern auch das Leben selbst. Seine ewige Bewegung, das nicht verstummende Tosen, ein eigenes Gespräch, eine eigene Mission, die das Wasser durch den widrigen Wind abwärts strömen, sich durch Felsen schlagen und Steppen und Wiesen durchqueren läßt. Der Fluß, der das von der Sonne ausgetrocknete, entblößte Bett verläßt und sich als kaum erkennbares Wasserfädchen irgendwo durch die Steine den Weg bahnt, seiner ewigen Pflicht gehorchend, als schmaler Bach, der schon keine Hoffnung mehr hat auf die Hilfe des Himmels – auf den rettenden Regen. Das erste Gewitter, der erste Regenguß – und das Wasser kehrt zurück in sein Bett, reißt Felsen nieder, wirft Bäume empor und stürmt rasend bergabwärts auf seinem ewigen Weg ...

Sentenz! Ich glaube mir selbst nicht, fürchtete beim Einschlafen, daß dieses zu mir zurückgekehrte Wort über Nacht verschwindet. Doch das Wort verschwand nicht.

Sentenz. So sollen sie das Flüßchen nennen, an dem unsere Siedlung stand, unsere Außenstelle »Rio-rita«. Wieso ist das besser als »Sentenz«? Der schlechte Geschmack der Herren dieses Landes, der Kartographen, hat in die Karten der ganzen Welt Rio-rita eingeführt. Und korrigieren kann man es nicht.

Sentenz – etwas Römisches, Festes, Lateinisches war in diesem Wort. Das Alte Rom war für meine Kindheit die Geschichte eines politischen Kampfes, der Kämpfe der Menschen, und das Alte Griechenland war das Land der Kunst. Obwohl es auch im Alten Griechenland Politiker und Mörder gab, und im Alten Rom gab es nicht wenige Menschen der Kunst. Aber meine Kindheit hat diese beiden sehr unterschiedlichen Welten radikalisiert, simplifiziert, verengt und getrennt. Sentenz ist ein römisches Wort. Eine Woche lang verstand ich nicht, was das Wort »Sentenz« bedeutet. Ich flüsterte dieses Wort, schrie es, erschreckte und belustigte meine Nachbarn damit. Ich forderte von der Welt, vom Himmel eine Auflösung, Erklärung, Übersetzung ... Und nach einer Woche begriff ich – und zuckte zusammen vor Angst und Freude. Vor Angst, weil ich mich fürchtete vor der Rückkehr in jene Welt, in die es für mich kein Zurück mehr gab. Vor Freude, weil ich sah, daß das Leben zu mir zurückkam, ganz ohne mein Zutun.

Es vergingen viele Tage, bis ich lernte, aus der Tiefe meines Hirns immer neue und neue Worte herauszurufen, eins nach dem anderen. Jedes kam mit Mühe, jedes entstand plötzlich und für sich. Gedanken und Worte kehrten nicht als Strom zurück. Jedes kehrte einzeln zurück, ohne die Begleitung anderer bekannter Wörter, und entstand zuerst auf der Zunge und dann – im Gehirn.

Und dann kam der Tag, wo alle, sämtliche fünfzig Arbeiter die Arbeit hinwarfen und in die Siedlung liefen, zum Fluß, alle aus ihren Schürfen und Gräben krochen, die halbzersägten Bäume, die halbgare Suppe im Kessel stehenließen. Alle liefen schneller als ich, aber auch ich kam rechtzeitig hingehumpelt, ich stützte mich auf dem Weg den Berg hinab mit den Händen ab.

Der Chef war aus Magadan angereist. Der Tag war klar, heiß und trocken. Auf dem riesigen Lärchenstumpf vor dem Zelteingang stand ein Koffergrammophon. Das Grammophon spielte, gegen das Knistern der Nadel, spielte irgendeine sinfonische Musik.

Und alle standen drumherum – Mörder und Pferdediebe, Ganoven und *frajer*, Aufseher und Arbeiter. Und der Chef stand dabei. Und er machte ein Gesicht, als hätte er selbst diese Musik geschrieben, für uns, für unsere abgelegene Tajga-Außenstelle. Die Schellackplatte drehte sich und knisterte, und es drehte sich der Baumstumpf selbst, angekurbelt mit all seinen dreihundert Ringen, wie eine fest gespannte Feder, aufgezogen für ganze dreihundert Jahre …

1965

Anmerkungen

Spitze und eckige Klammern stammen von der Herausgeberin der russischen Werkausgabe. Die wissenschaftliche Transkription der Namen wird in Klammern eingefügt

Irina Sirotinskaja – Geliebte und Vertraute Warlam Schalamows, seine Erbin und die Herausgeberin der russischen Werkausgabe; lernte Schalamow 1966 kennen; betreute sein Archiv im Zentralen Staatlichen Archiv für Literatur und Kunst der Sowjetunion (ZGALI, heute RGALI).

Der Statthalter von Judäa

KIM – Abkürzung für Kommunistische Jugendinternationale.

General Ridgeway – Matthew (1895-1993), amerikanischer General im Zweiten Weltkrieg.

Krause – Nikolaj (Krauze, 1887-1950), 1926-1950 Leiter der Chirurgie der Universitätsklinik in Saratow an der mittleren Wolga.

Geologen

Weißmeerkanal – der Bau des Ostsee-Weißmeer-Kanals (1931-1933) ist das erste Großbauprojekt unter Stalin, bei dem ausschließlich Strafgefangene aus den Lagern des GULag eingesetzt wurden; die Baugeschichte des Kanals ist in einem mit Fotos von Aleksandr Rodtschenko ausgestatteten Band mit Essays und Erzählungen nahmhafter Schriftsteller dokumentiert, die den Bau 1933 besichtigt hatten.

Talaat-pascha – Mehmed Talaat Pascha (1874-1921), war von 1913 bis 1916 Innenminister des Osmanischen Reiches und mitverantwortlich für den Völkermord an den Armeniern (1915); Schalamow gibt fälschlicherweise das Jahr 1926 an.

Das Kollier der Fürstin Gagarina

12. März 1937 – vgl. die Erzählung »Das beste Lob« in diesem Band.

Taganka – Gefängnis in Moskau.

Machno – Nestor (1888-1934), ukrainischer Anarchist, Anführer einer Volksbewegung, die im Bürgerkrieg gegen die Weiße Armee kämpfte, sich aber gegen eine Sowjetisierung der Ukraine wehrte; starb im Pariser Exil.

Putna – Vitautas (russifizierte Namensform: Vitovt; 1893-1937), litauischer Revolutionär und sowjetischer Militär; von 1934-1936 sowjetischer Militärattaché in England; wurde im Schauprozeß gegen führende Militärs verurteilt und hingerichtet.

Molotow – Wjatscheslaw (Vjačeslav Molotov; 1890-1986), sowjetischer Politiker und Außenminister von 1939-1949 und 1953-1956.

Woroschilow – Kliment (Vorošilov, 1881-1969), Marschall der Sowjetunion, Partei- und Staatsfunktionär.

Zarewitsch Aleksej – (1690-1718), Sohn Peter des Großen; wurde verdächtigt, an einer Verschwörung gegen den Zaren beteiligt zu sein; mit Wissen des Zaren der Folter ausgesetzt, an deren Folgen er starb.

imaginärer Schnurrbart – mögliche Anspielung auf Stalin.

Ornaldo – vgl. die Erzählung »Der Antiquar« in diesem Band.

»Das Leben und die Ehr' verlieren ...« – Verse aus Aleksandr Puschkins Versdichtung »Poltava« (siehe Glossar), Übersetzung: Gabriele Leupold.

Iwan Fjodorowitsch

Iwan Fjodorowitsch – Nikischow (Ivan Fedorovič Nikišev; 1894-1958), von 1943 bis 1948 Leiter des Dalstroj (siehe Glossar).

Wallace – Henry Agard (1888-1965), zwischen 1941 und 1945 Vizepräsident der Vereinigten Staaten von Amerika unter Franklin D. Roosevelt.

Russen, die einen Floh beschlagen ... – Anspielung auf Nikolaj Leskows (Leskov, 1831-1895) Erzählung »Der Linkshänder« (»Левша«, 1881), in der ein russischer Handwerker einen stählernen Floh beschlägt.

Demidow – Georgij (Demidov; 1908-1987), Physiker, 1938 verhaftet; war zeitgleich mit Schalamow im Lagerkrankenhaus in der Siedlung Debin.

Rydassowa – Anspielung auf Aleksandra Gridassowa (Gridasova), die Ehefrau von Iwan Fjodorowitsch Nikischow.

Kosin – Wadim (Vadim Kozin; 1903-1994), populärer Liedersänger, wurde 1945 verhaftet und zu acht Jahren Lagerhaft verurteilt (1950 vorzeitig entlassen).

Warpachowskij – Leonid (Varpachovskij; 1908-1976), russischer Theaterregisseur, arbeitete 1933-1935 bei Meyerhold.

Meyerhold – Wsewolod (Vsevolod Mejerchol'd; 1884-1940), bedeutender russischer avantgardistischer Theaterregisseur und Theatererneurer; wurde 1939 verhaftet und 1940 erschossen.

Geschichte der Stadt Dummhausen – Dummhausen ist Ort der Handlung in Saltykow-Schtschedrins (Saltykov-Ščedrin; 1826-1889) Satire »Die Geschichte einer Stadt« (1869-1870; »История одного города«).

Osoaviachim – Abkürzung für »Gesellschaft zur Förderung der Verteidigung, des Flugwesens und der Chemieindustrie« (1927-1948).

SIM – sowjetische Automarke (Abkürzung von: sawod imeni Molotowa – Molotow-Werke).

Bersin – Eduard (Ėduard Berzin; 1894-1938), lettischer Kommunist und hochrangiger NKWD-Funktionär, von 1932-1937 Gründer und Leiter des Dalstroj (siehe Glossar) und der Straflager des Hohen Nordens an der Kolyma; im Dezember 1937 mit seinen Stellvertretern verhaftet und im August 1938 erschossen.

Iossif Wissarionowitsch mit dem Kind auf dem Arm – Anspielung auf ein Foto von Stalin (1936) mit Gelja (Engelsina) Markisowa (Ėngel'sina Markisova-Češkova; 1931-2004) auf dem Arm, der Tochter des damaligen Landwirtschaftsministers der Autonomen Burjat-Mongolischen Sowjetrepublik; das Foto wurde mit der Unterschrift publiziert: »Dank dem Genossen Stalin für unsere glückliche Kindheit!«; 1937 fielen ihre Eltern dem Terror zum Opfer; der Vater wurde als angeblicher japanischer Spion erschossen, die Mutter kam im Lager um; dem Mädchen wurde ein anderer Name gegeben (Mamlakat).

»Die Moral der Frau Dulski« – (1906), Theaterstück der polnischen Schriftstellerin Gabriela Zapolska (1857-1921).

Lermontow – Michail (Lermontov; 1814-1841), bedeutender russischer romantischer Dichter.

»Die schwarze Tulpe« – vermutlich nach dem gleichnamigen Roman (1850) von Alexandre Dumas.

»Besser ist ein Rum zum Schmause ...« – Vers aus Aleksandr Puschkins Gedicht »Reiseklagen« (»Дорожные жалобы«, 1830), Übersetzung: Michael Engelhard.

Jasieński – Bruno (1901-1938), polnischer futuristischer Dichter, siedelte 1929 in die Sowjetunion über, wurde 1938 erschossen.

Das Akademiemitglied

Lajka – Name des Hundes, der von der Sowjetunion am 3.11.1957 als erstes Lebewesen mit dem Sputnik-2 in den Weltraum geschossen wurde.

»Die Maskerade« – russische Verfilmung des gleichnamigen Stückes von

Michail Lermontow durch Sergej Gerassimow (Gerasimov; 1941); Arbenin ist eine der Hauptfiguren des Stückes.

»Der Zeitgenosse« – russische literarische Zeitschrift, die 1836 von Aleksandr Puschkin gegründet und später u.a. von Nikolaj Nekrassow (siehe Glossar) geleitet wurde.

Gespräch mit dem Kybernetiker Poletajew über Physiker und Lyriker – Anspielung auf eine Diskussion, die in der sowjetischen Presse um 1960 zwischen Physikern und »Lyrikern« geführt wurde (»Physiker und Lyriker« ist der Titel eines Gedichts von Boris Sluckij aus dem Jahre 1959); Gegenstand der Diskussion war das Verhältnis zwischen künstlerischer und wissenschaftlicher Weltsicht; Auslöser war ein Leserbrief des Ingenieurs Igor Poletajew.

Monte-Carlo Theorie – ein Verfahren der Statistik, bei dem komplexe Problemstellungen nicht vollständig durchgerechnet, sondern mit Zufallszahlen exemplarisch durchgespielt werden.

»u«-Laut – möglicherweise eine Anspielung auf den Roman »Petersburg« (1911-1913) des Symbolisten Andrej Belyj; Schalamow betonte, er sei nicht bei Tolstoj in die Schule gegangen, sondern bei Belyj, »und in jeder meiner Erzählungen gibt es Spuren dieser Schulung«. In »Petersburg« steht das »uuu« für das Grauen der revolutionären Umbruchsituation von 1905.

Die Diamantenkarte

Wischera – Fluß im Gebiet des nördlichen Ural; die Erzählung spielt in dieser Region, in der Schalamow während seiner ersten Lagerhaft (1929-1931) inhaftiert war.

Mannerheim – Carl Gustav Emil (1867-1951), finnischer General; 1933 zum Generalfeldmarschall ernannt; Oberbefehlshaber der finnischen Truppen im sowjetisch-finnischen Krieg 1939-1940.

Sima – Koseform von Serafima.

Der Unbekehrte

»Kosmopolitismus« – Anspielung auf die antijüdische Politik unter Stalin, deren Höhepunkt in die Jahre von 1948 bis zu Stalins Tod 1953 fiel; zahlreiche jüdische Künstler, Wissenschaftler und Ärzte wurden verhaftet, zu Lagerhaft verurteilt oder hingerichtet; der Begriff »Kosmopolitismus« wurde zum Euphemismus für ein angeblich antinationales und somit antisowjetisches Verhalten und diente als Legitimationsgrund für eine Anklage mit eigentlich antisemitischem Hintergrund.

der grüne Staatsanwalt – im Ganoven- und Lagerjargon Hinweis auf eine Flucht im Frühling.

»Es sang ein Mädchen im Kirchenchore« (1905; russ.: »Девушка пела в церковном хоре«), »Im blauen fernen Schlafzimmerchen« (1905; russ.: »В голубой далекой спаленке«) – Gedichte von Aleksandr Blok (siehe Glossar).

Wolochowa – Natalja (Natal'ja Volochova), Schauspielerin, mit der Aleksandr Blok 1907 eine stürmische Liason hatte.

Das beste Lob

Perowskaja – Sofja (Sof'ja Perovskaja; 1853-1881), russische Revolutionärin, wurde wegen der Beteiligung an der Ermordung des russischen Zaren Aleksandr II. (1881) hingerichtet.

Dobroljubow – Aleksandr (Dobroljubov; 1876-1945?), symbolistischer Dichter; religiöser Asket, über dessen späteres zurückgezogenes Leben außerhalb der Metropolen wenig bekannt ist.

Smolnyj-Institut – erste höhere russische Bildungsanstalt für Mädchen.

Kaljajew – Iwan (Ivan Kaljaev; 1877-1905), Mitglied der Kampforganisation der Sozialrevolutionären Partei, tötete 1904 den Moskauer Generalgouverneur Großfürst Sergej Alcksejewitsch; wurde hingerichtet.

MOGES – Abkürzung für Moskauer Städtisches Kraftwerk (Moskowskaja Gorodskaja Elektrostanzija).

Spiridonowa – Marija (Spiridonova; 1884-1941), Führerin der Partei der Linken Sozialrevolutionäre; in zaristischer wie in sowjetischer Zeit mehrfach in Haft; wurde 1941 bei einer Gefangenenevakuierung erschossen.

Proschjan – Prosch (Proš Proš'jan; 1883-1918), Mitglied der Partei der Linken Sozialrevolutionäre; war an der Planung des Attentats auf den deutschen Botschafter Wilhelm Graf von Mirbach-Harff (6.7. 1918) beteiligt; tauchte danach unter; starb an Typhus.

Gerschuni – Grigorij (Geršuni; 1870-1908), gehörte zu den Organisatoren der Sozialrevolutionären Partei; ihm gelang die Flucht aus sibirischer Zwangsarbeit ins Ausland; er starb in der Schweiz.

»Volkswille« – (russ.: Narodnaja wolja; das russische Wort »wolja« bedeutet sowohl Freiheit als auch Wille), konspirative revolutionäre Organisation, die 1879 aus der Spaltung der Partei »Land und Freiheit« (Semlja i wolja) hervorging; Hauptmittel ihres Kampfes war der Terror (u.a. das Attentat, bei dem 1881 der Zar Aleksandr II. getötet wurde).

Sheljabow – Andrej (Željabov; 1851-1881), Revolutionär, Leiter des Exekutivkomitees der Organisation »Volkswille«; gehörte zu den Organisatoren des Attentats auf den Zaren Aleksandr II.; wurde hingerichtet.

Michajlow – Aleksandr (Michajlov; 1855-1884), Revolutionär; Mitglied der Organisation »Volkswille«; starb in Haft.

Kibaltschitsch – Nikolaj (Kibal'čič; 1853-1881), Revolutionär, Mitglied der Organisation »Volkswille«; wegen Beteiligung am Attentat auf den Zaren Aleksandr II. hingerichtet.

Sasonow – Jegor (Egor Sazonov; 1879-1910), Sozialrevolutionär; tötete 1904 den russischen Innenminister Wjatscheslaw Plewe; wurde zu lebenslanger Zwangsarbeit verurteilt; nahm sich das Leben.

Silberberg – Lew (Lev Zil'berberg; 1880-1907), Mitglied der Kampforganisation der Partei der Sozialrevolutionäre; war an der Vorbereitung verschiedener Attentate beteiligt; wurde hingerichtet.

Figner – Vera (1852-1942), russische Revolutionärin und Volkstümlerin; Mitglied des Exekutivkomitees der konspirativen Organisation »Volkswille«; wegen Beteiligung an der Planung des Attentats auf den Zaren Aleksandr II. zum Tode verurteilt (1884); nach der Abänderung des Urteils in lebenslange Haft saß sie 20 Jahre in der Festung Schlüsselburg (auf einer Insel im Onegasee, an der Newa-Mündung).

Morosow – Nikolaj (Morozov; 1854-1946), Volkstümler und Mitglied der Organisation »Volkswille«; war mehr als zwanzig Jahre im Gefängnis von Schlüsselburg.

Väterchen – Übersetzung des ukrainischen Wortes batki (Pl. von batko – der Vater); Bezeichnung für die Anführer der zahlreichen Banden, die während des Bürgerkrieges auf Seiten der Roten oder auch der Weißen Armee kämpften.

Pjatakow-Prozeß – Georgij Pjatakow (Pjatakov; 1890-1937), Revolutionär und Parteifunktionär; im Januar 1937 mitangeklagt im 2. Moskauer Schauprozeß, dem sogenannten »Prozeß der 17« gegen das angebliche »antisowjetische trotzkistische Zentrum«; verurteilt und erschossen.

Chandshjan – Agassi (Chandžjan; 1901-1936), sowjetischer Parteifunktionär und ab 1930 1. Sekretär der Armenischen Kommunistischen Partei.

Berija, Lawrentij (Lavrentij Berija; 1899-1953), sowjetischer Politiker, leitete seit 1938 das Volkskommissariat des Innern (siehe Glossar: NKWD); nach Stalins Tod verhaftet, als Verräter verurteilt und hingerichtet.

Goz – Michail (Goc; 1866-1906), Revolutionär; Mitglied der Organisation »Volkswille«; wegen seines schlechten Gesundheitszustandes wurde die Verbannung aufgehoben; er durfte in Odessa leben und 1900 ins Ausland ausreisen; trotz seiner Krankheit (der Lähmung) galt er als einer der Führer der Kampforganisation der Partei der Sozialrevolutionäre.

Methode Nr. 3 – Bezeichnung für die ab Mitte 1937 genehmigte physische Folter während der Untersuchung.

»Chef-Pilot« – vermutlich Anspielung auf Stalin.

»Geschichte der Internationale« – Autor ist möglicherweise der ungarische Schriftsteller und Kommunist Béla Illés (1895-1974), der von 1923 bis 1945 in der Sowjetunion lebte.

Massons »Aufzeichnungen« – gemeint sind wahrscheinlich die 1918 erstmals als Einzelpublikation auf russisch erschienenen »Memoirs secrets sur la Russie, sur les regnes de Catherine II. de Paul I.« (Geheime Aufzeichnungen über Rußland, über die Herrschaft von Katharina II. und Paul I.) von Charles-François Ph. Masson aus dem Jahre 1800.

Kropotkin – Pjotr (Petr; 1841-1921); russischer Anarchist und Schriftsteller.

Zwetajewa – Marina (Cvetaeva; 1892-1941), russische Dichterin der Moderne; lebte von 1922 bis 1939 in der Emigration (Berlin, Prag, Paris); 1939 Rückkehr in die Sowjetunion; nahm sich 1941 das Leben.

Chodassewitsch – Wladislaw (Vladislav Chodasevič; 1881-1939), russischer Dichter und Schriftsteller der Moderne; ging 1922 in die Emigration.

»Katorga und Verbannung« – (russ.: Katorga i ssylka), historische Zeitschrift (1921-1935), wurde von der »Vereinigung ehemaliger politischer katorga-Häftlinge und Verbannter« herausgegeben.

Der Nachkomme des Dekabristen

der erste Husar – gemeint ist Michail Lunin (1787-1845), Offizier, Teilnehmer an der konspirativen Bewegung der Dekabristen; war an den Ereignissen in Petersburg am 14. Dezember 1825 nicht beteiligt, da er zu dieser Zeit in Polen stationiert war; wurde zu 20 Jahren katorga-Haft verurteilt; starb in Haft.

»Eugen Onegin« – (1823-1831; »Евгений Онегин«) Versroman des russischen Dichters Aleksandr Puschkin, der als eine Art Enzyklopädie des russischen Lebens angelegt war; im 10. Kapitel, das nur in verschlüsselten Fragmenten erhalten ist, sollte sich der Protagonist, Eugen Onegin, der Verschwörung der Dekabristen (siehe Glossar) anschließen. Verszeile hier übersetzt von Gabriele Leupold.

Kitaj-gorod, Nikita-Tor – Kitaj gorod: Stadtteil im Stadtzentrum von Moskau östlich des Roten Platzes, ursprünglich Handels- und Handwerkerviertel; Nikita-Tor: Platz im Stadtzentrum von Moskau.

geschossen hat ... – Anspielung auf die Ermordung des deutschen Botschafters in Moskau Wilhelm Graf von Mirbach-Harff im Jahre 1918.

Es ist keine Macht außer von Gott – Anspielung auf Paulus (Römerbrief 13, 1).

»Die Armenkomitees«

»des Kaisers Frau ist ohne Laster« – möglicherweise Anspielung auf Caesars Scheidungsprozeß; Caesars Worte werden in Plutarchs Doppelbiographien »Von großen Griechen und Römern« angeführt.

Klopfzeichen nach dem System des Dekabristen Bestushew – Michail (Bestužev; 1800-1871), wurde nach der niedergeschlagenen Adelsrevolte von 1825 zu Zwangsarbeit und späterer Verbannung in Sibirien verurteilt; konnte 1867 nach Moskau zurückkehren; während seiner Haft in der Festung Schlüsselburg auf einer Insel bei Petersburg (September 1826-1827) erfand er ein System von Klopfzeichen; es basierte darauf, daß die Buchstaben nach einer schachbrettähnlichen Matrix chiffriert werden; übermittelt wurden nur die jeweiligen Koordinaten durch Klopfzeichen.

Magie

Schachty-Prozeß – Schauprozeß (Mai bis Juli 1928) gegen Ingenieure aus Schachty (im Bergbaugebiet von Donezk) wegen angeblicher antisowjetischer Sabotage.

Lida

KRTD – Abkürzung für konterrevolutionär-trotzkistische Tätigkeit in der Urteilsverkündung (vgl. im Glossar: Kürzel, litjorka); der Buchstabe T (für trotzkistisch) erschwerte die Lage des Verurteilten und hatte u. a. zur Folge, daß er nach der Entlassung keinen Paß ausgehändigt bekam.

Das Aorten-Aneurysma

Pletnjow – Dmitrij (Pletnev; 1872-1941); international bekannter Kardiologe; war mitangeklagt im Rahmen des Schauprozesses gegen den »antisowjetischen trotzkistischen Block« (März 1938) und zu 25 Jahren Gefängnishaft verurteilt; am 8. September 1941 wurde er zum Tod durch Erschießen verurteilt.

Ein Stück Fleisch

ineinander verschlungener Schlangen – in der Welt der russischen Berufsverbrecher gibt es ein sehr differenziertes System von Tätowierungen; innerhalb dieser Symbolsprache geben die jeweiligen Tätowierungen Auskunft über die Position ihres Trägers in der Hierarchie der kriminellen Welt; eine Schlange symbolisiert ein hohes Bandenmitglied, eine »Autorität«.

Mein Prozeß

»Docht« – (russ. fitil), in der Lagersprache Bezeichnung für einen Menschen an der Schwelle zum Tod (siehe im Glossar: *dochodjaga*).

1938 – im Winter 1937/38 wurden an der Kolyma Massenerschießungen durchgeführt; Schalamow schreibt darüber in der Erzählung »Wie es begann« aus dem Erzählzyklus »Künstler der Schaufel«.

Kriwizkij, Saslawskij – Jefim Kriwizkij (Efim Krivickij) und Ilja Saslawskij (Il'ja Zaslavskij) fungierten als Zeugen im erneuten Verfahren gegen Schalamow während seiner Lagerhaft im Mai 1943.

Dimitroff – Georgi (1882-1949), bulgarischer Kommunist und Politiker; wurde im sogenannten Reichtagsbrandprozeß von Leipzig (1933) freigesprochen und in die Sowjetunion abgeschoben; war 1935-1943 Generalsekretär der Komintern.

Stachanowbewegung – sowjetische Kampagne zur Steigerung der Arbeitsproduktivität (1935), erhielt den Namen nach einem »Rekord« des Hauers Aleksej Stachanow (Stachanov; 1905-1977).

Bunin – Iwan (Ivan; 1870-1953), russischer Schriftsteller, emigrierte nach der Revolution nach Paris, erhielt 1933 den Literaturnobelpreis; sein Name war in der Sowjetunion tabuisiert, und seine Werke konnten erst nach 1956 wieder erscheinen.

Solowki-Häftling – auf den Solowezki-Inseln im Nordmeer, dem Ort eines alten Klosters, wurde 1922-1923 das erste sowjetische Konzentrationslager, eines der sogenannten »Lager zur besonderen Verwendung« (lager osobogo nasnatschenija) errichtet.

Surikows Bild – gemeint ist das Bild »Menschikow in Berjosowo« (1883) des russischen Malers Wassilij Surikow (Vasilij Surikov; 1848-1914); es stellt den Favoriten Peter des Großen, Aleksej Menschikow (Men'šikov; ca. 1670-1729) mit seinen drei Töchtern am sibirischen Verbannungsort in einer einfachen Holzhütte dar.

Esperanto

Skorossejew – sprechender Name: bald säe ich.

Soschtschenko – Michail (Zoščenko; 1895-1958), sowjetischer Schriftsteller, Autor bekannter satirischer und humoristischer Erzählungen.

Esperantisten – ab März 1937 begann im Rahmen der »Großen Säuberung« die Verhaftung, Liquidierung und Verbannung der Mitglieder der »Gesellschaft sowjetischer Esperantisten«. Die Esperantisten fielen nach einer Liste des NKWD unter die Kategorie SI (Menschen mit Auslandskontakten).

»Über grauer Meeresfläche...«; »Winde wehen, Donner grollen« – Verse aus dem Gedicht »Lied vom Sturmvogel« (»Песня о Буревестнике«, 1901) von Maxim Gorki (Maksim Gor'kij; 1868-1936), Übersetzung: Gabriele Leupold.

Belyj – Andrej (1880-1934), symbolistischer Dichter und Schriftsteller; »Gold im Azur« (»Золото в лазури«) ist der Titel eines Gedichtbandes von 1904.

Das letzte Gefecht des Majors Pugatschow

Stochod – (ukr.: stochid), der Fluß Stochod bildete von Juni 1916 bis August 1917 eine Frontlinie zwischen der österreichisch-ungarischen, der deutschen und der russischen Armee.

Wlassow – Andrej (Vlasov; 1901-1946), sowjetischer General, wechselte in deutscher Gefangenschaft die Seiten und baute die »Russische Befreiungsarmee« auf, die mit der Wehrmacht gegen die UdSSR kämpfte; 1945 von sowjetischer Seite gefaßt und nach einem Prozeß hingerichtet.

Der Krankenhaus-Chef

Nummernlager – Sonderlager (ossobyje lagerja) oder Speziallager (spezlagerja), die 1948 auf einen geheimen Beschluß des Innenministeriums hin gebildet wurden und in denen ein besonders strenges Arbeitsregime herrschte.

Der Antiquar

Eine Fünf – die Fünf war in der Sowjetunion die beste Note.

»Verfassung der UdSSR« – im Jahre 1936 wurde in der Sowjetunion eine neue Verfassung angenommen, derzufolge der Sozialismus im wesentlichen aufgebaut sei und es keine antagonistischen Klassen mehr gebe.

»Graf von Spee« – Irrtum bei Schalamow: Das Panzerschiff Admiral Graf von Spee der deutschen Kriegsmarine wurde 1939 von der eigenen Besatzung in aussichtsloser Lage vor der Küste von Uruguay versenkt.

Sakowskij – Leonid (Zakovskij; 1894-1938), ranghoher Mitarbeiter der OGPU (siehe Glossar: NKWD); fiel selbst den Säuberungen zum Opfer.

»Schädlingsprozesse« – gemeint sind die Moskauer öffentlichen Schauprozesse während der Stalinzeit.

Komödie um Ramsin – Nikolaj (Ramzin; 1887-1948), Ingenieur, 1930 mitangeklagt im Schauprozeß gegen die sogenannte »Industrie-Partei«, eine angeblich existierende Organisation bürgerlicher Wirtschaftsleute, die »Schädlingsarbeit« in Industrie und Transport betrieben; erfand einen Durchlaufkessel (Ramsin-Kessel), an dessen Weiterentwicklung er während der Haft arbeitete; wurde 1936 aus der Haft entlassen und erhielt später hohe Auszeichnungen für seine Erfindung.

»Trojka« – außergerichtliche Instanz bestehend aus drei Vertretern der Sicherheitsorgane (anfangs auch der Parteiorganisation), die von 1918 bis 1934 Urteile fällten (siehe Glossar: Sonderkollegien).

Stanislawskij – Konstantin (Stanislavskij; 1863-1938), russischer Theaterregisseur und Mitbegründer des Moskauer Künstlertheaters; entwickelte zwei komplimentäre Methoden der Schauspielarbeit: in der naturalistischen Frühphase betonte er die erlebnismäßig fundierte Einfühlung des Schauspielers in die Rolle; später vertrat er unter dem Einfluß seines Schülers Meyerhold die Ansicht, das Gefühl für die Rolle entstehe durch die physische Handlung.

Rjumin – Dmitrij (1913-1954), hoher Funktionär des NKWD im Bereich der Spionageabwehr; 1952 aus dem NKWD entlassen; unmittelbar nach Stalins Tod auf Betreiben von Berija verhaftet und 1954 erschossen.

Balmont – Konstantin (Bal'mont; 1867-1942), russischer symbolistischer Dichter.

Sologub – Fjodor (Fedor; 1863-1927), russischer symbolistischer Dichter und Schriftsteller.

Gumiljow – Lew (Lev Gumilev; 1886-1921), russischer Dichter der Moderne; war der erste Ehemann der russischen Dichterin Anna Achmatowa (Achmatova; 1889-1966); wurde 1921 der Beteiligung an einer antisowjetischen Verschwörung angeklagt und erschossen. »Und ihr, Filibuster …« – Verse aus Gumiljows Gedicht »Kapitäne« (Капитаны 1910).

Verschwörung der Lyzeumsschüler – Lyzeum: gemeint ist das Lyzeum von Zarskoje Selo, eine 1811 eröffnete experimentelle Bildungseinrichtung, deren Zöglinge für eine Karriere bei Hofe vorgesehen waren (zu den Absolventen des ersten Jahrgangs gehörte Aleksandr Puschkin); 1925, wenige Jahre nach der Hinrichtung Gumiljows, wurden die meisten der noch lebenden ehemaligen Lyzeumsschüler in Leningrad verhaftet und angeklagt, an einer monarchistischen Verschwörung beteiligt zu sein; sieben von ihnen wurden verbannt, sechzehn zur Zwangsarbeit verurteilt, elf erschossen.

Generalmajor Ignatjew – Graf Aleksej (Ignat'ev; 1877-1954), hoher russischer Militär, der nach 1917 als Militär und Diplomat in sowjetische Dienste trat; Autor der Memoiren »Fünfzig Jahre in Reih und Glied« (»Пятьдесят лет в строю«; 1944-1954, dt. 1956).

Leontjew – Konstantin (Leont'ev; 1831-1891), russischer slawophiler Philosoph und Publizist.

Drabkina – Jelisaweta (Elizaveta; 1901-1974), russische Schriftstellerin; Autorin des autobiographischen Romans »Schwarzer Zwieback« (»Черные сухари«; 1957-1960, dt. 1962).

Jakubowitsch – Pjotr (Petr Jakubovič; 1860-1911), Revolutionär, Volkstümler, Dichter, Schriftsteller; Mitglied der konspirativen Organisation »Volkswille«.

Lenisdat – Verlag in Leningrad.

Sanson – Henker von Paris; guillotinierte Charlotte Corday (Marie-Anne Charlotte de Corday d'Armont; 1768-1793), die Mörderin von Jean-Paul Marat.

»Opferbälle« – während der großen Terrorwelle nach der Französischen Revolution veranstaltete Bälle, an denen allein Verwandte der Hingerichteten teilnahmen; vergl. den gleichnamigen Roman des populären französischen Autors Pierre Alexis de Ponson du Terrail »Le bal des victimes« (1869).

Thermidor – der 11. Monat des französischen revolutionären Kalenders.

Lend-Lease

Diamond – amerikanische Automarke.

GAS-Fahrzeuge – sowjetische Automarke (von: sawod imeni Gorkogo, Gorkij-Werke).

Solidol – Schmierstoff für allgemeine Zwecke.

Ammonal – Sprengstoff auf der Basis von Ammoniumnitrat und Aluminium.

Zeltdachperiode – gemeint ist die mittelalterliche russische Turmbauform, u. a. der Moskauer Kremltürme.

Sentenz

Mandelstam – Nadeshda (Nadežda Mandel'štam; 1899-1980); Witwe des russischen Dichters Ossip Mandelstam (Osip Mandel'štam; 1891-1938), der 1938 zum zweiten Mal verhaftet wurde und in einem sibirischen Durchgangslager umkam; Autorin von Erinnerungen, die in deutscher Sprache unter dem Titel »Das Jahrhundert der Wölfe« und »Generation ohne Tränen« erschienen sind; Schalamow war mit Nadeshda Mandelstam bekannt und gehörte zu den ersten Lesern der Erinnerungen, die er sehr schätzte.

Theodolit – ein Winkelmeßinstrument, das in der Landvermessung und in der Seefahrt eingesetzt wird.

Glossar

Enthält in alphabetischer Reihenfolge Begriffe, geographische Bezeichnungen und Personennamen (die wissenschaftliche Transkription der Namen wird in Klammern eingefügt).

Achtundfünfziger – nach dem berüchtigten Artikel 58 des sowjetischen Strafgesetzbuches verurteilte Personen; Artikel 58 sah eine Verurteilung wegen konterrevolutionärer Tätigkeit und Agitation vor.

»Beschwörung durch Feuer und Finsternis« (1907; russ.: »Заклятие огнем и мраком«) – Gedichtzyklus von Aleksandr Blok.

Blok – Aleksandr (1880-1921), russischer symbolistischer Dichter.

Brotration – (russ.: pajka), Tagesration der Gefangenen an Brot; durchschnittlich 400 bis 800g.

burki – Stiefel aus verschiedenen Materialien (Fell, Lumpen, Watte).

Butyrka-Gefängnis – im 17. Jahrhundert erbautes Gefängnis in Moskau; nach 1917 war es politisches Gefängnis und Durchgangsstation auf dem Weg in den GULag.

bytowik – (russ. byt: Alltag); Bezeichnung für einen Häftling, der wegen Diebstahls, Betrugs oder ähnlicher Delikte verurteilt wurde, aber nicht zur Gruppe der Berufsverbrecher gehörte; während die Grenze zu den politischen Gefangenen damit klar abgesteckt war, wird die Grenze zur Gruppe der Kriminellen nicht immer eindeutig definiert.

Der Begriff war schon vor 1922, vor der Einführung der ersten sowjetischen Strafgesetzgebung gebräuchlich, als die Auffassung dominierte, die Lebensbedingungen im zaristischen Rußland seien die Ursache für kriminelle Handlungen.

Dalstroj – Hauptbauverwaltung des Hohen Nordens, Bezeichung für das 1931 gegründete NKWD-Unternehmen zur Erschließung und Industrialisierung des nordöstlichen Sibiriens mit Sitz in Magadan an der oberen Kolyma, dem das gesamte Lagergebiet SWITLag (nordöstliche Lager) unterstand.

Dekabrist – (vom russ. Wort: dekabr – Dezember); Bezeichnung für einen Teilnehmer an der konspirativen Bewegung zur Vorbereitung von sozialen Reformen im zaristischen Rußland; Teilnehmer waren vorwiegend westlich gebildete Offiziere aus dem Adel; die Revolte in Petersburg vom Dezember 1825 mißglückte; die Anführer wurden hingerichtet, Hunderte zur Zwangsarbeit nach Sibirien verbannt.

dochodjaga – (plural: *dochodjagi*); Ausdruck in der Lagersprache des GULag für einen Menschen, dessen physische Auszehrung ein Stadium erreicht hatte, daß er dem Tod näher war als dem Leben. Mit aller gebotenen Vorsicht sei auf den im Lagerjargon der deutschen Konzentrationslager gebräuchlichen Begriff »Muselmann«, den »Menschen in Auflösung« (Primo Levi), hingewiesen. Überlebende des GULag berichten, daß ein *dochodjaga* im Lagerkrankenhaus, wenn er Glück hatte, auch wieder ins Leben zurückgeholt werden konnte.

Etappe – Durchgangsstation bzw. Gefangenentransport von einem Lager ins andere.

»Fließband« – (russ.: na konwejere); Foltermethode mit Schlafentzug; der Gefangene wurde ohne Unterbrechung von verschiedenen Untersuchungsführern so lange verhört, bis er zusammenbrach.

frajer – in der Gaunersprache Bezeichnung für Nicht-Gauner.

Ganove – (russ.: blatar); Bezeichnung für einen Berufsverbrecher.

Iwan Iwanowitsch – abfällige Bezeichnung in der Gaunersprache für einen Angehörigen der Intelligenz.

katorga – russischer Begriff für Zwangsarbeit.

Kolyma – Region um den gleichnamigen Fluß im fernen Nordosten Sibiriens, die sich bis zum Ochotskischen Meer erstreckt. Die Region wurde zu einem Zentrum des GULag-Wirtschaftsimperiums, da dort große Vorkommen strategisch wichtiger Bodenschätze (Gold, Uran u. a.) lagern. Der Begriff »Kolyma« avancierte im russischen Lagerdiskurs zu einem paradigmatischen Begriff für das GULag-System.

Komintern – Kommunistische Internationale, ein 1919 beschlossener internationaler Zusammenschluß Kommunistischer Parteien, weitgehend von der KP der Sowjetunion dominiert, 1943 aufgelöst.

Kürzel – (russ.: liter, wörtl.: Buchstabe), auch: *litjorka*; in Buchstabenfolgen erfolgte Kodierung des Urteils, das in einem außergerichtlichen Verfahren gefällt wurde.

Lädchen – (russ.: larjok), in der Lagersprache Begriff für die Erlaubnis, sich im Lagerladen eine zusätzliche Lebensmittelration kaufen zu dürfen.

Lefortowo – Untersuchungsgefängnis in Moskau, wurde während des Großen Terrors (1937/38) als Folterstätte des NKWD genutzt.

Lend-Lease – während des Zweiten Weltkriegs in den USA verabschiedetes Leih- und Pacht-Gesetz, das die käufliche oder leih- und pachtweise Überlassung von kriegswichtigem Material an die Staaten der Anti-Hitler-Koalition regelte.

litjorka – siehe: Kürzel.

loch – in der Gaunersprache Bezeichnung für einen dummen, etwas einfältigen Menschen.

Lubjanka – Platz in Moskau, Sitz der Hauptverwaltung der Sicherheitsbehörde NKWD.

Magadan – Hafenstadt in der Kolyma-Region im fernöstlichen Sibirien, entstand 1932 als Strafarbeitslager und wurde zum Verwaltungszentrum der Region ausgebaut.

Natschalnik – russisch für Chef.

Nekrassow – Nikolaj (Nekrasov; 1821-1876), russischer Dichter und Publizist, der den revolutionären Demokraten nahestand.

NKWD – Abkürzung für »Volkskommissariat für innere Angelegenheiten«; Sicherheitsbehörde der Sowjetunion; im Dezember 1917 wurde eine »Allrussische Außerordentliche Kommission« (Abkürzung: VČK, auch ČK, deutsch: Tscheka) zur Bekämpfung von Konterrevolution und Sabotage gebildet; wurde 1922 in GPU (Politische Hauptverwaltung) umbenannt; nach weiteren Umstrukturierungen seit 1954 unter dem Namen KGB (Komitee für Staatssicherheit) bekannt.

Operativgruppe – mobile Einsatzgruppe für besondere Aufgaben (russ.: operatiwka); *operatiwnik* – Angehöriger einer solchen Einsatzgruppe.

»Poltawa« – Versdichtung (1828; »Полтава«) von Aleksandr Puschkin (Puškin, 1799-1837), die den Sieg Peter I. über den schwedischen König Karl XII. preist.

pridurok – in der Lagersprache Bezeichnung für einen Funktionshäftling.

Rabe – (russ.: woron); auch Schwarzer Rabe, umgebauter Lkw zum Gefangenentransport.

Sawinkow – Boris (Savinkov; 1879-1925); einer der Führer der Kampforganisation der Sozialrevolutionäre; floh ins Ausland; kehrte illegal in die Sowjetunion zurück, nachdem er in eine vom NKWD fingierte antisowjetische Verschwörung verwickelt wurde; 1924 verhaftet und zum Tode verurteilt; das Todesurteil wurde in Haft umgewandelt; er nahm sich 1925 in der Haft das Leben.

Sonderkollegien – (russ. Abkürzung: OSO) außergerichtliche Instanz des NKWD, die Personen, denen antisowjetische Tätigkeit vorgeworfen wurde, zu Verbannung oder Lagerhaft verurteilen konnte.

Soziale – siehe: *bytowik.*

Sozialrevolutionäre – auch: SR; Mitglieder der Partei der Sozialrevolutionäre, die sich 1901/1902 im Russischen Reich konstituierte; einige der linken Sozialrevolutionäre kooperierten zeitweilig mit den Bolschewiki; 1922 wurde den Sozialrevolutionären der Prozeß gemacht.

Studebaker – amerikanische Automarke.

suka – Bezeichnung für einen Kriminellen, der sich vom Ehrenkodex der Kriminellen gelöst hat und in den Dienst der Lagerverwaltung getreten ist; die *suki* (Plural) fungierten als Funktionshäftlinge.

Trotzkisten – Bezeichnung für die Anhänger von Leo Trotzkij (Lev Trockij; 1879-1940); Trotzkij war Revolutionär und sowjetischer Politiker; er baute die Rote Armee auf; war Volkskommissar für Äußeres, Kriegswesen und Inneres; in den zwanziger Jahren nahmen seine prinzipiellen Differenzen mit Stalin und der aktuellen Parteilinie zu; er wurde 1929 aus der Sowjetunion abgeschoben; ging über die Türkei, Frankreich, Norwegen nach Mexiko; wurde dort auf Stalins Veranlassung ermordet; als Trotzkisten wurden zudem angebliche Abweichler von der Parteilinie der KPdSU bezeichnet.

Tscheka – siehe NKWD.

Tschekist – Angehöriger der Tscheka.

tschifir – extrem stark aufgebrühter Tee (ca. 50 g Tee auf ein Glas) mit narkotisierender Wirkung.

tschuni – Gummigaloschen.

»Übeltäter« – Erzählung von Anton Tschechow (Čechov; 1860-1904; »Злоумышленник«).

Umschmiedung – (russ.: perekowka), propagandistisches Schlagwort für die sowjetische Umerziehungspolitik mittels physischer Zwangsarbeit; geprägt Anfang der dreißiger Jahre bezogen auf die am Bau des Weißmeer-Ostsee-Kanals beteiligten Lagerhäftlinge; es implizierte die Vorstellung vom »Menschenmaterial« (Nikolaj Bucharin), aus dem »neue sowjetische Menschen« geformt werden sollten.

Vereinigung der politischen *katorga*-Häftlinge – gemeint ist die »Vereinigung ehemaliger politischer *katorga*-Häftlinge und Verbannter«, die in der Sowjetunion von 1921 bis 1935 bestand; gab die historische Zeitschrift »*Katorga* und Verbannung« heraus.

»Volksfeind« – offizieller Begriff der sowjetischen Terminologie, mit dem Menschen zu politischen Gegnern gemacht wurden; wurde zum juristischen Terminus gemacht.

Wyschinskij – Andrej (Vyšinskij; 1883-1954); Jurist, Revolutionär; sowjetischer Politiker; 1935-1939 Generalstaatsanwalt der Sowjetunion; 1949-1953 sowjetischer Außenminister; war in den Jahren von 1936 bis 1938 Chefankläger bei den Moskauer Schauprozessen.

Textgrundlage:
Varlam Šalamov, Sobranie sočinenij v šesti tomach
Tom I
Rasskazy tridcatych godov
Kolymskie rasskazy

Sostavitel' Irina Sirotinskaja
Moskva, TERRA Knižnyj klub 2004
© Varlam Šalamov, nasledniki.

Die Übersetzerin bedankt sich für die Förderung ihrer Arbeit an den
sechs Zyklen der »Erzählungen aus Kolyma« durch den Deutschen Lite-
raturfonds e. V., durch den Deutschen Übersetzerfonds e.v. und durch
den Freundeskreis zur internationalen Förderung literarischer und wissenschaftlicher Übersetzungen e. V.

Der Verlag bedankt sich für die Förderung der Übersetzung durch die
S. Fischer Stiftung, Berlin, und bei Tomasz Kizny, Wrocław.

www.warlamschalamow.de

Umschlaggestaltung unter Verwendung
einer Fotografie von Tomasz Kizny, Wrocław
Gestaltung und Satz: Tropen Studios, Leipzig
Druck & Bindung: CPI Moravia, Czech Republic

ISBN 978-3-88221-601-1